Léon Bloy

Le Révélateur du Globe

Christophe Colomb & sa Béatification future

Préface de J. Barbey d'Aurevilly

Paris
H. Sauton, Libraire Éditeur
41, rue du Bac, 41
M DCCC LXXXIV

à mon ami Huysmans

Offert à un Triste
par un Désespéré
Léon Bloy

Lundi soir

J'ai besoin, cher, de vous dire en hâte le bien que vous venez de faire. Je rentrais harassé, exténué, rompu du cœur et des membres. J'étais sur le point de crouler dans une de ces agonies de ma volonté — conséquences de mon effroyable vie — que je dois, soigneusement dissimuler à la multitude compacte des héros qui vous environnent et qui puniraient ma faiblesse de leur mépris.

Votre lettre m'a ranimé et consolé. Quand on est tout à fait sûr d'avoir fait une belle œuvre, quelque haut qu'on soit, il est dur, à certaines heures, de considérer qu'on est obscur

Je vous pourrez demain mardi, ce serait admirable.

Vous avez terriblement raison, nous sommes abominablement faits pour nous entendre. C'est inattendu, très doux et très effrayant. Je vous aurais vu ce soir, mais je dois travailler, et travailler pour vous.

Au prochain revoir, mon ami.

Leon Bloy

à mon ami Huysmans

offert à un Triste
par un Désespéré

Léon Bloy

qu'on manque de pain, tandis que
rotent sur le genre humain de
repues arsouilles rutilantes de célébrité.
 Je commence mon article sur
vous. Dieu veuille que je vous fasse
autant de plaisir que vous m'avez
donné de réconfort. Je donne ma
copie mercredi. Peut-être passerai-je
chez vous le matin avant 9 heures.
Mais ne m'attendez pas.
 J'y pense. Vous pourriez me
rendre un fier service. Vous pourriez
écrire dix lignes au Comte Roselly
de Lorgues, 18, rue Chomel. Vous
exprimeriez ce que la lecture de mon
livre vous a fait éprouver, en le féli‑
citant d'avoir été l'inspirateur d'une
belle œuvre. Je le répète, vous me
rendriez un service que vous ne pouvez
pas mesurer.

*Offert à un Triste
par un Désespéré*

Léon Bloy

ERRATUM

Page 182, ligne 22, *au lieu de* : Vonra, *lisez :* Varon.

LE
RÉVÉLATEUR
DU
GLOBE

L'auteur et l'éditeur déclarent réserver leurs droits de traduction et de reproduction à l'étranger.

Cet ouvrage a été déposé au ministere de l'Intérieur (section de la Librairie) en janvier 1884.

LEON BLOY

LE RÉVÉLATEUR DU GLOBE

CHRISTOPHE COLOMB
ET SA BÉATIFICATION FUTURE

PRÉFACE
DE
J. BARBEY D'AUREVILLY

PARIS
A. SAUTON, LIBRAIRE-ÉDITEUR
41, RUE DU BAC, 41
M DCCC LXXXIV

DÉCLARATION DE L'AUTEUR

En ma qualité de Catholique, je déclare me soumettre entièrement à la doctrine de l'Église, aux règles et décisions du Saint-Siège, notamment aux Décrets des Souverains Pontifes Urbain VIII et Benoît XIV, concernant la canonisation des Saints.

S'il m'arrive, au sujet de la présente Cause de Béatification, d'employer les mots de « Saint » et de « Sainteté », ce n'est que d'une manière purement relative, par insuffisance de langage, faute de termes qui rendent plus complètement ma pensée. D'avance, je désavoue le sens rigoureux et absolu qu'on voudrait attribuer à ces expressions ; car nul ne peut être appelé SAINT tant que l'Église ne l'a pas qualifié ainsi officiellement.

Léon BLOY.

Paris, 12 juillet 1883.

PRÉFACE

L'auteur de la préface que voici fut un des premiers qui parlèrent du beau livre d'histoire — cause et occasion de cet autre livre qu'on publie aujourd'hui (1).

C'était en 1856. Un homme, en ce temps-là, s'aperçut, un jour, de la monstruosité sous laquelle le monde vivait en paix et allait son train. C'est que Christophe Colomb, — l'un des hommes les plus grands qui aient jamais existé, s'il n'est pas même le plus grand, — n'avait littéralement pas d'histoire. Transporté de honte pour le compte du genre humain, cet homme qui était un écrivain du talent le plus élevé, résolut d'arracher, dans la mesure de ses forces, Christophe Colomb à la destinée de silence et d'ingratitude qui pesait depuis près de quatre siècles sur sa mémoire, et qui avait mis la

1. Voir *Les Œuvres et les Hommes*, 2ᵉ vol. *Les Historiens*

grandeur de l'oubli en proportion avec la grandeur du service rendu, par lui, au monde tout entier. Jusque-là, de maigres notices, menteuses ou dérisoires, griffonnées sur Christophe Colomb, avaient montré qu'elles étaient dignes des mains qui avaient raturé son nom pour en mettre un autre à sa place sur sa grandiose découverte.... et, pour la première fois, la vie de Christophe Colomb fut écrite.

Malheureusement, le marbre de l'oubli est plus dur à égratigner que le marbre d'un tombeau, et il faut bien le dire, cette *Histoire de Christophe Colomb*, par le Comte Roselly de Lorgues, malgré tout le bien qu'on en dit, n'eut point, dans un temps où la publicité se prostitue aux plus basses œuvres littéraires, le succès retentissant que les hommes prennent pour de la gloire. Mais voici qui vengea le livre resté trop obscur ! Voici où la semence de vérité jetée aux vents légers et imbéciles tomba !

Elle tomba dans le cœur du Pape qui gouvernait alors l'Église, et tout à coup, elle y leva !... Dans l'immense grand homme que fut Christophe Colomb, Pie IX *vit* le saint qu'il fallait en faire sortir, — et de sa main pontificale, — de cette main qui dispose de l'éternité, — il lui prépara son autel. A dater de ce moment, la Béatification de Christophe Colomb fut résolue... Pour s'être rencontré avec l'intuition latente au cœur mystique de Pie IX, le Comte Roselly de Lorgues fut solennellement désigné pour être, en style de chancellerie romaine, « le Postulateur de la Cause auprès de la Sacrée Congrégation des Rites ». C'était la gloire ! la gloire manquée, venant tard, mais enfin venue et non pas d'en bas d'où elle vient souvent, mais d'en haut, d'où elle devrait toujours descendre. Malgré tout, en effet, malgré la contagion de la Libre Pensée, ce terrible choléra moderne de la Libre Pensée qui les ronge et qui les diminue chaque jour, les chrétiens sont encore assez nombreux pour faire de la gloire, comme le monde la conçoit et la veut — et, de cela seul que l'Église mettait en question la sainteté de Christophe Colomb, il avait sa gloire, même aux yeux des ennemis de l'Église, qui, au fond, savent très bien, dans ce qui peut leur rester d'âme, qu'il n'y a pas sur la terre de gloire comparable à celle-là !

Et du même coup, le Comte Roselly de Lorgues eut aussi la sienne. Il avait trop indissolublement attaché sa noble vie à la vie colossale de Christophe Colomb pour qu'il fût possible de l'en détacher. Désormais, qui pensera au héros, pensera forcément à l'historien qui l'a raconté. Le Comte Roselly de Lorgues a écrit son nom, à une telle profondeur dans le nom de Christophe Colomb, qu'on ne peut plus lire l'un sans lire l'autre, dans la clarté que l'Église répand sur eux, de son flambeau. Christophe Colomb et Roselly de Lorgues, arriveront, chacun à son rang, dans le partage de la même immortalité...

Certes, ce n'est pas pour de tels hommes que j'écris cette préface. Ils n'en ont pas besoin. Ils sont au-dessus de toute plume vivante. Si les préfaces signifient quelque chose, c'est quand elles sont les prévisions de la Critique en faveur des Obscurs qu'elle distingue dans leur obscurité et qu'elle doit aimer à faire monter dans la lumière. Tel M. Léon Bloy et son livre sur LE RÉVÉLATEUR DU GLOBE que l'histoire du Comte Roselly de Lorgues et son dévouement à la mémoire de Colomb lui ont inspiré.

Or, M. Léon Bloy est précisément un de ces obscurs que la Critique a pour devoir de pousser aux astres, s'ils ont la force d'y monter. Admirateur et serviteur de Christophe Colomb et du Comte Roselly de Lorgues, M. Léon Bloy ne s'est pas contenté de signaler les sublimités de l'histoire, écrite par le Comte Roselly. Il n'a pas fait qu'un livre sur un livre comme tout critique en a le droit ou se l'arroge. Il a fait mieux et davantage. En parlant du *seul* historien de Christophe Colomb, il en a été aussi l'historien à sa manière et le second après le premier ! Il n'a pas mis servilement son pied dans l'ornière lumineuse d'un sujet où le char de feu d'un grand talent avait déjà passé ! Mais il a pensé sur ce sujet, en son propre et privé nom, avec une profondeur et une énergie nouvelles. *L'Histoire de Christophe Colomb* par le Comte Roselly de Lorgues a été la suggestion du livre de M. Léon Bloy, mais elle n'a pas diminué l'originalité de son œuvre, à lui. Elle l'a, au contraire, fécondée. Elle a été le tremplin d'où ce robuste esprit s'est élancé à une hauteur dont s'étonneront certainement ceux-là qui ne sont pas capables de la mesurer. Maintenant que l'Église va être saisie, personne ne peut toucher, pour la grandir, à une gloire *catholique* qu'elle est sur le point de parachever. Je n'ajouterai donc pas un atome à cette gloire avec mon atome de préface. J'aime mieux le garder pour M. Léon Bloy et puisse cet atome être la première étincelle qui luira sur un talent, ignoré encore aujourd'hui, mais qui, demain peut-être, va tout embraser !

Car c'est un esprit de feu, composé de foi et d'enthousiasme, que ce Léon Bloy inconnu, qui ne peut plus l'être longtemps après le livre qu'il vient de publier... Pour ma part, parmi les écrivains catholiques de l'heure présente, je ne connais personne de cette ardeur, de cette violence d'amour, de ce fanatisme pour la vérité. C'est même cet incompressible fanatisme dont il se vante comme de sa meilleure faculté qui a empêché M. Léon Bloy de prouver aux regards du monde ses autres facultés et sa supériorité d'écrivain. Polémiste de tempérament, fait pour toutes les luttes, tous les combats, toutes les mêlées, et sentant cette vocation pour la guerre bouillonner en lui, comme bouillonne cette sorte de vocation dans les âmes, quand elle y est, il a de bonne heure demandé instamment à ceux qui semblaient penser comme lui, sa place sur leurs champs de bataille, mais ils lui ont toujours fermé l'entrée de leur camp.

Quoi de surprenant ? Dans une époque où le génie de la Concession qui gouverne le monde va jusqu'à lâcher tout, un esprit de cet absolu et de cette rigueur, a épouvanté ceux-là même qu'il aurait le mieux servis. L'héroïque Veuillot, par exemple, qui n'a jamais tremblé devant rien, excepté devant les talents qui auraient tenu à honneur de combattre à côté de lui pour la cause de l'Église, Veuillot prit peur, un jour, du talent de M. Léon Bloy, et, après quatre ou cinq articles acceptés à l'*Univers*, il le congédia formellement. Alors, cet homme, avec qui on se conduisait comme s'il était un petit jeune homme, quand il était un homme tout à fait, et qui, depuis dix ans, s'attendait et s'impatientait, accumulant et ramassant en lui des forces à faire le plus formidable des journalistes, fut étouffé par la force lâche du silence des journaux, et des journaux sur lesquels il aurait dû le plus compter ! Enfermé, comme le prophète Daniel, dans la fosse aux bêtes, mais aux bêtes qui n'étaient pas des lions, il recommença de faire ce qu'il avait fait toute sa vie. Il recommença d'attendre avec le poids de son talent méconnu et refoulé sur son cœur, l'occasion favorable où il pourrait prouver, à ses amis comme à ses ennemis, qu'il en avait. Et cette occasion éclatante fut la Béatification de Christophe Colomb, dans laquelle il a montré, contre les vils chicaneurs de cette grande mesure, *projetée par Pie IX*, la toute-puissance des coups qu'il pouvait leur porter et qu'on lui connaissait, mais encore une autre toute-puissance qu'on ne lui connaissait pas !

Et c'est la toute-puissance inattendue qui vient de plus profond que de l'âme ou du génie de l'homme et qui plane au-dessus de toute littérature. Cette toute-puissance extraordinaire a jailli chez M. Léon Bloy du fond de sa foi. Sans sa foi absolue à la surnaturalité de l'Eglise, il n'aurait pas écrit sur Celui qu'il appelle « le Révélateur du Globe », une histoire aussi surnaturelle que l'Église elle-même, et il ne les aurait pas fondues, l'une et l'autre, dans une identification si sublime. Le livre de M. Léon Bloy, que les ennemis de l'Église traiteront de mystique pour l'insulter et pour n'y pas répondre, comme si le Mysticisme n'était pas la dernière lueur que Dieu permette à l'homme d'allumer au foyer de son Amour pour pénétrer le mystère de sa Providence ; ce livre, creusé plus avant que l'histoire du Comte Roselly de Lorgues, dans les entrailles de la réalité divine, est encore plus la glorification de l'Église que la glorification de Christophe Colomb. Otez, en effet, par la pensée, la personnalité de Christophe Colomb, de la synthèse du monde que, seule, l'Église embrasse, et que, seule, elle explique, et il ne sera plus qu'un homme à la mesure de la grandeur humaine ; mais, avec l'Église et faisant corps avec elle, il devient immédiatement le grand homme providentiel, le bras charnel et visible de Dieu, prévu dès l'origine du monde par les prophètes des premiers temps... Les raisons de cette situation miraculeuse dans l'économie de la création, irréfragables pour tout chrétien qui ne veut pas tomber dans l'abîme de l'inconséquence, ne peuvent pas, je le sais, être acceptées par les esprits qui chassent en ce moment systématiquement Dieu de partout ; mais l'expression de la vérité, qu'ils prennent pour une erreur, est si grande ici, qu'ils seront tenus de l'admirer.

Cette partie dogmatique du livre de M. Léon Bloy, est réellement de l'*histoire sacrée*, comme aurait pu la concevoir et l'écrire le génie même de Pascal, s'il avait pensé à regarder dans la vie de Christophe Colomb et à expliquer la prodigieuse intervention dans les choses humaines, de ce Révélateur du Globe qu'on pourrait appeler, après le Rédempteur Divin, le second rédempteur de l'humanité !

Je ne vois guère que l'auteur des *Pensées* pour avoir sur ce grand sujet, oublié par Bossuet, cette aperception suraiguë dans le regard, cette force dans la conception d'un ensemble, cette profondeur d'interprétation et cette majesté de langage, aux saveurs bibliques. Je veux surtout insister sur ce point. M. Léon Bloy, — l'écrivain sans public jusqu'ici, et dont quelques amis connaissent seuls la violence éloquente qu'on retrouvera, du reste, dans la troisième partie de son livre, quand il descendra de la hauteur du commencement de son apologétique, — a pris aux Livres Saints sur lesquels il s'est couché depuis longtemps, de toute la longueur de sa pensée, la placidité de la force et la tempérance de la sagesse; et le style de ce grand *calmé* du Saint-Esprit n'a plus été ce style *qui est l'homme*, comme a dit Buffon.

Ce n'est pas dans les étreintes d'une simple préface qu'on peut rien citer de ce livre débordant d'une beauté continue et qu'il faut prendre, pour le juger, dans la vaste plénitude de son unité. Cette préface qui ne dit rien parce que le livre qui la suit dit tout, n'est que l'index tendu vers ce livre qu'il faut montrer aux autres pour qu'ils l'aperçoivent. Elle n'a à dire que les deux mots de la voix mystérieuse qui disait à saint Augustin, sous le figuier : « *Prends et lis* . » Augustin lut, et on sait le reste.

Les hommes de ce temps liront-ils ce livre, trop pesant pour leurs faibles mains et leurs faibles esprits ?... Seulement, s'ils en commencent la lecture et qu'ils se retournent de cette lecture vers les livres de cette époque de puéril et sot bibelotage, auront-ils la sensation de l'amincissement universel qui veut nous faire disparaître dans le néant, ce paradis des imbéciles ?... Et c'est toujours au moins cela pour le compte et la gloire de la vérité.

J. Barbey d'Aurevilly.

PREMIÈRE PARTIE

———

EXPOSÉ

ET

HISTORIQUE DE LA CAUSE

EXPOSE
ET
HISTORIQUE DE LA CAUSE

*Spiritus sanctus corporali
specie sicut* COLUMBA.
Luc, III, 22.

I

Depuis plusieurs années déjà, on parle dans le monde du projet de béatifier Christophe Colomb. Ce projet extraordinaire, suggestif de pensées grandioses, ne se produisit pas tout d'abord parmi les chrétiens avec ces immenses éclats de popularité qu'il semblait humainement raisonnable d'en espérer. L'enthousiasme universel ne s'alluma pas. Quelques journaux perpétuellement hostiles au christianisme signalèrent, en passant, les uns, avec un dédain plein de bonté, les autres, avec une sorte de rage contenue, ce nouvel « empiétement » du cléricalisme ultramontain. La Libre Pensée a l'originalité de supposer que l'Église lui dérobe quelque chose lorsqu'Elle se permet de canoniser les saints. L'Orgueil des hommes croit avoir, seul, le droit de placer quelqu'un sur ses propres autels. Mais les journaux catholiques n'ayant pas cru devoir donner à un simple projet d'une réalisation alors éloignée et incertaine, la publicité retentissante d'un événement prochain et inéluctable, le farouche mécontentement de nos ennemis tomba de lui-même et le public ne s'aperçut même pas que quelque chose de grand avait été mis en question.

Aujourd'hui, cette affaire oubliée revient avec plus de force que jamais et commence à se préciser comme l'ardente préoccupation d'un grand nombre d'âmes religieuses à peu près partout. Ce mouvement parti de la France mérite, à coup sûr, d'être étudié, et c'est l'objet de ce travail. Il a paru nécessaire, avant que la question purement hagiographique soit abordée par qui de droit, de présenter ici quelques considérations historiques et biographiques qui permettront à la multitude des chrétiens d'en saisir à la fois l'importance et l'opportunité.

Si M. le Comte Roselly de Lorgues, l'historien catholique de Christophe Colomb et le Postulateur officiel de sa Cause devant la Sacrée Congrégation des Rites, était capable de s'enivrer de ce mensonge capiteux qui s'appelle la gloire humaine, il pourrait, dès aujourd'hui, se reposer et s'endormir dans la sécurité et dans la parfaite plénitude du triomphe. Car il a fait une chose par laquelle son nom sera perpétuellement contemporain d'une des plus immortelles préoccupations de l'humanité. Il s'est donné l'impérissable gloire d'être le révélateur de Celui par qui la totalité de la Création nous fut révélée. Avant lui, personne ne connaissait véritablement Christophe Colomb, et l'ignorance universelle était d'autant plus profonde que la science avait parlé et que le préjugé de la calomnie était devenu inébranlable et consistant comme un axiome.

Cette majestueuse personnalité de l'Inventeur du Nouveau Monde passait dans l'histoire comme une illustration scientifique de moyenne grandeur que ne déparait pas le voisinage de Bernard de Palissy ou de Benjamin Franklin. La découverte de la moitié de la Terre était devenue, après trois cents ans, quelque chose comme une anecdote instructive dans les manuels populaires de la science pour tous et dans les *récréations* historico-littéraires de l'attendrissante *Morale pratique*. Les imperturbables synopses universitaires mentionnaient simplement qu'une fois, à telle date, *un pilote génois* qui cherchait on ne sait quoi, découvrit, *par hasard*, l'Amérique, et c'était tout. Le Dragon de l'enfantillage moderne avait ouvert sa gueule de papier sur le plus énorme événement de l'histoire et l'avait irrémédiablement englouti. Mais il arriva qu'un beau jour, cet événement lui déchira ses ridicules entrailles et rejaillit d'un seul coup dans le ciel. La mystérieuse Providence qui ne connaît point de hâte et pour laquelle il n'est jamais *trop tard*, avait laissé ramper et baver pendant près de quatre siècles sur la mémoire de son Messager tous ses obscurs et croupissants blasphémateurs.

Quand le moment fixé par Elle et connu d'Elle seule fut arrivé, il ne resta plus rien d'auguste sous le ventre des reptiles, le Serviteur de Jésus-Christ étendit sur les plus nobles fronts ses mains miraculeuses et l'apothéose commença.

Le grand Pape Pie IX, le premier, le *seul* de tous les Pontifes romains qui ait visité le Nouveau Monde, profondément frappé du rôle providentiel de Christophe Colomb et magnifiquement impatient de la gloire de l'homme dont il pressentait la *sainteté*, en vertu de son infaillible sagacité de Suprême Pasteur, ordonna peu après son retour de Gaëte que l'histoire du navigateur chrétien à qui nous devons l'Amérique, jusqu'ici exclusivement racontée par des plumes protestantes, fût enfin écrite dans son intégrité par un catholique et présentée sous son aspect véritable.

Comme la Fille aînée de l'Église avait égaré l'opinion et donné le nom d'un plagiaire au Continent découvert par l'Envoyé de Dieu, ce fut elle-même que le Chef de l'Église chargea de réparer, autant que possible, cette injustice, en publiant dans sa langue la vie de ce sublime apôtre. Le Saint-Père choisit, pour cette œuvre, parmi les écrivains catholiques français, le dernier représentant d'une race recommandable depuis des siècles par son dévouement héréditaire à la Papauté, M. le Comte Roselly de Lorgues, doyen actuel de nos écrivains catholiques (1). Il ne la confia pas à une plume sacerdotale parce que cette biographie n'est pas purement historique ou religieuse, mais qu'elle comporte des appréciations très diverses, touche à des intérêts multiples et concerne le monde entier sans acception de croyances ou de gouvernements.

---

1. Un Bref du 24 avril 1863 mentionne l'origine italienne du Comte Roselly de Lorgues et l'antique illustration de sa race. En 1309 le Chevalier Jean Roselli accompagnait à Avignon le Pape Clément V qui venait s'y fixer.

Le Comte Antoine Roselli, bien que laïque, fut cinq fois Légat du Saint-Siège, pour les Papes Martin V et Eugène IV. Son cousin Jean-Baptiste, simple abbé, eut deux fois le même honneur. Successivement d'autres Roselli servirent directement la Papauté; aussi en nommant le Comte Roselly de Lorgues Commandeur de son Ordre le grand Pie IX s'est-il plu à rappeler les services de ses aïeux et leur fidélité au Saint-Siège. (Bref du 3 juillet 1866.)

Le fond de la pensée de Pie IX était que cette publication réveillât l'attention publique, préparât les esprits chrétiens à une auguste sanction et enfin provoquât quelque imposante manifestation catholique dans le sens du grand acte de justice qu'il méditait. M. le Comte Roselly de Lorgues publia donc en 1856, pour la première fois, la magnifique *Histoire de la vie et des voyages de Christophe Colomb*. Cette restitution, équivalente à une découverte, étonna profondément l'opinion et valut à son auteur l'incomparable satisfaction d'être insulté par la plupart des ennemis de l'Église. Depuis près de trente ans, l'*Histoire de Christophe Colomb* a eu à subir le sort providentiellement réservé à toutes les productions transcendantes de l'esprit de foi, surtout en ce temps-ci. Elle attend paisiblement l'heure de son grand éclat, s'insinuant peu à peu et lentement dans quelques âmes supérieures qui la rencontrent devant elles sans l'avoir cherchée et qui, l'ayant trouvée, ne peuvent plus l'oublier.

Ce livre, l'un des plus beaux efforts historiques de ce siècle d'historiens, fut, pour quelques-unes de ces âmes qui hennissent au sublime et que ne rassasient pas les pâturages du monde, comme une révélation surérogatoire ajoutée à l'autre Révélation. Après tant d'exégèses fameuses émanées de tant de Bouches d'or, ce profond récit des aventures d'un homme de Dieu, fit l'effet d'un commentaire nouveau du saint Livre, de l'espèce la plus imprévue, écrit pour la première fois d'une main inspirée, dans la tangible clarté de l'histoire.

Le monde connaissait déjà cette grande sorte d'interprétation de la divine Parole expérimentalement confrontée aux événements humains. Il y avait la *Cité de*

Dieu de saint Augustin et le glorieux *Discours sur l'histoire universelle*. Un écrivain, d'un génie presque surnaturel, Joseph de Maistre, Docteur Angélique du Dogme Providentiel, de l'extrémité de sa plume trempée de lumière, avait tracé quelques-unes des lois visibles du gouvernement temporel de Dieu sur les peuples et sur les empires. Mais ce qu'on n'avait jamais vu, depuis les Évangiles, c'était la confuse Babel de tous les témoignages prophétiques, contradictoirement humains et divins, dans tous les siècles, venant s'entasser et s'accumuler, comme une montagne de la Transfiguration, sous les pieds d'un seul homme prédestiné à la gigantesque infortune de les consommer.

Et cet homme unique, dont il est presque impossible de parler sans tremblement, quand on sait ce que Dieu avait mis en lui et ce que les autres hommes lui ont fait, c'est Christophe Colomb — la mystérieuse *Colombe portant le Christ !* — manifestement chargé de rendre possible, par l'oblation perpétuelle et *universelle* du saint Sacrifice, la plus profondément obscure des prophéties de l'Ancien Testament. Voilà ce que le livre du Comte Roselly de Lorgues osa montrer pour la première fois dans un récit d'une telle palpitation et d'une si tendre pitié pour ce pauvre géant de l'apostolat écrasé sous la Croix qu'il porte à la moitié du genre humain, qu'en le lisant, les âmes se fondent de compassion et qu'on est tenté de demander amoureusement au Seigneur, en vue de quelles épouvantables revendications de sa justice il permet à l'ingratitude des hommes de s'exercer à ce point sur les plus généreux amis de sa gloire !

II

De toutes les choses que le temps extermine ou déshonore, il n'en est pas de plus fragile, de plus effaçable que l'étonnement. A la distance de quatre siècles, quelle imagination de poète serait capable de concevoir l'indicible stupéfaction du vieux monde chrétien, non encore contaminé par le groin de la Réforme, à la nouvelle de la découverte d'un monde inconnu dont le Christ et ses Apôtres n'avaient pas parlé ? Cette société de quinze siècles, bâtie comme la Babylone imprenable du Très-Haut, gardée par la double muraille sacrée de la Théologie et de la Tradition et ceinte de ce fossé mystique où bouillonnait le sang de plusieurs millions de martyrs, dut être surprise d'une si véhémente manière qu'il serait puéril de chercher dans l'histoire un autre exemple de ce prodigieux déconcertement.

Les intelligences superbes d'alors durent craindre que l'Église elle-même ne s'en allât en ruines avec son triple diadème et ses promesses d'indéfectibilité. La Mission démontrée de Christophe Colomb humiliait en plusieurs points essentiels le despotisme scolastique d'une exégèse inflexible où la Lettre des Saints Livres étouffait l'Esprit du Seigneur (1). La Science catholique, figée dans les formules et les sentences de l'École, avait fini par stériliser la Tradition, en la détournant de la contemplation des divins objets pour la contraindre à *tout* expliquer dans l'ordre politique et dans l'ordre subjectif des réalités naturelles.

Imperturbable et sereine, cette science étreignait le genre humain et s'étalait devant la Sagesse de Dieu, comme un rivage devant l'Océan, pour que cette Sagesse « n'allât pas plus loin » et condescendît à briser contre le granit du syllogisme « l'enflure de ses vagues ».

L'apparition soudaine d'un Messager et d'un Révélateur au sein d'une société si fermement assise dans la

---

1. Lorsque Colomb, en instance auprès de la Cour d'Espagne, dut comparaître devant la Junte de Salamanque chargée de l'examen de son projet de Découverte, quelques-uns des doctes membres de ce congrès « objectèrent à ses déductions des passages des Saintes Écritures qu'ils appliquaient fort mal, et des fragments tronqués de quelques auteurs ecclésiastiques contraires à son système. Des professeurs *cathedraticos* établirent par majeure et par mineure que la Terre est plate comme un tapis, et ne saurait être ronde, puisque le Psalmiste dit : « Étendant le ciel « comme une peau, » *extendens cœlum sicut pellem;* ce qui serait impossible si elle était sphérique. On lui opposait les paroles de saint Paul, comparant les cieux à une tente déployée au-dessus de la Terre, ce qui exclut la rotondité de ce monde. D'autres, moins rigides ou moins étrangers à la cosmographie, soutenaient, qu'en admettant la rotondité de la Terre, le projet d'aller chercher des régions habitées dans l'hémisphère austral était chimérique, puisque l'autre moitié du monde restait occupée par la MER TÉNÉBREUSE, ce gouffre formidable et sans limite ; et si, par bonheur, un navire lancé dans cette direction parvenait à toucher aux Indes, jamais on n'en pourrait avoir de nouvelles, parce que cette prétendue rotondité de la Terre formerait un obstacle insurmontable à son retour, quelque favorables qu'on supposât les vents. » (*Christophe Colomb*, par le Comte Roselly de Lorgues, liv. I, ch. v.)

certitude que toutes les révélations divines étaient consommées fut, sans doute, pour un grand nombre d'esprits altiers, une formidable épreuve préliminaire à la tempestueuse expugnation luthérienne. On est forcé de le reconnaître, les deux événements simultanés de la Découverte du Nouveau Monde et de la Renaissance du Monde Antique étaient bien de nature à désorbiter la raison humaine et à faire tourner le lait universitaire des plus orthodoxes doctrines.

Les âmes naïves, il est vrai, trouvèrent très simple que Dieu n'eût pas tout dit aux docteurs et qu'il lui plût de faire des choses nouvelles. Elles jugèrent qu'après tout, il n'y avait pas lieu de désespérer de sa Sagesse parce qu'elle ne s'ajustait pas docilement aux exigences philosophiques de sa créature. Ces âmes furent les clairvoyantes et les inébranlables dans le siècle le plus disloqué de l'histoire et c'est pour elles surtout que Christophe Colomb déclarait avec la hardiesse d'une transcendante simplicité que Dieu l'avait fait « Messager d'une terre nouvelle et de nouveaux cieux ». « Le Seigneur, ajoutait-il, écoute quelquefois les prières de ses serviteurs qui suivent ses préceptes, même dans les choses qui paraissent impossibles et que l'intelligence ne peut ni concevoir ni atteindre. »

Une chose, entre autres, que l'intelligence humaine ne saurait atteindre avec le raccourci effrayant de sa notion de justice, c'est le mystère de toute une moitié de la race humaine exclue, pendant plus de cinq mille ans, de toute participation à la vie spirituelle des peuples de l'Ancien Monde. Ce simple fait accable la pensée !

Quel crime sans nom ni mesure avait donc pu nécessiter une aussi longue, une aussi épouvantable expiation, endurée, non par un seul peuple, mais par des centaines de nations, pour quelques-unes desquelles elle dure encore ? Que dis-je ? la plupart d'entre elles ne virent se lever aucune lumière et l'aurore de la civilisation orientale fut pour la multitude de ces créatures infortunées comme l'annonce d'un déluge de sang et de feu par-dessus les vagues de l'Atlantique.

Cet hémisphère terrestre inconnu — semblable à cette mystérieuse moitié de la lune perpétuellement inobservable — roulait dans les espaces, avec le reste du monde, depuis deux millions de jours. En vain le Candélabre de la Révélation avait-il été promené d'Orient en Occident. Depuis Abraham étendant sous les pieds du Messie futur — comme une miraculeuse voie lactée de cœurs humains — toute sa *stellaire* postérité, pendant vingt-deux siècles ; et, de Jésus, vainqueur de la Mort, à Mahomet, vainqueur de Byzance, d'innombrables générations, obscures ou lumineuses, avaient trempé la terre de leurs larmes, de leurs sueurs ou de leur sang. Des civilisations puissantes avaient poussé leurs influences dans toutes les directions de l'esprit humain. De miraculeuses intelligences avaient épuisé toute conjecture. Les saints, les martyrs, les apôtres même à qui le Sauveur avait dit de sa bouche d'enseigner toutes les nations, avaient accompli leur mandat sur une seule moitié du globe, délaissant ainsi l'autre moitié dans une ignorance invincible de la Rédemption. Le plus audacieux, le plus infatigable des Douze, Témoin privilégié de la Résurrection du Fils de Dieu, — celui-là, disait sainte Brigitte, qui est le trésor de Dieu et la lumière du monde, — Thomas Didyme, laissant derrière lui Alexandre le Grand, parmi les autres poussières de son chemin, s'était avancé jusque sur les rivages extrêmes de l'Orient. Là, pressentant peut-être, avant de mourir, la clameur muette et lointaine de ces âmes abandonnées, il avait inutilement tendu ses bras d'apôtre au-dessus de cet incommensurable Pacifique, barrière mobile et décevante qui se moquait de son désir...

Rien de divin et rien d'humain n'avait pu prévaloir contre les ténèbres inexorables de ces races inexplicablement châtiées !

III

Ici, je demande la permission de parler du Diable.

Les *mondains*, généralement persuadés de l'inexistence du *Prince de ce monde* et à qui ce travail est surtout destiné, me pardonneront peut-être cette digression nécessaire à l'intelligence de la mission de Christophe Colomb envisagée catholiquement.

La notion du Diable est, de toutes les choses modernes, celle qui manque le plus de profondeur, à force d'être devenue littéraire. A coup sûr, le Démon de la plupart des poètes n'épouvanterait pas même des enfants. Je ne connais qu'un seul Satan poétique qui soit vraiment terrible. C'est celui de Baudelaire, *parce qu'il est* SACRILÈGE. Tous les autres, y compris celui de Dante, laissent nos âmes bien tranquilles et leurs menaces feraient hausser les épaules très peu littéraires des fillettes du catéchisme de persévérance. Mais le vrai Satan qu'on ne connaît plus, le Satan de la Théologie et des Saints Mystiques, — l'Antagoniste de la Femme et le Tentateur de Jésus-Christ, — celui-là est si monstrueux que, s'il était permis à cet Esclave de se montrer tel qu'il est — dans la nudité surnaturelle du Non-Amour, — la race humaine et l'animalité tout entière ne pousserait qu'un cri et tomberait morte...

La plus grande force de Satan, c'est l'*Irrévocable*. Le mot « fatalisme » inventé par l'orgueil soi-disant philosophique des hommes n'est qu'une traduction obscure de cet effrayant attribut du Prince des Méchants et de l'Empereur des Captifs. Dieu garde pour lui sa Providence, sa Justice, sa Miséricorde et, par-dessus tout, le *Droit de grâce* qui est comme le sceau où son omnipotente Souveraineté est empreinte. Il garde aussi l'irrévocable de la Joie et il laisse à Satan l'irrévocable du Désespoir. La terrifiante *porte pâle* du grand poète américain est ouverte sur ces deux gouffres offerts à notre liberté.

Or, l'Irrévocable commence dès cette vie. Il se formule dans l'acte libre et s'accomplit dans la persévérance. La Grâce n'intervient que pour empêcher la liberté de glisser de notre âme et de se perdre dans l'effroyable angoisse de la Tentation. Mais l'Irrévocable subsiste dans les faits d'une manière si redoutable que les moindres velléités, les moindres pensées, les plus fugitives palpitations ont des suites infinies et retentissent à jamais. Ici, tout se magnifie. Le contingent ne franchit pas le seuil de la vie morale et la vie morale de l'être libre, contenue dans les bornes inflexibles de la personnalité, ne va pas se perdre dans le contingent. Il faut *absolument* l'intégralité d'une proie à la joie ou au désespoir éternels.

Lorsque le Démon séduit et surmonte notre liberté, il en obtient des enfants terribles de notre race et de sa race, immortels comme leur père et leur mère. Cette progéniture enfante et pullule à son tour, indéfiniment, sans qu'aucun moyen *naturel* nous soit donné d'arrêter cette horrible et incalculable multiplication des témoins de notre déshonneur.

C'est là l'empire illimité de Satan. Il règne en patriarche sur la multitude des affreux enfants de la liberté humaine. Il les adopte tous aussitôt qu'ils naissent. Ses ministres, ses officiers, ses chambellans et ses majordomes en prennent soin. C'est une armée contre chacun de nous, une immense armée d'invasion qui déborde à chaque instant sur nos âmes, à l'heure de l'action comme à l'heure du repos, à l'heure de la joie et à l'heure de la tristesse, à l'heure du sommeil et du rêve, à l'heure même de la prière et des plus saintes effusions du cœur, mais surtout à l'heure définitive et troublante de la mort. Cette guerre sans pitié et sans trêve a pour signal le décret de notre seule volonté, décret sans appel, promulgation irrévocable, sanctionnée par l'infaillible Justice. Dieu peut pardonner et il pardonne en effet; mais le mal n'en est pas moins accompli pour l'éternité et il ne cesse, dans le temps, de produire des fruits épouvantables que le Démon met continuellement devant nos yeux pour nous désespérer.

Je le répète, c'est là sa force; c'est là son partage, son majorat de Prince du mensonge et la fleur empoisonnée de son supplice à lui! Il ceint la terre de ses deux bras immenses comme d'une écharpe de deuil et de mort, comme le *mare Tenebrosum* de la cosmographie des anciens. Rien ne se dérobe à son étreinte, rien... excepté la liberté crucifiée avec Jésus-Christ. Hors de ce calvaire, il est maître de tout et on peut l'étiqueter du nom de toutes les influences néfastes de la vie. Il est entre toutes les lèvres et toutes les coupes; il est assis à tous les festins et nous y rassasie d'horreurs au milieu des triomphes; il est couché dans le fond le plus obscur du lit nuptial; il ronge et souille tous les sentiments, toutes les espérances, toutes les blancheurs, toutes les virginités et toutes les gloires ! Son trône préféré est le calice d'or de l'amour en fleur et son bain le plus suave est le foyer de pourpre de l'amour en flammes. Quand nous ne parlons pas à Dieu ou pour Dieu, c'est au Diable que nous parlons et il nous écoute... dans un formidable silence. Il empoisonne les fleuves de la vie et les sources de la mort, il creuse des précipices au milieu de tous nos chemins, il arme contre nous la nature entière, à ce point que Dieu a dû confier la garde de chacun de nous à un esprit céleste pour que nous ne périssions pas dès le premier instant de notre naissance. Enfin, Satan est assis sur le haut de la terre, les pieds sur les cinq parties du monde et rien d'*humain* ne s'accomplit sans qu'il intervienne, sans qu'il soit intervenu et sans qu'il doive intervenir. Il n'y a pas à s'étonner de cette énorme puissance et la raison catholique ne s'en étonne pas. Satan n'a que ce que Dieu lui donne et Dieu lui donne tout... à la réserve de la liberté de l'homme.

IV

Qu'on se représente maintenant cet immense continent américain, s'étendant de l'un à l'autre pôle pendant près de quatre mille lieues, si démesuré dans tous les sens qu'il aurait fallu plusieurs Romes pour en conquérir seulement le littoral et, qu'après trois cent quatre-vingt-dix ans, les plus audacieuses explorations scientifiques n'ont pu le faire connaître tout entier.

Cette interminable chaîne de peuples, étrangers les uns aux autres et de langues diverses, séparés par toutes les différences de mœurs et de climat, divisés par des haines héréditaires et par des religions dont l'atrocité parfaite était la seule unité : tel était au moment de la Découverte, l'apanage exclusif de l'Esprit du mal !

Sans doute, le reste de la terre appartenait à ce monarque, en la manière que je viens de dire; mais, ici, il était le maître absolu, le législateur, le père et le Dieu. Il n'y avait à redouter ni Rédempteur ni Évangile. Le Sang de Jésus-Christ ne coulerait pas sans doute au travers de l'Océan. Le vrai Dieu semblait avoir abdiqué toute suzeraineté sur ce monde malheureux, l'ayant laissé en apparence, sans aucun secours, pendant un nombre de siècles égal au nombre d'années qui font un vieillard.

« Vous êtes les enfants du Diable », disait Jésus-Christ aux Juifs qui se flattaient d'avoir Dieu pour père. Cette affirmation à la fois si mystérieuse et si nettement terrible venant d'une telle bouche, ne s'appliquait pas seulement à cette nation déréglée et infidèle. Elle passait bien au delà et s'en allait atteindre, à travers la race figurative, toutes les races et toutes les familles humaines prévaricatrices, jusqu'aux dernières extrémités de l'espace et du temps. Mais, combien réelle, combien effrayante, combien plus mystérieuse encore cette sentence doit-elle apparaître si l'on vient à considérer le total délaissement, l'absolu exil de ces multitudes à son image que le Dieu vivant semblait avoir écartées à jamais et qui ne ressemblaient à la multitude des témoins de l'Agneau dont il est parlé dans l'Apocalypse que par l'impossibilité de les dénombrer !

Un grand philosophe moderne a dit que l'esclavage antique fut tout un christianisme virtuel et intérieur pour la gentilité (1). Assurément, les quarante siècles d'esclavage préalables à la diffusion évangélique durent peser bien lourdement sur le cœur de l'homme ; mais, après tout, les ténèbres du Paganisme, si épaisses qu'elles fussent, n'étaient pas des ténèbres absolues. La Révélation édénique avait laissé dans l'argile raisonnable de profondes empreintes. Les primitifs historiens, les rapsodes, les vieux tragiques sont saturés de surnaturel divin et prophétique. De sublimes éclairs traversaient

---

1. Saint-Bonnet, *la Douleur*.

parfois ce chaos et venaient illuminer d'étranges lueurs symboliques les simulacres et les autels. La grande Promesse voyageait dans le monde parmi des générations de pénitents involontaires et, d'âge en âge, se formulait obscurément, à la manière d'un écho lointain, dans la clameur inspirée des voix sibyllines. Les législations elles-mêmes, si orgueilleuses et si dures, s'étaient laissé pénétrer comme d'un vague pressentiment de la dignité humaine. Le Démon triomphait sans doute, mais il triomphait avec inquiétude et tremblait devant ses esclaves !...

En Amérique, rien de semblable. Ténèbres absolues et triomphe complet, comme en enfer ! Le livre de la *Sagesse* a un passage, sublime d'horreur, où le roi Salomon raconte la *cécité* miraculeuse de l'Égypte, région *d'angoisse*, figurative de toute la gentilité :

« Ils étaient tous ensemble — dit le Voyant royal — liés d'une même chaîne de ténèbres et enveloppés d'une longue nuit. Enclos sous leurs toits, ils s'étaient couchés, fugitifs de la perpétuelle Providence.

« Et, s'imaginant qu'ils pourraient demeurer cachés dans l'obscurité de leurs péchés, ils avaient été dispersés sous un obscur voile d'oubli, — étant horriblement effrayés et dans un tremblement prodigieux.

« Car la caverne qui les contenait ne les défendait pas de la crainte, parce que tout son qui descendait vers eux les remplissait d'épouvante...

« Le sifflement du vent ; le chant suave des oiseaux dans les rameaux des arbres ; le bruit de l'eau courante ; celui des pierres tombantes ; les ébats, invisibles pour eux, des animaux ; le hurlement des fauves ou les échos retentissant du creux des montagnes : toutes ces choses les faisaient mourir d'effroi...

« Il n'y avait point de feu si fort qui pût leur donner aucune lumière et les flammes limpides des astres ne pouvaient éclairer cette horrible nuit...

« C'est alors que les prestiges de l'art magique parurent dérisoires et que cette sagesse glorieuse fut bafouée avec ignominie.

« Car ceux qui promettaient de bannir toutes craintes et toutes perturbations de l'âme languissante, languissaient eux-mêmes, ridiculement, pleins de terreurs...

« Ils étaient tous dormants d'un même sommeil dans cette nuit d'impuissance qui leur était arrivée *du plus profond des enfers...*

« Or, tout le reste du monde était illuminé d'une brillante lumière et accomplissait ses œuvres, sans aucun empêchement.

« Eux seuls étaient écrasés de cette pesante nuit, image des ténèbres qui devaient leur survenir. Et ils étaient devenus plus insupportables à eux-mêmes que leurs propres ténèbres (1). »

Eux seuls ! Quel effrayant destin ! et quel maître pour remplacer Dieu ! Une *chaîne de ténèbres* pour toute théologie et la suprême, la perpétuelle épouvante pour toute législation ! Du nord au sud, on pouvait marcher toute une vie d'Indien et faire quatre mille lieues sans rencontrer l'Espérance. Cette merveilleuse nature qui ravissait les *Conquistadores,* — au point de faire penser un instant à Christophe Colomb que le Chérubin terrible ne faisait plus sentinelle avec son épée de feu

---

1. Sap. cap. XVII.

et que les enfants du Christ allaient enfin recouvrer le Paradis perdu, — les nouveaux venus en comprirent *seuls* la beauté.

Dans ces grandioses forêts septentrionales qui s'étendaient, comme une infinie cathédrale de verdure, de la baie d'Hudson au golfe du Mexique ; parmi les sublimités sauvages des montagnes Rocheuses ou sur le beau penchant des Andes ; aux bords des Amazones ou dans les îles enchantées de la mer des Antilles : au milieu de cet inimaginable ruissellement de lumière, des êtres sans nombre faits à la ressemblance du Très-Haut se tordaient dans la boue sanglante des sacrifices humains et agonisaient de terreur sous l'implacable azur de ce firmament qui ne racontait aucune gloire divine à leurs pauvres âmes !... O Dieu juste ! cinq mille ans de cet enfer (1) ! !

Les théologiens nous enseignent que, dans l'autre enfer, le supplice de la privation de Dieu surpasse infiniment tous les autres supplices et l'un des plus grands Pères de l'Église est venu nous dire que l'âme de l'homme est « naturellement chrétienne ». Ces malheureux avaient donc, au plus profond de leur cécité morale, un pressentiment quelconque d'un souverain bien absolument *nécessaire* et absolument inaccessible ! Qui donc oserait assigner l'exacte limite qui séparait les deux abîmes, puisque l'un et l'autre pouvaient être appelés « terre de misère et terre ténébreuse, couverte de l'ombre de la mort ; où ne se trouve nul ordre et nulle rédemption, mais où habite la sempiternelle horreur (1) » ?

1. 20.000 victimes annuelles au Mexique seulement, d'après Clavigero.
2. Matines des morts — IIIe nocturne.

V

Un jour, enfin, le Seigneur appela un homme, comme il avait appelé Jean pour préparer ses voies, et il l'investit, pour un temps, de sa puissance, afin qu'il pût mettre décidément un terme à ce semblant d'éternité douloureuse par laquelle Satan, surnommé le singe de Dieu, avait essayé de se singer lui même dans une sacrilège contrefaçon de son propre royaume.

Cet homme qu'Isaïe semble avoir en vue toutes les fois qu'il parle aux îles lointaines et aux peuples des extrémités de la terre, c'est Christophe Colomb, « le plus doux des hommes », comme l'Esprit-Saint le dit de Moïse. Le titre de Grand Amiral, sous lequel il fut tant calomnié pendant sa vie, n'a plus de sens pour une génération qui ne connaît pas l'histoire. La foule ne sait de lui que son nom très mystérieux et... rien de plus, sinon qu'il a fait la Terre une fois plus grande et que les hommes l'ont assassiné de chagrin dans l'obscurité.

Quant à sa mission providentielle et unique qui le range dans la demi-douzaine d'hommes exceptionnellement prodigieux sur lesquels la Sagesse divine a compté, qui donc y penserait, dans ce siècle ennemi de la grandeur, si l'Église, toujours pleine de mémoire et toujours grande, n'y pensait pas ?...

L'Église *catholique* qui est l'Impératrice de l'Orient et de l'Occident et qui porte dans son nom l'universalité de son droit, n'oublia jamais personne ; mais elle se souvient plus particulièrement, plus profondément et avec une dilection plus fervente de ceux de ses fils qui l'ont dilatée et qu'elle dilate à son tour en les honorant sous le vocable douze fois auguste d'Apôtres.

« Y eut-il jamais, dit l'historien de Christophe Colomb, un homme plus grand que celui qui n'imita personne et que personne ne pourra imiter pendant la durée du globe ? » Christophe Colomb découvrant le Nouveau Monde, c'était comme s'il eût dit à l'Église : « Mère bien-aimée, je vous donne, au Nom de Jésus-Christ, la moitié de la terre. Je vous donne des millions d'âmes que j'ai enfantées au Salut et qui sont les fleurs infiniment douloureuses de mes entrailles spirituelles. Je vous les confie à jamais pour qu'elles soient replacées dans la vérité d'où elles tombèrent, comme les anges infidèles, il y a tant de siècles. Ce sont là les Enfants-Trouvés de l'Amour divin dont je suis le Messager et que je symbolise dans mon nom. » — « Embrasse ces enfants et enveloppe-les de tes bras maternels, dit le Seigneur, jusqu'à ce que je vienne et que je leur fasse miséricorde, parce que *mes fontaines surabondent* et que ma grâce est inépuisable (1). »

C'était encore comme s'il eût dit à l'esprit humain : « Je double l'étendue de ton héritage et j'agrandis in-

---

1. Esdras, lib. IV, cap. ii, ⁊ 32.

croyablement le champ déjà si vaste de tes investigations. C'est par moi que va « se révéler tout à coup un sens « nouveau : le sens des grandes choses et de l'infini (1) ». La connaissance parfaite du globe terrestre sera le moindre fruit de ma découverte. J'aurai donné l'essor aux plus audacieuses entreprises scientifiques dans les siècles extraordinaires qui vont venir. Le livre de la nature, hermétiquement fermé jusqu'à ce jour, est enfin ouvert et ouvert par moi, le Révélateur de la Création, qui serai, néanmoins, dédaigné et méconnu et qui vais disparaître comme un flambeau vulgaire porté contre le souffle de la tempête. Je prévois que les hommes abuseront de ce nouveau don de Dieu comme ils ont abusé de tous les autres. Mais je sais aussi qu'il faut que sa volonté s'accomplisse pour que son règne arrive à la fin sur cette terre prédestinée que j'ai été chargé d'amplifier et d'arrondir comme une sphère impériale pour la domination future de Jésus-Christ. »

La grandeur de Christophe Colomb est tellement unique et démesurée qu'elle déconcerte jusqu'à l'enthousiasme et qu'elle fait éclater le cadre ordinaire des analogies, traditionnellement requis pour la sainteté — même dans ses voies les plus exceptionnelles — par les théologiens et les docteurs ascétiques. Je dirai plus loin, dans un rapide examen de la vie du Serviteur de

---

1. Humboldt, *Cosmos*, t. II, p. 321. — On me pardonnera, je l'espère, en considération du plaisir de citer Humboldt, le petit inconvénient assez grave de mettre dans la bouche du Héros chrétien un mot sans précision philosophique. Il est sans doute inutile de faire remarquer que Colomb aurait souri d'un *infini* CRÉÉ, le seul, évidemment, que le savant prussien ait eu en vue et le seul aussi qui soit vraiment conforme au génie philosophique et politique de sa nation.

Dieu, comment cet Ambassadeur plénipotentiaire de la Sainte Trinité, méconnu partout et vomi par l'Espagne qu'il avait gorgée de richesses et de puissance; en butte à de misérables persécutions ecclésiastiques, ne rencontra de sympathies et de réconfort qu'à la Cour pontificale et sur le Siège infaillible de Pierre. Dans la célèbre édition de la Géographie de Ptolémée faite à Rome chez Evangelista Tosino, en 1608, le nouveau continent était nommé : *Terra* SANCTÆ CRUCIS, comme si ce monde découvert avait été le fruit le plus suave de l'Arbre sanglant de la Rédemption pour avoir mis à mûrir quinze siècles de plus que les autres. Ce fait n'est pas moins concluant pour une intelligence profonde que pour un cœur mystique.

Christophe Colomb fut un homme de désir à la manière de Daniel. Or, le désir appelle le désir, comme l'abîme invoque l'abîme « par la voix des cataractes de Dieu » qui sont les torrents de larmes de la prière et de l'amour. Un an avant la Découverte, naquit celui qui devait en faire le mieux profiter l'Église : saint Ignace de Loyola et, dans le mois où l'Ambassadeur de Dieu est rappelé par son maître, dix-sept jours avant sa mort, vient au monde l'apôtre chargé d'exécuter son vœu d'évangéliser les nations idolâtres : saint François-Xavier (1). Ces coïncidences n'ont rien de fortuit. Elles sont, au contraire, infiniment calculées et infiniment sages, c'est-à-dire, providentielles, comme toutes choses en ce monde. Quand un homme est suscité pour l'accomplissement d'une partie de ce grandiose plan divin qui s'appelle l'Histoire, il lui suffit d'étendre les

1. *L'Ambassadeur de Dieu et le Pape Pie IX*, par le Comte Roselly de Lorgues, p. 156. — Plon, 1874.

mains, comme un aveugle, pour rencontrer ses instruments. Mais si cet homme est de la taille de Christophe Colomb, il n'est pas même nécessaire qu'il fasse un geste. C'est un foyer de gravitation pour la multitude des âmes qui correspondent à sa destinée et qui sont mystérieusement *orbitées* par lui comme une glorieuse constellation de satellites spirituels!

VI

Je viens d'écrire ce grand mot de Désir qui remplit tout l'Ancien Testament comme un prodigieux soupir. J'aurais pu comparer le désir de Christophe Colomb à celui de cet Esprit qui nous est montré dans l'Évangile sous la forme d'une *colombe* et qui « postule pour nous — dit saint Paul — avec des gémissements inénarrables ». Que dire maintenant ou plutôt que conjecturser du désir de tout un monde opprimé et abruti par le despotisme le plus satanique, mais au sein duquel, néanmoins, l'âme humaine, « inexterminable » et naturellement désirante, jetait encore, en vacillant, quelques étincelles ?

Il est écrit que le Seigneur « exauce le désir des pauvres », et ceux-là étaient de tels pauvres qu'on n'en a jamais connu d'aussi lamentables. Quelque noires et profondes que fussent leurs ténèbres, il n'est pas possible qu'il ne s'élevât pas du fond du cœur de ces misérables un vague frisson d'espérance et de désir. Après tout, n'étaient-il pas les fils de Japhet, et par conséquent, solidaires de la promesse faite au genre humain ? Quoique leur séparation d'avec le reste de la congrégation

Babélique remontât à des temps extrêmement anciens, il avait dû se conserver parmi eux comme un indéterminable fil de lumière, d'une ténuité et d'une pâleur infinies ; et Dieu, qui connaît les pauvres cœurs qu'il a créés, sait bien que c'en était assez pour que ces abandonnés désirassent ! Mais que désiraient-ils ? Ils ne le savaient point. Une sorte de tradition antique parlait seulement d'hommes extraordinaires qui devaient venir du côté de l'Orient et qui changeraient toutes choses dans leur patrie. Encore cette attente sourde et muette leur donnait-elle plus de crainte que de joie. C'est à cela que se réduisait pour eux le « *Veniet Desideratus* » du prophète Aggée.

Le grand oratorien anglais, le P. Faber, fait remarquer comme une chose étrange qu'il y eut *sept* jours pendant lesquels Notre-Seigneur n'eut pas de nom (1). Cette *genèse* du Nom redoutable qui fait tout fléchir dura plus de deux fois sept siècles pour les Américains et, certes, on peut bien dire sans abuser de la Parole trois fois sainte que c'est surtout pour eux que Jésus-Christ a été vraiment « pontife des biens *futurs* », appellation divine que saint Paul, d'ailleurs, déclare ininterprétable, à cause, dit-il, de notre imbécillité (2). Le Christ, dont Tertullien nous assure que toute âme humaine porte en soi le pressentiment et le témoignage, était donc, pour ces délaissés, un Dieu perpétuellement anonyme qui n'aurait pu que les accabler de l'énigmatique et dérisoire *littéralité* de ses promesses !

---

1. De Noël à la Circoncision.
2. Hebr. V, 11 ; IX, 11.

C'était là le triomphe et le défi superbe du Père du Mensonge, nullement anonyme, lui, dans cette géhenne, puisqu'il y portait tous les affreux noms inspirés par le délire de la terreur, et nullement énigmatique non plus, puisqu'il ne promettait absolument rien à ses déplorables esclaves pressés de tortures et séculairement découragés de toute espérance précise et certaine.

Puisque Michel, vainqueur du Diable, est désigné, dans l'Écriture, « le grand prince qui se tient debout pour les fils du peuple de Dieu (1) », n'est-il pas permis de supposer, planant sur ces régions ignorées et les préservant du définitif désespoir, l'un des compagnons du Chef des Cieux, un de ces anges de patience et de douleur, — semblable à celui qui réconfortait le Fils de l'homme au jardin d'agonie, — que les artistes nous montrent en pleurs sur les tombeaux des grands et qu'un poète malheureux appelait, dans son angoisse, les « séraphins noirs » de l'adversité? Cet esprit, investi de l'indicible pitié divine pour ces peuples si lourdement châtiés et confident incorruptible du dessein éternel de les délivrer à leur tour, — sans en connaître le moment, — de quels regards chargés d'angoisses ne devait-il pas explorer ce désert de vagues et cet inaccessible horizon d'azur, par où le Messager du Salut viendrait un jour, comme le saint Christophe des pieuses images, avec le Christ sur ses épaules et la sainte Croix dans sa main !

Et lorsque le moment fut arrivé et qu'aux yeux immatériels de ce tuteur de tant d'âmes désolées, appa-

1. Dan. XII, 1.

rurent enfin les trois petits vaisseaux du Porte-Christ perdus et comme noyés dans l'immensité des ondes : le Héros qui les commandait avec tant de souffrances et d'un cœur si fort, — menacé par ses équipages épouvantés et murmurants, déchiré peut-être par la crainte de ne pouvoir s'en faire obéir, — dut se sentir soudainement retrempé dans sa constance en entendant la voix céleste qui lui disait au cœur :

« Prends courage, bon Amiral, les hommes qui t'entourent ne sont rien de plus que des flots, mobiles et pleins de rumeurs comme ceux de l'Océan, et le Christ, ton Seigneur, a déterminé que tu commanderais aux flots. Relève-toi et songe aux *dormants* des îles inconnues. Souviens-toi de ton Message aux peuples captifs qui t'attendent depuis si longtemps dans les ténèbres. Considère ce qu'ils souffrent et mesure, si tu le peux, à leur ineffable détresse, la grandeur du Dieu qui t'a choisi pour leur servir de père *en te substituant à* Lui-Même ! Leurs âmes sont tellement obscurcies et courbées vers l'enfer qu'elles ne savent plus s'il y a un ciel. Le maître qui les retient sous ses portes maudites, prévaudra-t-il donc à la fin contre l'Église rayonnante de Jésus-Christ ? Ces tristes peuples sont, à cette heure, comme une multitude de tombeaux errants dans chacun desquels repose le cadavre de la vérité décédée en attendant le grand jour où tu viendras la ressusciter. Messager du Très-Haut, est-ce que tu vas devenir toi-même, par défaillance de cœur, un sépulcre silencieux ? Lorsque Jésus, Père des pauvres, s'en est allé vers son Clarificateur céleste, il a promis qu'il ne laisserait pas ses enfants orphelins et qu'il viendrait à eux. Or, voici quinze siècles qu'il est parti et que les pauvres d'entre les plus pauvres attendent leur père. Des milliers de saints ont pleuré pour eux, sans les connaître. La Vierge-Mère a pleuré aussi et ils sont les fils de ses plus grandes larmes. Les astres même de ce beau ciel que tu contemples pour la première fois, ces créatures brillantes et inanimées ont l'air de compâtir à tant d'infortune et répandent chaque nuit, sur ces exilés, leurs pâles lueurs qui ressemblent à des larmes de lumière. Conforte-toi, bon serviteur. Si tu allais périr ! toi, leur unique espérance, que deviendraient-ils et que ferait la sainte Mère Église, pour qui tu es cette Colombe unique et choisie dont il est parlé dans le Cantique d'amour (1) ? »

Et maintenant que la Voix intérieure s'est fait entendre à cet apôtre et pendant qu'elle vibre encore dans nos cœurs, malgré l'épaisseur des siècles, demandons-nous quel pourrait bien être le vrai titre et le vrai nom de l'homme incomparable que l'Église veut honorer, le vocable liturgique de sa vraie gloire. Il me semble qu'il n'y a que le mot de Père et je frissonne en écrivant ce Nom divin. Immédiatement après le pêcheur galiléen qu'on appelle le Père commun des fidèles, quel homme fait de terre eut jamais tant d'enfants et une aussi prodigieuse dilatation du sentiment paternel (2). Christophe Colomb fut véritablement le père

---

1. Una est *columba* mea, perfecta mea, una est matris suæ, electa genitrici suæ. — *Cant.* VI, 8.

2. Lors du baptême des sept Indiens amenés par Colomb à Barcelone au retour de son premier voyage, le Roi, l'infant don Juan et les premiers personnages de la cour furent les parrains des catéchumènes. Quant à Christophe Colomb, étant comme le père de tous les Indiens, il ne fut parrain d'aucun d'eux; car dans l'Église catholique le père ne peut servir de parrain à son fils. (*Hist. de Christ. Colomb*, par le Comte Roselly de Lorgues. L. Ier, ch. XI.)

des peuples sans nombre qu'il alla chercher lui-même, comme un très diligent Pasteur, dans le fond de cet Occident redoutable que l'ignorance de son siècle supposait ténébreux et barré par le monstreux fourmillement de l'Abîme.

Saint Patrice, l'apôtre de la verte Irlande, entendait dit-on, les cris des enfants dans le sein de leurs mères qui l'appelaient en Hibernie. Pendant les terribles dix-huit années de démarches qui précédèrent son premier voyage aux Indes, Christophe Colomb porta dans son âme l'énorme clameur d'une moitié du genre humain dont lui seul savait l'existence et qu'il voulait donner à Jésus-Christ. Pour être plus profondément le père de ces infortunés, il prit le pauvre habit de Saint-François et le porta ostensiblement jusqu'à sa mort. Enfin, lorsqu'il eut épuisé tout ce que le Père des pères lui avait laissé de lie épaisse au fond de son calice d'agonie, lorsqu'il eut bien vu le trafic et le massacre de ceux qu'il avait tirés de ses entrailles, — sa destinée terrestre se trouvant soudainement accomplie, — cette incomparable Ressemblance de Dieu s'enfonça dans la mort sans faire plus de bruit qu'un atome qui croulerait du haut d'une ruine dans le désert...

Ne fallait-il pas l'immense pitié et l'immense misère humaine d'une telle mort pour que cette divine artiste qu'on nomme l'Église pût nous proposer, à quatre cents ans de distance — comme la saisissante image du Père des miséricordes — une physionomie de saint aussi majestueuse, aussi labourée et dévastée par la souffrance, aussi ruisselante des crachats de la calomnie, sans épouvante ni scandale pour le féroce et stupide égoïsme de nos mœurs chrétiennes !

VII

La Colombe de Noé envoyée trois fois sur la terre après le Déluge par ce saint Patriarche, à la troisième, « ne revint plus vers lui », dit le Saint Livre, dans son divin langage mystérieux. Cette Colombe figure symbolique de l'Esprit du Seigneur qui parle aux hommes par les prophètes, descendit de l'Arche vers la pauvre planète en deuil que l'effrayant *Repentir* du Créateur avait submergée des eaux de sa colère, comme le Roi pénitent devait un jour arroser et *laver son lit* de l'abondance de ses larmes. Cette visitation de la terre par l'Oiseau mystique n'est-elle pas une image sensible de la Parole écrite visitant les hommes dans le demi-jour crépusculaire de la loi d'attente? En vue de cet unique chef-d'œuvre qui s'appelle l'Incarnation, la Sagesse éternelle s'est ineffablement *rapetissée* pendant quatre mille ans dans la langue humaine. Cette langue ainsi divinisée a été posée dans la bouche des prophètes, « comme un glaive acéré et comme une flèche choisie », pour percer tous les cœurs et pour traverser tous les siècles. La langue morte de l'homme est devenue, par un miracle de résurrection, la Parole vivante de Dieu et a été restituée dans cette forme nouvelle aux ouvriers errants et découragés de l'antique Babel. Pendant que ces exilés bruissaient en confusion par toute la terre où se multipliaient les balbutiements de leur démence, Dieu seul parlait pour l'universalité des peuples et des temps...

Il vint un jour, il vint une heure attendue par soixante-dix générations et providentiellement marquée dans le milieu des siècles, où cette Parole assumant enfin la chair passible des enfants d'Adam se rendit manifeste à toutes les nations et descendit *redemander* elle-même son troupeau, comme Ézéchiel l'avait annoncé. C'est alors que le Rédempteur, impatient de mourir et ne devant exercer que peu de temps son ministère de suprême Pasteur, se choisit des coadjuteurs apostoliques pour l'exercer après lui quand il serait retourné vers son Père. Et pour les confirmer eux-mêmes dans la foi, il mit au-dessus d'eux et investit du sublime Pontificat un homme exceptionnellement prédestiné dont le Nom, plein de mystère (*Barjona*) rappelait cette Colombe du Patriarche qui devait reposer à jamais sur sa tête et sur celle de ses successeurs.

La grandiose scène évangélique et les paroles sacrées du Maître par lesquelles le premier de tous les Papes reçut le pouvoir des clefs et l'investiture de l'autorité souveraine sont connues de l'univers. Depuis dix-neuf siècles, l'Église-Mère enseigne et chante tour à tour à ses plus ignorants enfants les sublimes protestations de l'amour de Pierre, son Reniement suivi de si grandes larmes, ses immenses travaux apostoliques chez les Juifs et chez les Gentils, sa prison et le miracle de sa délivrance au milieu de tant d'autres miracles, enfin son magnifique crucifiement symbolique, la Tête en bas, comme pour signifier l'enracinement dans la terre de la Doctrine du Prince des prêtres de la loi nouvelle, tandis que les Pieds portés vers le ciel font un expressif commentaire au *Sequere me* de l'Évangile.

Saint Pierre avait gouverné successivement l'Église de Jérusalem et celle d'Antioche où les fidèles prirent pour la première fois le nom de *Chrétiens*, lorsque la deuxième année du règne de Claude, la sept cent quatre-vingt-quinzième de la fondation de Rome et la quarante-deuxième de l'ère vulgaire, il vint, par ordre du Seigneur, se fixer à Rome. L'immense empire de fer, prédit par Daniel, semblait avoir brisé et dompté toutes choses sur terre, suivant le texte de ce prophète. Le temps était venu de cette *pierre* mystérieuse qui, se détachant d'elle-même de la montagne, viendrait mettre en pièces les pieds fragiles du colosse. C'est pourquoi le Prince des Apôtres s'élança d'Orient en Occident, apportant dans ses mains le candélabre de la vraie foi et dans ses veines de futur martyr, la semence pourprée du Catholicisme. Le Paganisme était alors altier et obscur comme les nuées de son Olympe, et l'Esclave antique, désespérant, comme Pilate, de la vérité, se roulait avec fureur dans toutes les fanges de la superstition et de l'impudicité. Des centaines de peuples suaient leur agonie et, dans un découragement surnaturel, s'étendaient aux pieds de granit ou d'airain des Molochs et des Cynocéphales. Il ne se pouvait pas qu'une si grande multitude de créatures humaines fussent livrées et abandonnées sans secours à une aussi terrible défiguration de l'Image de Dieu !...

A ce moment, Simon-Pierre, le Galiléen de Bethzaïde et de Capharnaüm, de pêcheur de poissons devenu pêcheur d'hommes, jette son filet sur le monde et renouvelle la pêche miraculeuse, accomplissant ainsi pour Jésus-Christ la magnifique Unité de cette Cité romaine que la Louve d'airain avait allaitée huit cents ans pour le ventre de ses Césars. De Rome, il gouverne l'Église naissante en Asie, en Grèce, en Italie, dans les Gaules et jusque sur les côtes d'Afrique. Il fait deux fois le voyage de Jérusalem, secouant le flambeau partout, résistant aux superbes, confirmant les faibles et ne cessant de répandre ces immortelles larmes de sa pénitence qui coulèrent trente-quatre ans. Enfin, sous le règne de Néron, premier persécuteur de l'Église, on arrête comme incendiaires de Rome les disciples de Celui qui avait déclaré vouloir « mettre le feu par toute la terre »; les deux plus grands Apôtres, Pierre et Paul, préfigurés naguère par ces deux Colonnes d'un travail si pur qui décoraient le portique du Saint Temple (1), sont enfermés ensemble durant neuf mois dans la prison Mamertine, au pied du Capitole, et le 29 juin de l'an de grâce 67 ils reçoivent tous deux la couronne du martyre, l'un par le glaive, l'autre par l'ignominieuse croix des esclaves.

Telle l'histoire de Pierre, telle l'histoire entière de la Papauté. Tous les papes sont *Barjona*, c'est-à-dire *fils de la Colombe* qui les inspire et par laquelle ils sont véritablement Vicaires de Celui qui voulut être reconnu Fils de Dieu dans la vertu de ce signe. Tous les papes sont ce Pasteur suprême et indéfectible par qui

---

1. III Reg. vii, 21.

les autres sont confirmés et en dehors de qui ils ne sont pas même des fantômes de pasteurs. Tous sont *pêcheurs d'hommes* et pêcheurs miraculeux. Tous pleurent le Reniement fameux par lequel ils sont avertis de la fragilité du tabernacle humain sur le plus élevé des trônes. Tous enfin sont crucifiés en une manière spirituelle correspondante au crucifiement de Pierre qui ne trouva pas que la Croix du Maître fût assez infâme pour le serviteur et qui inventa de la retourner afin que ses successeurs, humiliés et souffrants en lui, ne pussent jamais s'interrompre de regarder du côté du ciel !

VIII

Tout le monde connaît, surtout en Italie, le fait déjà légendaire de la Colombe de Pie IX. Ce fait, accueilli par un assez grand nombre d'âmes enthousiastes comme une sorte de miracle, mérite d'être rappelé parce qu'il exprime assez distinctement la beauté et la force persistantes d'une des formes les plus antiques du symbolisme chrétien.

Au mois de juin 1846, Grégoire XVI venant de mourir, le cardinal Mastaï Ferretti, alors archevêque d'Imola et Pape quinze jours plus tard, se rendait à Rome pour le Conclave. « En traversant Fossombrone, petite ville des Marches, la voiture, arrêtée pendant quelques instants, fut naturellement environnée par la foule. Un prince de l'Église est toujours un spectacle, et surtout en un moment de vacance du Saint-Siège, où tout cardinal peut être élu Pape. Tout à coup, descendant du haut des airs, une colombe blanche vient se poser sur la voiture. La foule bat des mains et pousse à l'envi l'expressive acclamation familière au peuple des États pontificaux : « *Evviva! Evviva !* » Mais comme les cris n'effrayent point la colombe, la pensée vient aux spectateurs que cette apparition est un présage. Quelques uns peut-être se rappellent ce futur roi de Rome, Tarquin l'Ancien, sur lequel un aigle se posa au moment où, pour la première fois, il se rendait dans la ville éternelle ; d'autres songent au Pape Saint Fabien, qu'une colombe avait désigné de même aux suffrages du peuple et des évêques, et les acclamations redoublent : « *Evviva ! Evviva !* Voilà le Pape ! » On prend un long roseau comme il en pousse au bord des fossés en Italie, et l'on frappe doucement l'oiseau ; il s'envole, mais il revient, reprend sa place sur la voiture et y demeure immobile. Alors l'enthousiasme est au comble : « Oui, voilà le Pape ! le Pape de la colombe ! » On les suivit en courant jusqu'aux portes de la ville. Là, seulement, l'oiseau reprit son vol et alla se reposer sur la porte même de la prison, où étaient détenus plusieurs condamnés politiques (1). »

De quelque manière qu'il plaise à la critique d'accueillir cette *anecdote* et même en la supposant apocryphe, elle n'en n'est pas moins confirmative de l'opinion universellement accréditée que les papes sont, en une manière, élus et *couvés* par l'oiseau baptismal qui symbolise évangéliquement la Troisième Personne divine. Quant à Pie IX, deux cent soixantième successeur de Pierre, — le seul qui ait dépassé les vingt-cinq années de l'épiscopat romain du Prince des Apôtres, contrairement à une tradition consacrée jusqu'à un certain point par la liturgie elle-même dans la cérémonie du couronnement des papes, — son règne a été marqué de tels signes exceptionnels qu'il n'est pas possible de s'étonner

1. Villefranche. — *Pie IX, sa vie, son histoire, son siècle*, p. 20 et 21.

de l'exceptionnelle prédilection de ce *fils de la Colombe* pour Christophe Colomb.

L'hiérophante Fourier a donné cette formule abréviative de la solidarité humaine : « Les attractions sont proportionnelles aux destinées. » C'est une des plus fortes paroles de ce temps éolien si plein de paroles vaines et il a plu à Dieu que cette parole fût proférée par une bouche qui pourrait être nommée le plus démesuré *vomitorium* de l'erreur humaine au dix-neuvième siècle.

La destinée de Colomb et la destinée de Pie IX se rencontrent et se pénètrent dans le mystère d'une surnaturelle exception. Colomb révèle la sphéricité du monde terrestre sous les pieds de Jésus-Christ et de sa Mère ; Pie IX, par la définition cathédrale des deux grands dogmes manquant encore à la transcendante harmonie de l'enseignement théologique, a fermé ce glorieux cercle de lumière qui enveloppe les intelligences humaines en exil, — semblable à l'anneau splendide de cette planète du silence et de la mélancolie qui roule si prodigieusement loin de nous, dans le fond du ciel!

« J'ai d'autres brebis qui ne sont point de ce troupeau, dit le bon Pasteur, et il faut me les amener pour qu'elles entendent ma voix et qu'il y ait un seul troupeau et un seul pasteur. » Il est évident que ces deux immenses prédestinés, Christophe Colomb et Pie IX, furent suscités, à trois cents ans de distance, en vue de préparer et de rendre tout à fait prochaine cette sainte et merveilleuse Unité que l'Écriture appelle le « désir des collines éternelles ». Le premier détruisit à jamais la barrière qui divisait le troupeau et le second, de sa main lumineuse et paternelle qui répandait le sang du Fils de Dieu sur les nations, désigna infailliblement, pour tous les siècles à venir, la vraie place et le vrai nom de l'unique Pasteur.

L'intervention de l'idée de Providence, dans l'examen des faits historiques, a pour effet ordinaire sur l'esprit humain l'abolition et l'absence immédiate de la notion du temps. Dans le plan des desseins éternels, tous les hommes sont contemporains. Pie IX et Christophe Colomb correspondent sympathiquement l'un à l'autre suivant une loi spirituelle identique à la loi physique d'attraction des mondes. On a remarqué que Pie IX qui croyait à la sainteté de Colomb et qui fut le promoteur de cette cause inouïe est le seul de tous les papes qui ait visité le continent américain. Lorsque l'abbé Mastaï, encore simple prêtre, accompagna au Chili le nonce envoyé par Pie VII pour rétablir les affaires ecclésiastiques dans cette contrée lointaine, le futur pape dut sentir naître en lui ce merveilleux appétit de la gloire divine par lequel le plus audacieux des enfants de l'Église avait autrefois déroulé toute la terre comme un tapis de royaumes sous les pieds du Rédempteur. Pendant deux ans, il visita les missions du Chili, du Pérou et de la Colombie, au prix de grandes fatigues et même de grands dangers, réalisant ainsi une nouvelle sorte d'apprentissage de cette Papauté toujours grandissante que l'Inventeur du Nouveau Monde a rendue semblable à un colosse Rhodien de la Paternité, appuyé sur les deux hémisphères.

Le Comte Roselly de Lorgues demande « quel est le saint canonisé qui, avant Christophe Colomb, a pressenti le dogme de l'Immaculée Conception et ordonné de construire une église en son honneur ». Il serait évidemment bien inutile de chercher à faire comprendre aux hommes de mauvaise volonté l'importance infinie de cette Définition qui suffirait à elle seule à la gloire de l'Église et de tous ses papes, en supposant que la sagesse de tous ses conciles et l'inspiration de tous ses docteurs n'eussent jamais été capables de produire que cet unique suffrage de vérité et d'amour !

Pour ce qui est de l'autre dogme qui a tant agité l'orgueil contemporain et fait remonter tant de bourbe originelle au ras des cœurs, il y aurait une sorte de dérision à écrire que le Serviteur de Dieu l'a simplement pressenti, lui qui ne compta jamais que sur Rome pour être compris et pour être confirmé. Dans la célèbre affaire de la Ligne de Démarcation où la paix de la chrétienté et l'avenir du monde étaient en question et qui fut l'occasion d'un des plus grands miracles de l'histoire, Christophe Colomb ne voulut d'autre arbitre que le Saint-Siège, alors occupé par ce même Pape dont le nom seul a le privilège de faire écumer et piaffer d'indignation le vertueux troupeau des onagres apocalyptiques de la libre pensée et de la libre histoire. Rome, à son tour, par la bouche de ce Pontife, dont la mémoire n'est nullement en horreur à la sainte Église, adopta spontanément les conclusions du Navigateur et lui donna pleine créance en des choses inouïes, invérifiables et d'une conséquence infinie ; renvoyant ainsi à ce Messager du Christ, par une exception sans exemple, l'honneur presque divin d'un arbitrage qui était son privilège absolu et sa réserve sacrée (1).

Il n'y eut certainement jamais aucun saint aux yeux

---

1. V. Appendice A

de qui Rome ait été plus indubitablement l'Église. Christophe Colomb ne pensa qu'à elle et ne travailla que pour elle jusqu'à sa mort. Sa miraculeuse histoire n'est pas autre chose que l'Odyssée de cette magnifique sollicitude qui le fait tant ressembler à saint Paul. A peine débarqué de son premier voyage de découvertes, sa première démarche fut de conseiller aux Rois Catholiques de faire hommage au Saint-Siège des terres nouvelles et d'appeler sa bénédiction sur cette entreprise par une bulle qui protégerait ses conquêtes. Et il fut ainsi tout le reste de sa vie, son admirable cœur tendu vers Rome et n'ayant jamais pu considérer l'Espagne, devenue si grande par lui, que comme la plus précaire des patries ingrates et peut être même comme le pis-aller de la miséricorde de Dieu !

IX

Pour toutes ces raisons et pour un assez grand nombres d'autres qui se déduisent aisément de l'histoire, il est clair que le Pape de la Colombe devait aller naturellement à cette *Colombe*. Sans être précisément un millénaire, il est permis de croire au triomphe futur de cet Esprit d'amour dont la colombe est le signe, que l'Église appelle sans cesse et qui doit nous enseigner toute vérité, au témoignage de Notre-Seigneur dans l'Évangile de saint Jean. Christophe Colomb et Pie IX semblent appartenir plus spécialement que d'autres à cet accomplissement imminent du règne de Dieu parmi les hommes. Aussi l'intronisation de ce grand pape a-t-elle été le point de départ du mouvement de l'opinion catholique en faveur de Colomb. L'esprit qui souffle où il veut a passé sur ce roseau irrémédiablement brisé, sur ce flambeau qui ne fumait même plus, et, tout à coup, le nom devenu presque banal de Christophe Colomb a pris un sens nouveau et s'est mis à resplendir comme un météore.

Voici le résumé très rapide du progrès de cette réhabilitation.

Depuis l'année 1846, date de l'élévation de Pie IX à la Chaire de saint Pierre, un nombre incroyable de publications et d'œuvres d'art de toutes sortes, relatives à Colomb (1), attestaient dans les diverses parties du monde chrétien une subite et singulière préoccupation de la conscience universelle, lorsqu'en 1856, la première histoire complète du héros chrétien, rédigée par ordre du Souverain Pontife, fut éditée à Paris et précisa d'une manière définitive la question hagiographique, sans toutefois rien préjuger et sous la réserve absolue de l'infaillible décision de l'autorité religieuse.

Je le disais au début : ce livre fit dans notre société peu croyante tout le bruit qu'on pouvait attendre d'une publication aussi fermement catholique. La renommée de cette gloire chrétienne renaissante se répandit par le monde dont le pauvre *pilote génois* avait divulgué la grandeur. On s'étonna du nimbe surnaturel qui venait illuminer soudainement cette figure douloureuse et grandiose, émergeant d'une obscurité de quatre siècles à la voix du Pasteur des âmes. Les cœurs fidèles qui savent ce que c'est qu'un saint et combien il importe à Dieu d'être glorifié dans ses élus, exultèrent à cette nouvelle et voulurent enfin connaître la vraie vie et la vraie mission de l'Inventeur de l'Amérique dans l'unique récit catholique qui en ait été fait. Néanmoins, l'œuvre du Comte Roselly de Lorgues, âgée de plus d'un quart de siècle, est encore trop peu connue.

Le seul peut-être de tous les écrivains catholiques qui ait quelque crédit dans le camp des Philistins de la Libre Pensée, l'éclatant romancier-critique Jules Bar-

1. V. Appendice B

bey d'Aurevilly en parla au lendemain de son apparition et, par une rare intuition prophétique, la vit telle qu'elle était, grosse de toutes ses conséquences, et l'annonça pour ce qu'elle est réellement devenue, c'est-à-dire : « le procès-verbal d'une canonisation future ». Ce témoignage isolé eut, il est vrai, peu de retentissement dans le cloaque ténébreux de l'indifférence contemporaine. Çà et là, les journaux hostiles à la Rédemption proférèrent des injures ou d'ineptes railleries. L'*Histoire de Christophe Colomb* courut, comme elle put, sa fortune. Jusqu'en 1869, époque de la Postulation, l'épiscopat fut presque seul à s'en émouvoir à peu près partout. Aujourd'hui, ce livre s'est répandu dans un plus grand nombre de mains. La récente édition de la *Librairie Catholique* (1) va, sans doute, accélérer cette tardive popularité et il faudra bien que les gens du monde s'y laissent prendre à leur tour, car la vérité, substance divine de l'amour, est forte et conquérante comme la mort.

Dans une lettre extrêmement remarquable qui occupa quelque temps la presse européenne en 1866, Mgr le Cardinal de Bordeaux, métropolitain des évêchés des Antilles, supplia le Souverain Pontife de vouloir bien autoriser l'introduction de la Cause de Christophe Colomb devant la Sacrée Congrégation des Rites. La majeure partie de l'Épiscopat français soutint de ses vœux la démarche du vénérable cardinal que la France vient de perdre. Un certain nombre d'évêques donnèrent leur

---

1. Un magnifique vol. in-4° avec encadrements à toutes pages et chromo-lithographies; chez Victor Palmé à la Société générale de librairie catholique. Toutefois, ce livre de luxe a l'inconvénient de n'être qu'un abrégé de l'édition Didier.

adhésion formelle à la lettre de Son Éminence. Des ecclésiastiques de divers diocèses ajoutèrent leurs voix à celles des premiers pasteurs. La presse espagnole elle-même appuya ce projet de Béatification, par une étrange contradiction avec le mépris et la haine séculaire de la nation pour son bienfaiteur. Son Éminence le Cardinal-Archevêque de Burgos transmit à son collègue de Bordeaux des congratulations *patriotiques* au nom de l'Épiscopat d'Espagne, et joignit son adhésion personnelle à la demande de Béatification. En Amérique, cette idée fut acceptée avec faveur par la presse de divers Etats. Au Brésil, elle inspira un poète. Dans les deux continents, plusieurs pays protestants montrèrent leur franche sympathie pour la Cause de Christophe Colomb. En Russie même, au siège de la fourberie orthodoxe, l'idée d'une telle Béatification produisit une sensation dont les feuilles accréditées se firent l'écho.

Plusieurs évêques ayant alors médité la vie de Christophe Colomb écrivirent directement à Sa Sainteté. De la mer des Antilles et de l'océan Indien, des demandes furent adressées à Rome. A l'exemple de l'illustre Archevêque de Mexico, plusieurs chefs de diocèse, en Amérique comme en Asie, sans avoir rédigé leur demande, adhéraient de cœur à celle de l'éminentissime Cardinal Donnet. Les généraux des ordres religieux secondaient de leurs vœux ces pieuses espérances. L'année suivante, un des plus doctes et des plus renommés prélats d'Italie, Mgr Andrea Charvaz, archevêque de Gênes, adressa à son tour au Souverain Pontife une lettre dans laquelle, reconnaissant les difficultés extrêmes que présente l'introduction de la Cause de Christophe Colomb, par suite de la nécessité de se conformer aux règles posées par le Pape Benoît XIV, il suppliait Sa Sainteté de vouloir user de son autorité souveraine pour introduire cette cause tout exceptionnelle par voie d'exception.

Enfin, la convocation du Concile œcuménique à Rome semblait offrir aux représentants de l'Église une favorable occasion de décerner une marque de gratitude à ce chrétien héroïque. M. le Comte Roselly de Lorgues, postulateur officiel, quoique laïque, adressa aux Pères du Concile un Mémoire pour rappeler les droits de Christophe Colomb à un témoignage solennel de reconnaissance. Sur l'avis d'un grand nombre d'archevêques d'évêques et de consulteurs, une Postulation fut rédigée qui suppliait le Chef de l'Église de vouloir bien déférer aux vœux des fidèles et, usant de sa souveraineté apostolique, ordonner l'introduction de cette Cause par voie exceptionnelle.

Un certain nombre de prélats ayant quitté Rome aussitôt après leur vote sur l'Infaillibilité, il fut convenu que dès la reprise de la session, la Postulation serait proposée publiquement à la signature des Pères du Concile. Plusieurs d'entre eux devaient faire une motion relative à la Cause de Christophe Colomb. Dans un ouvrage spécial (1), M. le Comte Roselly de Lorgues a donné le texte entier de la Postulation qui portait déjà la signature de cardinaux, de primats, d'archevêques, d'évêques et de vicaires apostoliques de différentes régions du Globe; lorsque le châtiment de la France et

---

1. L'*Ambassadeur de Dieu et Pie IX*. — Plon, 1874. — Le *Postulatum* reproduit à la fin du présent ouvrage, Appendice C, peut être recommandé aux esprits les plus jalousement amoureux de la vivante latinité romaine.

l'intrusion bestiale des spoliateurs du Saint-Siège, en mettant obstacle à la réunion de l'Assemblée œcuménique, ont ajourné cette question dont l'opportunité était si généralement proclamée.

La vénération bien connue de Pie IX pour cet admirable serviteur de Dieu, son pieux désir de mettre sa poussière miraculeuse sur les saints autels et l'acclamation unanime et presque spontanée des Pères du Concile ont donc enfin rappelé, depuis dix ans, l'attention des chrétiens sur l'histoire de Christophe Colomb. Aujourd'hui, cette grande Cause est plus que jamais pendante devant l'Église. La Postulation a déjà recueilli d'innombrables suffrages. De tous les points du globe, plus de SIX CENTS ÉVÊQUES ont envoyé leur adhésion particulière au Postulateur. Chiffre véritablement inouï, et plus que suffisant pour emporter l'universelle adhésion de la chrétienté.

Voilà, en aussi peu de mots que possible, l'historique de la Cause de Christophe Colomb, l'Apôtre de la Croix et le Messager de Jésus-Christ. Dieu n'a pas permis que Pie IX en vît le triomphe sur la terre, mais il lui reste la gloire d'en avoir été le promoteur, et le monde saura quelque jour ce que c'est qu'une telle gloire. En attendant, l'Église universelle va prononcer dans toute la force de l'autorité infaillible qu'elle tient de son Chef, et l'Esprit-Saint qui l'inspire et qui fut naguère *porté* par Christophe Colomb *sur les eaux* inexplorées de l'Océan, saura vaincre les derniers obstacles de l'ignorance ou du satanisme, exactement au jour et à l'heure marqués de toute éternité pour cette justice.

X

Il y a quelques années, un évêque qui laisse humblement sa piété planer comme un aigle au-dessus de son intelligence, reprochait à Christophe Colomb de ne pas ressembler à saint Benoît Labre ou au Curé d'Ars. Évidemment, ce prélat n'est pas de ces hommes que le silence des astres épouvante, selon le mot de Pascal. Loin de là, c'est un supérieur ecclésiastique des plus corrects et qui doit réaliser d'une manière parfaite l'idéal gallican de la dévotion : *in pietate insigni minime singularis*. C'est-à-dire, la haine de toute singularité, de toute exception, de toute transcendance ; la défiance instinctive de tout enthousiasme et de tout magnanime emportement. Pour de tels esprits, l'exaltation de l'amour est toujours une ridicule extravagance, le lyrisme de la pensée un regrettable délire et les plus sublimes aperceptions du génie une absurde recherche de *midi à quatorze heures*. C'est ainsi qu'il leur plaît de s'exprimer.

Quant à leur admiration pour saint Benoît Labre et le Curé d'Ars, il n'y faut pas trop compter. Les saints ont toujours été des hommes *singuliers*, disait Massillon, et certes, il paraît difficile de l'être plus que le fameux pèlerin-mendiant, devenu acceptable aujourd'hui parce que l'Eglise a parlé et qu'il y a cent ans qu'il est mort, mais qui passa sa vie, ainsi que le Curé d'Ars, à recevoir les leçons et les réprimandes d'une foule d'hommes sages et modérés dont la piété était *insigne*, sans le moindre alliage de singularité.

Toutes les fois que Dieu veut faire un très grand saint, il fait comme pour Job. Il commence par lui envoyer les petites et faciles épreuves, telles que les voleurs, le feu, la tempête, la ruine, le deuil, l'abandon, la nudité, l'insulte, le fumier et les plus horribles ulcères. Jusque-là, rien ne dépasse la commune mesure des forces humaines et le Diable seul a été déchaîné. Mais si ces épreuves préliminaires ont été supportées avec constance ; si le sujet n'a point péché *par ses lèvres*, alors Dieu donne le coup suprême et définitif qui frappe l'homme comme une monnaie d'or à son effigie et qui fait ressembler à des caresses voluptueuses tout ce qui a précédé. Il fait simplement intervenir quelques hommes pieux, exempts de singularité et prodigues de sages conseils.

Christophe Colomb, plus étonnant que saint Laurent, endura ce gril pendant dix-huit ans avant sa première expédition et, depuis la Découverte jusqu'au moment de sa mort, il ne connut d'autre adoucissement que d'y être retourné par des mains implacablement vertueuses (1).

---

1. Je ne résiste pas au plaisir de reproduire ici une page curieuse d'un des écrivains les plus *singuliers* et les plus éloquents de ce siècle. Cette page a pour titre : Lettre qu'un docteur, homme très sérieux, dut écrire a Christophe Colomb au moment ou celui-ci s'embarquait pour l'Amérique. — « J'apprends, mon jeune ami

Il nous est recommandé par le Seigneur lui-même de respecter nos évêques qui sont les successeurs des Apôtres, mais, en même temps, le sage Livre nous fait un précepte de reprendre notre ami et notre prochain : *Corripe amicum, corripe proximum.* Qui donc nous est plus ami et plus proche que ceux-là qui sont chargés de nous paître et de nous instruire, et comment les dernières brebis du troupeau pourraient-elles être blâmées avec justice quand elles s'élancent au secours

que vous avez le projet de découvrir un nouveau monde, et je vous dirai sans détour que je ne vous en félicite pas. Votre projet me remplit d'alarme. Il dénote, je ne crains pas de vous le dire, un orgueil inconcevable. Comment ! Ne trouvez-vous pas la terre assez grande ? Voyez les hommes des temps passés. Ont-ils jamais songé à découvrir un continent nouveau ? Et vous, vous jeune homme, sans expérience, sans autorité, vous avez nourri cette folle ambition. (Ce jeune homme sans expérience avait alors 57 ans.) Comment ! ni les conseils de tous vos vrais amis, ni les menaces de la destinée qui vous devient contraire, rien ne peut vous décider à vivre tranquillement en Europe, comme chacun de nous. Vous vous croyez donc bien au-dessus des autres hommes puisque ce qui leur suffit ne vous suffit pas ? Tous les gens éclairés vous le diront, mon jeune ami, votre orgueil vous perdra.

« Je suis d'autant plus chagriné de votre fâcheux entêtement que j'ai toujours eu pour vous une affection véritable. Tout enfant, vous me plaisiez. J'aimais la finesse et la promptitude de vos saillies. Jeune homme vous aviez une imagination qui me séduisait. Car j'aime l'imagination chez un jeune homme pourvu qu'il n'en ait pas trop. Vous me disiez quelquefois : J'aime l'Océan ! et je vous engageais, mon enfant, à faire sur l'Océan quelques vers latins, pour vous exercer. Pouvais-je me douter que vous alliez prendre au sérieux la poésie? Si vous aviez, du reste, un goût si prononcé pour la navigation, je ne vous aurais pas dissuadé de faire de temps à autre quelques petits voyages : les voyages forment la jeunesse. Mais, mon jeune ami, permettez-moi de vous le demander : n'est-ce pas aller un peu loin que d'aller chercher un nouveau monde?

« Et pourquoi donc ne pas vous contenter de l'ancien, puisque nous, nous savons nous en contenter? Pourquoi ne pas entrer tout simplement dans une de ces carrières libérales auxquelles votre éducation vous donne droit de prétendre? Pourquoi cette folle et ridicule ambition? Ah ! quand vous aurez mon âge!

de leur pasteur près de défaillir? La discipline de l'Église ne saurait être offensée d'une respectueuse hardiesse de langage et l'histoire des saints évêques fourmille d'exemples de cette charitable audace dont leur humilité sut profiter et qui fut pour eux l'occasion d'un redoublement de sollicitude.

Dans la troisième partie de cet ouvrage, qui traitera de quelques obstacles suscités à l'introduction de la Cause de Christophe Colomb, j'aurai trop d'occasions

« A cela vous avez déjà répondu qu'il y a là-bas des hommes qui sont vos frères avec qui vous voulez unir l'ancien continent.

« Je sais par cœur toutes vos grandes phrases. Vous pensez, n'est-ce pas? que quand vous aurez traversé l'Océan qui essaye de séparer les mondes, vous planterez la Croix sur la terre nouvelle.

« Ce sont là, mon enfant, des paroles creuses; permettez à un homme plus âgé que vous, de vous le faire observer. Vous savez que j'aime les arts, et que je respecte la religion, mais je n'aime pas les saints et les hommes de génie : les uns et les autres vont trop loin, ils exagèrent continuellement. L'Europe en a déjà fourni assez et même trop; ils ne sont bons qu'à agiter le monde. Quelle folie d'aller là-bas, au risque de vous casser le cou, grossir le nombre des rêveurs! Prenez garde, mon enfant, vous allez devenir ridicule. Croyez à la sincère affection qui me dicte les paroles que je vous adresse. Je ne puis vous cacher le regret que j'éprouve quand je vois perdu, dans les songes creux d'un orgueil insensé, un jeune homme pour qui je me plaisais à rêver un meilleur avenir.

« Oui, mon enfant, j'ai le cœur navré, quand je vois que vous allez de porte en porte mendier des secours qu'on vous refuse. Qu'avez-vous fait de votre dignité? L'honneur de votre famille a été sans tache jusqu'à ce jour. N'avez-vous donc plus d'amour-propre?

« L'amour-propre, mon enfant, c'est le gardien de la dignité, et pour un homme bien né, la dignité est ce qu'il y a de plus précieux. Sans doute, (car je ne veux rien exagérer,) il ne faut pas avoir trop d'amour-propre, l'excès en tout est un défaut, mais il faut en avoir un peu, et, si vous continuez, vous me ferez croire que vous n'en avez plus; prenez, parmi nous, quelques-unes de ces fonctions honorables que votre jeune intelligence vous rendrait capable de bien remplir : ainsi vous ne contristerez plus vos amis. Autour de vous nous serons tous d'accord; nous encouragerons vos essais, et nous tuerons le veau gras, en voyant revenir l'enfant prodigue. » ERNEST HELLO. — *Les Plateaux de la Balance* — P. 373.

de cette sorte de remontrances pour ne pas en avertir dès à présent les esprits timides qu'une pareille *témérité* pourrait scandaliser ou faire souffrir. Ceux-là peuvent se dispenser de me lire, car ce n'est pas à eux que je m'adresse. Au risque de me couvrir de ridicule, je déclare mon ambition de ne parler qu'à des âmes débordantes de désir et enthousiastes comme la flamme. C'est le moyen de n'obtenir que les douze cents lecteurs rêvés par le sceptique Stendhal, et, avec la grâce de Dieu, ce petit nombre doit suffire, s'il entre dans les desseins éternels que le Révélateur de la Création soit enfin glorifié sur cette terre ingrate dont il doubla l'étendue !

Cependant, je ne puis achever ce paragraphe sans parler d'un autre prélat dont l'excessive prudence ne saurait être un obstacle à la Cause, mais qui pourrait avec raison m'accuser d'inexactitude si j'avais l'air, en négligeant d'inscrire son refus, de le compter pour une unité dans l'énorme chiffre déjà mentionné des adhésions épiscopales.

Le Comte Roselly de Lorgues ayant envoyé le *Postulatum* à l'archevêque d'Auch, Mgr de Langalerie, reçut, au mois de novembre 1879, une réponse de Sa Grandeur qui déclarait ne pouvoir se décider à signer cette pièce, à cause, disait-elle, de son insurmontable RÉPUGNANCE !... Un mois après, le même archevêque écrivait qu'un *premier succès* sérieux obtenu à Rome pourrait *peut-être* déterminer son adhésion.

Ainsi, le désir si connu et si formellement exprimé de Pie IX, l'acclamation à peu près unanime des Pères du Concile et le suffrage de la plupart des évêques du monde, enfin l'étonnant concert d'une multitude de voix sacerdotales ou laïques implorant ce grand acte de justice de tous les points du globe, tout cela ne paraît pas à Monseigneur d'Auch un grelot convenablement attaché et il tremble de se compromettre en ne se laissant précéder que de la moitié de l'univers. Le Cardinal-Archevêque de Bordeaux, le vénérable et regretté pontife qui osa, le premier, au milieu du silence universel, **supplier le Saint-Père pour Christophe Colomb**, dut lui sembler étrangement téméraire. Suivant les idées de Monseigneur d'Auch, le scrupule en ces sortes d'affaires ne pourra jamais être poussé assez loin et, en le supposant même excessif, c'est à peine s'il commencerait à cesser d'être insuffisant. Les Apôtres, dont il s'honore d'être un des successeurs, ont bien pu avoir la simplicité des colombes, mais ce serait peut-être hasarder beaucoup que de leur supposer la prudence des serpents recommandée par le Maître ; car, enfin, ils n'ont pas montré cette sainte *répugnance* épiscopale qui aurait contenu l'emportement juvénile de leur zèle et nous ne serions pas réduits à nous demander aujourd'hui s'ils n'auraient pas mieux fait d'attendre un *premier succès* du christianisme pour commencer leur prédication.

De la répugnance pour la Cause de Christophe Colomb ! Certes, je dois me souvenir que je parle en ce moment d'un vénérable et vertueux pasteur, d'un de ces hommes comblés d'honneur que le Pape appelle : mon frère ; mais je ne puis oublier que le même mot étonnant fut prononcé, il y a trois ans, à la tribune parlementaire, je ne sais plus par quelle bouche ignoble, et il s'agissait du Sacré Cœur ! La dévotion au Cœur de Jésus-Christ donnait de la répugnance à cet avocat !

Je sens bien que le rapprochement est effroyable, mais il est appelé par l'identité du mot et les mots ont une métaphysique inexorablement substantielle et révélatrice...

Si Christophe Colomb est vraiment un saint, — ce que l'Église ne nous défend pas de supposer, — il est fort effrayant d'avoir une pareille répugnance et plus effrayant encore de ne pouvoir la surmonter. Voilà ce que j'avais à dire respectueusement à Monseigneur d'Auch dont j'aurais horreur de paraître mépriser le caractère et l'éminente dignité. Je sais bien que ce pieux archevêque adhérera de tout son cœur à la Postulation quand elle aura triomphé et qu'il honorera sans répugnance Christophe Colomb quand l'Église aura inscrit son incomparable nom dans les sacrés Diptyques ; mais alors, sans doute, il comprendra combien il eût été plus honorable pour Sa Grandeur de pressentir et de presser cette décision !

XI

J'ai déjà nommé un grand nombre de fois le Postulateur de la Cause, le Comte Roselly de Lorgues. Je dois encore le nommer et le citer beaucoup, puisqu'il est le principal ouvrier de cette grande chose contemporaine qui sera regardée comme l'un des plus beaux *gestes* de Dieu par la France au xix° siècle. Si l'intérêt transcendant de la gloire de Christophe Colomb n'abolissait pas immédiatement autour de lui tout autre intérêt historique ou littéraire, ce serait un second acte de justice que de raconter la vie et les travaux de cet apologiste chrétien, si célèbre dans ce que j'appellerai le *recto* de ce siècle et maintenant dépassé par l'infâme cohue des saltimbanques oraculaires de l'antichristianisme. Mais un si vaste examen ne peut être enfermé dans une simple parenthèse biographique. Il faut plus d'espace et moins d'incidence pour parler d'un homme qui a *informé* philosophiquement la moitié de ses contemporains et qui fut le progéniteur intellectuel de Donoso Cortès. Il suffirait sans doute à la gloire du Comte Roselly de Lorgues d'avoir écrit la vie de Christophe Colomb, comme personne peut-être ne l'eût écrite sans lui jusqu'au jour du Jugement; mais, avant d'être historien, on doit se souvenir qu'il fut le rénovateur de l'antique apologie chrétienne qui avait été comme le vagissement littéraire de l'Église dans les trois premiers siècles. Seulement, il renouvela ce genre vénérable en le rajeunissant et en le retrempant, comme le vieil Eson de la Fable, dans l'énorme cuve bouillonnante de tous les progrès scientifiques de l'esprit humain. Récipient monstrueux et babélique, image du profond Chaos avant que le Verbe du Tout-Puissant en eût fait le suppôt de la Lumière, tout s'y trouvait et s'y confondait dans ce mystérieux désordre harmonique qui précède ordinairement le grand ordre soudain que la Providence veut opérer!

Le Comte Roselly de Lorgues discerna profondément la vocation et la mission religieuse des temps modernes et il déclara aux Athéniens de sa génération qu'ayant regardé en passant les divers *simulacres* de leur culte scientifique, il avait trouvé — comme saint Paul — *un autel dédié au* Dieu inconnu, et que cet objet de leur ignorante adoration était, assurément, le Père des lumières et le Dieu des sciences. Et il démontra ce qu'il affirmait, glorifiant la science, comme jamais la science n'aurait osé rêver de se glorifier elle-même, la mettant en escabeau sous les pieds du Seigneur, au-dessus des plus inaccessibles pics de l'orgueil humain, lui faisant allaiter amoureusement la Tradition catholique que le même orgueil prétendait exténuer par elle; enfin, retournant contre cette fille *dénaturée* du Père du mensonge la fameuse tentation de l'Évangile et lui promettant tous les empires du monde et toute leur gloire si elle consentait à se prosterner devant le Fils de Dieu!

Moins grand écrivain que Chateaubriand, si ce n'est par éclairs, moins aigu et moins transperçant que de Maistre, le Comte Roselly de Lorgues s'est montré infiniment supérieur par la doctrine au premier de ces deux aigles, et il étreint, il enveloppe mieux que le second la vérité dont il s'empare ou l'erreur qu'il veut étouffer.

Le plus connu de ses ouvrages philosophiques, *le Christ devant le Siècle*, a été traduit dans toutes les langues. Les deux autres, de date postérieure, *la Mort avant l'Homme* (1) et *la Croix dans les Deux Mondes*, ont eu, en France, moins de retentissement, le premier surtout, je ne sais pour quelle raison. La *Croix dans les Deux Mondes* a ceci de particulier qu'elle fut le point de départ de la grande évolution par laquelle son auteur est devenu l'historien de Christophe Colomb. Le rôle providentiel de l'Ambassadeur de Dieu lui apparut spontanément et l'élan d'intuition qui le lui fit apercevoir fut si complètement illuminateur que l'étude stricte et laborieuse qui vint ensuite n'ajouta presque rien à cette prime-sautière aperception.

L'effet, d'ailleurs, en fut tellement contagieux que c'est à la *Croix dans les Deux Mondes* que la ville de Gênes — honteusement ingrate pour le plus illustre de ses fils, comme je le montrerai plus loin — doit son monument à Christophe Colomb ; monument élevé par l'ordre du roi Charles-Albert étonné de l'insouciance des Génois, après la lecture de ce livre.

1. De tous les livres apologétiques du Comte Roselly de Lorgues, la *Mort avant l'Homme* est certainement celui qui justifie le plus l'enthousiasme de ses admirateurs et qui explique le mieux son influence sur certains esprits élevés de son temps.

Telle fut aussi l'origine du choix de Pie IX qui ne voulut pas d'autre historien pour son héros de prédilection que l'écrivain français favorisé d'une telle sagacité historique et qui justifia par là l'incertitude de Joseph de Maistre, se demandant si l'infaillibilité des Papes ne va pas au delà de ce qu'on suppose et si elle ne porte pas quelquefois sur certains points extrêmement éloignés des conjectures de la raison chrétienne.

Aujourd'hui, le Comte Roselly de Lorgues, parvenu à l'extrémité de sa vie, pourrait, à ce qu'il semble, se reposer dans la force et dans la sérénité de sa vieillesse. Il pourrait regarder son œuvre comme accomplie. Il pourrait dire que son âme est fatiguée du poids d'un si long jour et laisser à d'autres le noble souci du triomphe terrestre de la vérité. Mais il considère en chevalier l'extraordinaire honneur qu'il a reçu et il estime, comme il convient, la grandeur de son mandat. Il sent que *tout* son effort est nécessaire et qu'il doit à cette Cause inexprimablement sainte jusqu'à son dernier souffle, puisqu'il a fallu que le fleuve humain coulât pendant quatre cents ans pour qu'il s'élevât vers Dieu cette clameur, cette unique clameur de justice que le Seigneur Dieu n'entendra peut-être jamais plus !

Tant que Christophe Colomb ne sera pas restitué *officiellement* à l'Église, l'ami et le fidéicommissaire de Pie IX ne saurait se reposer, semblable en ce point au grand Apôtre-Amiral qui ne pensa jamais que son œuvre fût achevée et qui ne se reposa que dans la mort.

XII

L'apparition prochaine d'un nouveau livre du Comte Roselly de Lorgues — *l'Histoire posthume de Christophe Colomb*, — qui me paraît devoir être une nappe de lumière sur un grand nombre de faits inconnus et surabondamment explicatifs de l'étonnante disgrâce historique du Porte-Christ, donnera sans doute peu d'allégresse aux ennemis héréditaires de cet homme sans égal, investi par le plus solennel de tous les contrats des éminentes dignités de Vice-Roi des Indes et de Grand Amiral de l'Océan; titres nécessaires à l'exécution de sublimes desseins, mais que la révoltante duplicité d'un mauvais prince rendit illusoires en ne lui permettant jamais d'en exercer l'autorité et, bientôt, en l'en dépouillant tout à fait avec le cynisme atroce des politiques de la Renaissance. Ce livre, vraiment singulier, ne sera rien autre que le récit de l'invraisemblable aventure de cette gloire exorbitante s'abîmant dès son aurore, voyageant dans le mystère des catacombes pardessous la rumeur d'une dizaine de générations et surgissant tout à coup par la volonté d'un pape et malgré les efforts diaboliques d'une multitude d'imbéciles épouvantés d'un tel signe, au moment précis et providentiel où la splendeur obscurcie du catholicisme a tant besoin de ce réconfort de magnificence !

L'infatigable Postulateur après avoir, dans son *Histoire* de Colomb, raconté l'Odyssée chrétienne de celui qu'il nomme le Messager de l'Évangile, va nous montrer maintenant l'horrible dessous ténébreux de ce drame immense où les Anges pleurants ont pu contempler l'abominable victoire des puissants écrasant un Pauvre qui était l'ami de Dieu. On pourra désormais suivre, fil à fil, la trame savante de ce tissu d'iniquités qui commence au premier succès du Héros chrétien et qui ne tend à rien moins qu'à la ruine totale et sans remède des plus grandioses conceptions que l'amour d'un homme ait jamais enfantées.

L'historien indigné et implacable ne se contente pas de ce tourbillon de crimes et de mensonges qui submergèrent comme des ondes l'Envoyé de Dieu ; il nous fait enjamber son cercueil et nous force à tâter dans les ténèbres les sépulcres oubliés de sa race descendue tout entière dans le même gouffre. Certes ! il convient à Dieu que la vérité et la justice aient enfin leur tour et que l'hypocrisie, même séculaire, soit une bonne fois démasquée, pour que cette terre qu'il a faite ne ressemble pas décidément à quelque Panthéon sinistre à la porte duquel une main de l'Abîme aurait écrit ces mots avec le sang des saints : ICI ON ASSASSINE LES GRANDS HOMMES !

La terre n'a jamais aimé ceux qui la dominent, ceux qui planent, qu'ils soient aigles ou colombes. « Elle fournit le plomb pour tuer les oiseaux, » dit quelque part M. Hello. Pourtant, si on savait regarder avec profondeur, on verrait que personne ne nous est plus proche et plus semblable que les grands hommes puisqu'ils sont les aînés de Celui qui nous a tous façonnés à son image et qu'ils se tiennent devant Lui pour nous abriter contre le resplendissement solaire de sa Face. L'apôtre saint Jacques a beau nous dire qu'Élie était semblable à nous et passible, nous refusons de le croire; non par humilité, mais par l'ignoble bêtise de notre orgueil qui ne veut rien admirer. Le préjugé sur Christophe Colomb est si tenace et si fort que le plus grand poète du monde, en le supposant inspiré par la plus magnifique de toutes les indignations, n'arriverait jamais à la surmonter. L'Église seule a ce pouvoir, parce que « sa conversation est dans les cieux », et, qu'étant l'épouse pleine de miracles de Jésus-Christ, elle a le secret de délier le cœur des hommes de bonne volonté aussi bien que la langue des imbéciles.

Dieu nous garde de préjuger l'infaillible décision de cette Mère des vivants. Elle s'est tue jusqu'à ce jour et, par conséquent, nous avons à peine le droit de parler. Mais la tremblante expression d'un religieux désir n'est pas ennemie d'un profond respect et d'une filiale soumission. Le Comte Roselly de Lorgues, qui a l'honneur de représenter la Chrétienté en sa qualité de Postulateur de la Cause de Christophe Colomb, paraît destiné à l'honneur plus grand encore de la voir triompher. Il est permis de considérer comme probable que la prochaine session de l'Assemblée œcuménique reprendra, pour en finir, cette grande affaire qui, à son tour, est là, maintenant, comme l'autre grande affaire du Navigateur, « les bras ouverts, appelant et attendant (1) ». Mais il faut que le Postulateur soit aidé par tous les catholiques et il est triste à penser que, jusqu'à présent, il s'est vu presque seul. Les sympathies ecclésiastiques, à commencer par la plus auguste, ne lui ont certes pas manqué ; mais le monde, le vaste monde laïque n'a pas beaucoup palpité jusqu'à cette heure...

Dans ces dernières années, le Comte Roselly de Lorgues craignant de ne pas vivre assez longtemps pour chanter le *Nunc dimittis* de la victoire et ne voulant pas que cette grande pensée mourût avec lui, se détermina à choisir un vice-postulateur pour continuer son œuvre quand il ne serait plus. L'élection était difficile et d'une grave conséquence. Il fallait un homme d'un esprit très sûr et d'une patiente ferveur, que ni les contradictions du monde ni les interminables délais de la Cour de Rome ne fussent capables de rebuter. Il jeta enfin les yeux et fixa son choix sur un compatriote du grand homme, M. Joseph Baldi, le *premier* Génois qui ait écrit en *catholique* sur Christophe Colomb. Issu d'une ancienne famille transplantée à Gênes au commencement du xviie siècle, appelé par son opulent commerce de pierreries à parcourir les mers, ayant passé plusieurs fois de l'Atlantique dans le grand Océan, il put, avec le Psalmiste, admirer les transports de la mer, *mirabiles elationes maris*. Pendant un de ses voyages, comme il revenait en Europe, doublant le terrible cap Horn, son navire fut assailli de la plus effroyable tem-

---

1. La question des Lieux Saints, l'une des plus ardentes préoccupations de l'Amiral. — « El otro negocio famosisimo está con los « brazos abiertos llamando: extrangero ha sido fasta hora. » — *Lettre aux Rois Catholiques, datée de la Jamaïque, le 7 juillet 1503.*

pête. Alors que tous se croyaient perdus, ce chrétien prédestiné n'implora pas en vain le secours du Dieu de Colomb.

Ses longues pérégrinations maritimes avaient merveilleusement préparé M. Joseph Baldi à comprendre la grandeur de celui qui, le premier, osa franchir l'inexorable cercle de Popilius de la cosmographie traditionnelle. Quand il lut son histoire écrite par l'ordre de Pie IX, toute son âme s'élança vers la beauté morale du Messager de l'Évangile et l'enthousiasme le fit écrivain. M. Joseph Baldi est, de tous les Italiens, celui qui a le plus efficacement travaillé à répandre dans la Péninsule la gloire catholique du Grand Amiral de l'Océan. Il mérita ainsi l'immense privilège qu'il partagera désormais avec l'un des plus considérables défenseurs de la foi au xixe siècle.

En 1881, le dimanche des Rameaux, M. Joseph Baldi fut présenté à S. S. Léon XIII par le Comte Roselly de Lorgues et il eut l'honneur de placer sous les yeux du Pape un magnifique album, assurément le plus curieux recueil qui fût jamais entré au Vatican. Cet album contenait alors QUATRE CENT SOIXANTE-SIX adhésions épiscopales sollicitant du Chef de l'Église l'introduction *exceptionali ordine* de la Cause du Serviteur de Dieu devant la Sacrée Congrégation des Rites.

La Postulation est donc assurée de ne pas périr. Elle est en des mains sûres et fidèles. L'opposition passionnée et inconcevable qui en retarde le succès, qui voudrait tant le rendre impossible et qui ramasse pieusement, pour en lapider le moins *paresseux* des hommes, le *fumier* de tous les ruminants de la calomnie ; cette opposition bête et puissante, dont je nommerai les principaux acteurs, ne parlera pas du moins toute seule et ne triomphera pas dans le mutisme sempiternel de la conscience publique. L'avenir de cette Cause exceptionnelle qui intéresse tous les peuples dépend, d'ailleurs, en ce moment, d'un seul homme qui peut, d'un mot, anéantir cette conspiration de reptiles. Cet homme, c'est le Vicaire de Jésus-Christ. SIX CENT QUINZE Évêques (1) sont à ses pieds, et derrière eux, tout ce qui, dans l'univers chrétien, représente l'autorité de la vertu ou l'aristocratie de la pensée...

Or, Dieu sait si le temps nous presse ! Voici venir le quatrième centenaire de la Découverte. Dans un siècle athée et néanmoins aussi livré que le nôtre aux apothéoses et aux simulacres, il est raisonnable de conjecturer qu'un extraordinaire effort sera tenté pour éteindre l'auréole naissante de l'apôtre sous un déluge de dithyrambes philanthropiques et révolutionnaires. Les catholiques jugeront si les quelques difficultés de procédure opposées à la Béatification du plus grand héros chrétien des temps modernes peuvent et doivent entrer en balance avec l'énorme intérêt évident de restituer à l'Église une illustration de premier ordre qui lui appartient entièrement et que ses plus abjects ennemis ont entrepris de lui ravir. Il est digne, en effet, de l'Église, de protéger ses premiers-nés et de faire respecter leur mémoire quand ils ont cessé de combattre et de souffrir pour elle. Il est digne de la France qui fut dite autrefois la fille aînée de cette Mère et qui a eu l'honneur de réclamer, *la première*, cette solennelle réparation ; il est

---

1. Depuis le jour de la présentation du vice-postulateur, le nombre des adhésions épiscopales s'est élevé à ce chiffre. (Novembre 1883.)

très digne d'elle de la réclamer encore avec des cris et des prières. Il est digne enfin de l'Épiscopat universel qui a déjà si noblement intercédé pour l'auguste Patriarche des missions transatlantiques, de recommencer autour de la Chaire de Rome son éloquente importunité et de la prolonger jusqu'au jour vraisemblablement prochain où l'Épouse mystique du Roi de gloire, Père des pauvres, chantera enfin, le 20 mai, du haut de ses autels, la Nativité éternelle de l'Ambassadeur de Jésus-Christ !

XIII

Le Vendredi, 12 octobre 1492, Christophe Colomb prenait possession de l'île de San-Salvador au nom de Notre-Seigneur Jésus-Christ pour la couronne de Castille. A peine touchait-il cette terre nouvelle, prémices de ses découvertes, qu'il y planta significativement la Croix (1) et, se prosternant avec adoration : « Seigneur, dit-il, Dieu éternel et tout-puissant qui, par ton Verbe sacré, as créé le firmament et la terre et la mer ! que ton Nom soit béni et glorifié partout, qu'elle soit exaltée la Majesté qui a daigné permettre que, par ton humble serviteur, ton Nom sacré soit connu et prêché dans cette autre partie du monde (2) ! »

---

1. Ce n'est pas en signe de possession qu'il érige la Croix partout, ainsi que l'a prétendu l'école protestante, mais pour annoncer le Salut, la Croix étant, selon ses propres paroles : principalement l'emblème de N.-S. Jésus-Christ et l'honneur de la chrétienté. « Y principalmente por Señal de Jesuchristo Nuestro Señor y « honra de la cristiandad. » — *Journal de Colomb, mercredi 12 décembre, 1492.*

2. *Christophe Colomb*, par le Comte Roselly de Lorgues, liv. 1, chap. VIII.

Ces quelques lignes suffiront à toute âme chrétienne tant soit peu profonde pour comprendre la nécessité absolue de la voie exceptionnelle. Christophe Colomb remercie la majesté divine pour avoir daigné permettre que, par lui, son Nom fût connu et prêché dans *cette autre partie du monde*. L'énorme singularité d'une pareille action de grâces est nécessairement inaccessible à des hommes du XIX° siècle. Il faut se demander ce que pouvait être aux yeux des hommes du XV° cette autre partie du monde. Il y avait d'abord la *mer Ténébreuse*, l'épouvantable BAHR-AL-TALMET des Arabes, c'est-à-dire une ceinture d'abîmes peuplés de monstres auprès desquels les plus horribles cauchemars de la mystique infernale devaient paraître bénins et consolants. Au delà, il y avait le Diable, le désespoir, l'enfer, la nuit absolue et l'absolue absence de Dieu. Christophe Colomb, qui n'avait pas cru à la mer Ténébreuse parce qu'il pressentait la vraie forme du Globe ; Christophe Colomb, rempli de ses dons et supérieur à ses contemporains de toutes les supériorités naturelles et surnaturelles, voyait-il beaucoup plus clair que le vulgaire dans l'ordre des choses historiquement contingentes à sa mission?

Sans doute, ce merveilleux homme se sentait appelé à la translation de la Croix dans un monde nouveau, il le déclare lui-même implicitement ou explicitement en cent endroits. Sans doute, le sentiment de sa gigantesque paternité spirituelle remplissait le sein de cet Abraham voyageur à la recherche de sa postérité inconnue. Sans doute aussi, devait-il croire que ce monde captif ne lui serait pas livré sans combat et son âme héroïque comptait sur le Dieu des opprimés pour en décider la fortune. Mais l'injustice inouïe, l'ingratitude sans exemple, l'infatigable persistance de malheurs comme il ne s'en était jamais vu et, surtout, l'insuccès surnaturel, absolu, implacable de toutes ses entreprises — à l'exception de la Découverte, — voilà ce qui dut étrangement surprendre cette âme, unique parmi les uniques !

Quel que fût le don d'intuition de ce passager de la Providence et de la Douleur, qui doubla la superficie de la terre pour ne pas y trouver un asile, il ne pouvait pas deviner que tout l'univers allait se précipiter sur lui ; il ne pouvait pas penser que sa tête fût assez précieuse pour être offerte en holocauste, et c'est précisément parce qu'il devait en être ainsi que sa prière est si étonnante. Cette autre partie du monde, comme il dit, appartenait tellement au Démon que le dessein d'y prêcher le nom de Dieu dut ressembler à une vocation d'apostolat dans les enfers. Aussi fut-il presque seul à faire ce rêve. L'Espagne et l'Europe ne voulurent absolument pas qu'il y eût une *autre* partie du monde et qu'elle devînt le domaine de Jésus-Christ par son humble serviteur qui l'avait révélée. Elles voulurent, au contraire, se l'assimiler comme une proie et s'y propager de telle sorte qu'il ne fût plus possible désormais de trouver autre chose que l'Europe par toute la terre. L'antique civilisation latine, repliée sur elle-même dans cet étroit continent pollué par son paganisme, put enfin se détirer et se mettre à l'aise en allongeant ses infâmes pieds sur le Nouveau Monde. Il s'agissait bien de conquérir des âmes, en vérité ! D'ailleurs, puisqu'on était chez le Diable, il n'y fallait pas tant de façons, tout était bon à prendre et les infortunés Indiens devaient s'estimer trop heureux d'être asservis et massacrés par une race si supérieure !

Quant à Colomb, « les mers étaient lasses de le porter » et les continents n'en voulaient plus. Les puissants du monde se jouaient de ce vieillard radotant de fraternité et de justice. La vraie patrie des hommes, c'est leur désir, et le désir de cet apôtre ayant été si parfaitement déçu, il se trouva désormais sans patrie, errant sur terre et sur mer, battu par les flots, bafoué par les ouragans, insulté par les hommes, fracassé par toutes les forces révoltées de la nature, sans repos, sans gîte et sans pain, croûlant sous l'anathème universel de l'ingratitude comme s'il eût été le Caïn de l'innocence !

Parmi les destinées que le monde juge exceptionnelles, y en eut-il jamais une seule qu'on pourrait comparer à celle-là ? Et, puisqu'on présume la sainteté et qu'il s'agit maintenant, non plus d'une réhabilitation historique du grand Méconnu, mais de sa béatification et de sa canonisation, quelle autre voie que l'exceptionnelle pourrait-on prendre pour arriver à mettre sur les autels un homme dont la sainteté probable est comme un cri au fond des consciences et qui déborde, par l'inouïe singularité de sa vocation, toutes les catégories prévues dans les augustes décrets d'Urbain VIII et de Benoît XIV ?

Je raconterai plus loin l'accueil fait au projet d'introduction de la Cause par la Sacrée Congrégation des Rites, et je m'efforcerai de conjecturer avec respect ce qu'il y a lieu d'attendre, pour l'avenir, de cette vénérable juridiction. Je veux me borner pour le moment à reproduire dans sa forme interrogative une remarque singulière du Comte Roselly de Lorgues.

« Christophe Colomb est Exceptionnel à ce point, dit-il, que l'admission de sa Cause à la Sacrée Congrégation des Rites, au lieu de le **grandir** dans l'opinion, comme il arrive d'ordinaire, la rehausse elle-même. *Elle s'illustre à son contact.* Ne le dissimulons pas : quelque respectable que soit ce haut tribunal, ses jugements touchent peu les hommes du monde. Ils le laissent fonctionner à sa guise, sans se préoccuper de ses décisions. Mais cette fois, à l'indifférence fait place la déférence et l'étonnement. Combien n'apparaît-il pas imposant, cet Aréopage romain, qui cite à comparaître devant lui le plus grand des hommes, celui que l'Éternel choisit pour instrument de sa Providence !

« Ce serviteur de Dieu étant Exceptionnel, sa Cause peut-elle être d'une autre nature que sa personne ? »

. Je crois n'avoir oublié rien d'essentiel dans ce rapide exposé de la Cause de Christophe Colomb. Je ne pousserai pas l'habileté jusqu'au point de dissimuler que j'ai écrit ces pages dans l'espérance de lui donner des admirateurs et des *dévots*. Dût-on n'arriver à obtenir qu'une déclaration de *Vénérabilité*, il faudrait encore poursuivre l'instance. Ce sont les propres paroles du Cardinal Donnet et c'était aussi le sentiment du savant archevêque de Gênes, Mgr Andrea Charvaz, prédécesseur immédiat du titulaire actuel. Ce prélat disait avec émotion au Postulateur : « Dès l'instant où Colomb sera déclaré *Vénérable*, très certainement quelques familles de nos marins commenceront à l'invoquer, et je ne doute pas qu'il ne se produise alors des miracles suffisants pour procéder régulièrement à sa canonisation. »

Après de telles autorités je demande qu'il me soit permis d'ajouter une dernière réflexion.

Quand Christophe Colomb, le doux apôtre du Verbe, avait à exiger quelque fatigue extraordinaire, il disait simplement à ses hommes : « *Nous devons à Dieu* de faire telle chose, » et, par là, il faisait entrer la bonne volonté dans les cœurs. Nous autres, nous devons à Dieu de travailler extraordinairement pour son Église, en ces jours terribles. Cette Église infiniment sainte et sacrée est, elle aussi, un navire en voyage vers un monde réellement nouveau dont la beauté ne doit pas périr. Actuellement dénuée de tout secours humain, elle lutte avec des tribulations infinies contre la plus formidable tempête que le ténébreux génie du mal ait jamais soulevée contre elle en aucun temps de l'histoire. L'ingratitude universelle est à son comble et l'esprit de révolte fait déserter chaque jour un grand nombre de serviteurs qu'on avait le droit de supposer fidèles et incorruptibles jusqu'à la mort. La France, hélas ! l'Espagne, l'Italie et ce qui reste encore de l'Allemagne chrétienne, dévorées et bouleversées par le triomphant crétinisme révolutionnaire se retournent à la fois contre elle et la menacent d'un naufrage complet et irrémédiable. Uniquement soutenue par la promesse de Jésus-Christ, sa détresse est devenue si parfaite, son dénûment si total et son abandonnement tellement sans exemple qu'on est tenté de craindre que Dieu ne transporte décidément un de ces jours, loin de l'Europe infidèle, le candélabre et les flambeaux. Des voix lamentables s'élèvent du sein de la chrétienté et du sein de l'antichrétienté et nous crient de toutes parts « qu'il n'y a plus de saints dans l'Église », et c'est bien la plus terrible parole qui puisse être prononcée sur ce monde arrosé du sang divin. Nous devons donc à Dieu et à son Église de démentir cette épouvantable affirmation de l'esprit du mensonge. Voici, je crois, l'occasion de ce magnifique démenti.

La tactique infernale est bien connue. Elle ne s'est jamais modifiée et elle refuse obstinément d'adopter les combinaisons entièrement nouvelles de la tactique des guerres modernes. Tout le génie militaire du Diable se réduit, en somme, à prendre des forteresses et à massacrer les traînards au bord des chemins, mais il n'accepte qu'à contre-cœur et seulement à la dernière extrémité la bataille rangée dans la plaine. Eh bien ! il faut le contraindre à combattre de cette manière et nous serons alors assurés de la victoire. Puisqu'il faut des saints à l'Église et que la voix unanime de nos premiers pasteurs nous avertit qu'il y en a un à deux pas de nous et, pour ainsi dire, au milieu de nous, merveilleusement accommodé au génie des temps modernes par l'exceptionnelle spécialité de sa gloire, pourquoi donc n'irions-nous pas à lui avec enthousiasme et ne l'opposerions-nous pas comme un invincible chef de guerre aux entreprises de plus en plus audacieuses des ennemis de la Rédemption ?

L'importance extrême de cette détermination nous est surabondamment indiquée par le soin qu'ils prennent de la retarder et de nous prévenir. Il est clair que le Prince du Monde a effroi de Christophe Colomb. Il ne veut pas de cette gloire pour l'Église et pour la Papauté. « Veut-on savoir, dit le Comte Roselly de Lorgues, les effets de l'indifférence catholique à l'égard de cet incomparable serviteur de Dieu ? Les voici. Le clergé ne revendiquant pas comme lui appartenant l'homme qui a le plus servi l'Église, l'impiété en a fait aussitôt sa proie. Il y a quelques années, le savant et courageux abbé Margotti déplorait l'outrage commis contre Colomb par la gouvernement piémontais, en plaçant son effigie en face de celle de Cavour, sur les billets de banque, mettant ainsi au même rang le défenseur de la royauté pontificale et le destructeur du pouvoir temporel. Depuis lors, les démocrates italiens ont entrepris de confisquer cette personnalité vénérable. Ils ont prostitué le nom de Colomb, le traitant dans leur fange, le donnant à des écoles d'enseignement obligatoire et laïque, à des tavernes, des estaminets, des tripots. Les sectaires des sociétés occultes, les agents du communisme et de l'Internationale, ces violents ennemis de la Papauté l'ont pris pour mot de passe. Ils ont souillé à plaisir ce nom sublime, le faisant servir à fonder, qui l'eût osé croire!... une loge de francs-maçons ! Poursuivant leur abomination, ils ont attribué un rôle à Christophe Colomb dans une de leurs scènes favorites d'impiété. Le 17 mars 1872, ils lui ont réservé une place marquante à l'enterrement civil le plus solennel qu'on ait encore vu : celui du chef démoniaque des révolutionnaires, le grand hiérophante de l'assassinat, le frénétique Mazzini.

« Ils ont mis sur le char funèbre, près du cercueil, le portrait du serviteur de Dieu avec ceux de l'hérésiarque Arnaud de Brescia ; du conspirateur Colas de Rienzi et du ténébreux Machiavel, et ces funérailles impies n'ont soulevé personne (1). »

---

1. *L'Ambassadeur de Dieu et Pie IX*, Plon, 1874.
On ne saurait assez insister sur le zèle extrême qui pousse les ennemis de la Papauté à s'emparer à toute force du nom de Colomb, à confisquer au profit de leur ténébreux calendrier cette éblouis-

Voilà ce que rapporte l'ingratitude. Je n'ajouterai pas mes réflexions à ces lignes terribles par lesquelles j'ai voulu finir. Il doit suffire de rappeler à tous les chrétiens qui aiment encore « la charité, la vérité et la justice », que le 12 octobre 1892 arrivera le quatrième séculaire de la découverte. Il est aisé de prévoir qu'avec la fureur d'adoration qui possède ordinairement les peu-

sante renommée. Le 22 juin 1879, une société démocratique d'ouvriers turinois, au nombre de plus de 600, vint à Gênes pour célébrer l'anniversaire de la naissance de Mazzini, patriarche et pontife des assassins, qu'ils appellent l'*Apôtre*, *il apostolo*, comme s'il s'agissait de saint Paul ou de saint André. Vu à une certaine distance, ce pèlerinage impie et grotesque étonne singulièrement. On pourrait conjecturer tout d'abord que la patrie de sainte Catherine a dû faire à ces incroyables dévots l'accueil qui leur convenait et qu'elle les a simplement congédiés avec ignominie. C'est le contraire qui est arrivé. Une partie de la municipalité est venue au devant d'eux, bannières et musique en tête. Les maires de Gênes et de Turin se sont réciproquement congratulés. Une immense allégresse maçonnique s'est répandue sur la cité. Les frères et les amis se sont ouvert leurs âmes les uns aux autres. Une extraordinaire ferveur s'est rallumée en ce jour pour la révolution et contre Dieu. Alors on est allé déposer des guirlandes de bronze sur la tombe de Mazzini et sur le monument de Christophe Colomb. Ces deux hommes ont été ainsi réunis et confondus dans la même apothéose. Le disciple du Verbe incarné, le sublime Porte-Croix de la *mer Ténébreuse*, le doux patriarche des missions transatlantiques, a reçu dans sa propre patrie le même infâme honneur que l'odieux mystagogue des coupe-jarrets politiques. Celui-ci a été déclaré son égal en mérite, en gloire, en apostolat, et je n'ai pas appris qu'une seule voix indignée se soit élevée pour la justice au milieu de ce diabolique concert. Le lendemain, 23, une fête nouvelle a rassemblé ces énergumènes au théâtre du *Politeama* et, au moment où l'Église universelle chantait les premières vêpres de la Nativité du Précurseur de Jésus-Christ, la franc-maçonnerie des deux cités italiennes, convoquée en cet auguste endroit pour célébrer la nativité de son plus grand homme, a fait entendre de nouveaux discours où les noms de Mazzini et de Colomb s'entrelaçaient amoureusement pour la plus grande jubilation de ce noble peuple qui sait glorifier comme cela l'héroïsme de ses enfants !

ples sans Dieu, ce centenaire sera célébré d'une manière inouïe par les marines du globe entier. Dix ans à peine nous séparent de cette époque. Que fera le catholicisme en ce jour solennel ? « Sans les sourdes menées de quelques pieux personnages, dit encore le Comte Roselly de Lorgues, qui prétendent servir les intérêts de la papauté, la position du serviteur de Dieu dans l'Église serait déjà authentiquement définie. Et dès l'instant où, par l'introduction de la cause, le Saint-Siège aurait reconnu la gloire catholique de Colomb, les révolutionnaires, les athées, les positivistes n'oseraient plus se l'approprier. Ces superbes ont horreur des saints. Ils s'en éloigneraient soudainement comme Satan du corps de Moïse, devant l'Archange saint Michel. »

SECONDE PARTIE

LE
SERVITEUR DE DIEU

LE
SERVITEUR DE DIEU

Cum hic agatur de SERVO DEI PLANE EXTRAORDINARIO, *tan in vita, quam post mortem...*
(Postulatum signé par plus de SIX CENTS ÉVÊQUES.)

I

La Critique historique est une pythonisse sans trépied qui accommode ses oracles au goût du jour. Sa naïve aînée, la grande Histoire, a tellement disparu derrière l'enflure de cette grenouille pédante et artificieuse et les âmes sont devenues si lâches pour la vérité que le Génie lui-même, avec ses cataractes de lumière, ne pourrait peut-être plus lui restituer sa vraie place. Le Document, ce monstre aux mille langues nourri dans la poussière des Archives d'État et des chancelleries, s'en élance avec fureur pour dévorer toute conception généreuse ou originale qui s'aventure au seuil de ces antres profonds. Il ne s'agit guère aujourd'hui de ressaisir l'irrévocable Passé, de contraindre ce fantôme à revenir sur ses pas, et de lui redonner pour un instant l'étincelle miraculeuse de la vie. D'ailleurs, une science énorme ne serait pas ce qu'il faut pour accomplir un tel prodige.

Non certes ! mais il faudrait absolument ce que n'enseigne aucune école : le désir enthousiaste de la vérité, appuyé sur le pressentiment d'un plan divin. L'Histoire, alors, cesserait d'être la « Bagatelle fascinante » de l'incrédulité pour redevenir ce qu'elle fut dans les Saints Livres : la transcendante *information* du Symbolisme providentiel.

Nous vivons en un misérable temps où les plus belles intelligences se replient sans cesse sur elles-mêmes au lieu de se précipiter amoureusement hors d'elles-mêmes.

C'est la *subjectivité* universelle, nom moderne d'un mal moderne. Depuis que la Théologie, rejetée dès longtemps par Descartes comme la béquille d'un paralytique décédé, a roulé dans les catacombes de l'inattention scientifique, on peut prononcer en toute assurance que la science n'a plus d'objet. Elle n'a plus que des *sujets* sur lesquels elle se livre à l'héroïque besogne d'investigation que le pauvre enfant de Murillo accomplit sur lui-même dans la lumière non métaphysique d'un rayon de soleil. Et, comme l'intelligence humaine dépossédée de l'*a priori* théologique, a désormais son absurde siège à la *base* d'un angle de vision épouvantablement aigu, elle ne saurait poursuivre l'insecte subjectif qu'en s'enfonçant dans un rapetissement de plus en plus moléculaire de son champ d'observation et d'analyse éternelle.

Eh bien ! dans cette déroute générale de *l'objectivité* (1) scientifique, dans cette débâcle de toutes les

---

1. On n'admirera jamais assez cet étonnant jargon prussien. Le canon Krupp de la philosophie allemande ne le cède en rien à l'autre canon. Les Français s'en apercevront peut-être quand leur langue ferme et lumineuse se sera définitivement enlisée dans ces Palus-Méotides intellectuels. Alors, sans doute, on sera prêt pour la revanche pacifique de l'imbécillité nationale.

données supérieures de l'esprit humain, l'histoire étant, quand même, et devant toujours être la première des sciences humaines, elle a dû nécessairement entrer, comme les autres, dans l'indéfini laminoir de la Critique et passer sous le couperet infatigable du Document. Il en est résulté le plus énorme déchiquètement de tous les faits et le plus inextricable amas de rognures historiques qui aient jamais imploré le coup de balai miséricordieux d'un abréviateur intuitif. L'histoire d'un peuple, d'un siècle ou d'un homme, — ce calque puissant du concept providentiel qu'il est si nécessaire de voir de haut et d'ensemble que les Narrateurs inspirés se bâtissaient des solitudes dans le ciel pour le dominer plus parfaitement ! — on la morcelle, on la détaille, on en isole chaque débris, chaque cassure, chaque atome, afin d'employer à cette besogne d'infinitésimale dissection la multitude toujours croissante des prétendus historiens acharnés à la recherche de ce que la langue populaire appelle la *petite bête,* éternellement insaisissable sous les bésicles de ces entomologistes pervers.

Il y a là deux choses assez lamentables. D'abord, on ne tient pas du tout à la vérité. On désire même ne pas la trouver, car, si on la trouvait, il n'y aurait plus moyen de courir après la petite bête et la vie serait insupportable. Ensuite, on ne croit même pas qu'il existe une vérité. L'auteur d'*Eloa* qui méprisait certainement l'entomologie, en sa qualité de grand élégiaque, a pourtant formulé lui-même le mépris de la vérité historique de manière à ne rien laisser à désirer aux plus exigeants pyrrhoniens de la science moderne. On peut lire cet éloquent réquisitoire du meurtrier contre la victime dans la préface de *Cinq-Mars.* M. de Vigny pense que l'histoire toute seule n'est pas assez belle ni assez *vraie* et que le droit d'un romancier est de l'arranger de gré ou de force sur le lit de Procuste de sa conception personnelle. Si l'histoire résiste un peu, on fait avancer le complaisant et commode document qui l'énerve ou qui la tronçonne et qui livre son cadavre informe, comme un bloc d'argile, aux mains éclectiques du potier de la popularité.

Ah! les éperdus de la vérité! ceux qui luttent jusqu'à l'aurore contre l'Esprit du Seigneur, les Œdipes de la sainte simplicité qui vont droit au Sphinx *intégral* du Passé et qui le déchirent dans leurs bras ensanglantés pour montrer à la terre les entrailles vivantes du monstre, ces entrailles brûlantes et oraculaires pleines du destin des peuples : où sont-ils donc aujourd'hui, à l'heure présente ? Les grands sont partis et beaucoup d'autres aussi qu'on croyait grands et que la mort a rapetissés dans leur tombeau. En ce moment, on ne voit plus rien d'aucun côté et la pensée humaine est environnée d'un silence tel qu'on a l'air de faire la veillée des morts autour du cercueil de la société chrétienne. Est-il donc désormais impossible d'écrire l'histoire et cette impossibilité a-t-elle pu devenir irrémédiable au moment même où le plus enragé besoin de *curiosités* historiques paraît être le dernier lambeau présentable de notre magnifique patrimoine intellectuel? Je ne le crois pas et je fonde mon incrédulité sur l'exceptionnelle vocation de ce siècle pour le *roman*. En effet, tout romancier est un historien réfractaire et anxieux qui rêve, — s'il a du génie — d'être l'annaliste, non du réel, mais du *possible* humain, parce qu'il a l'illusion de croire cela plus profond que d'être l'historien du *possible* de

Dieu, qui est le véritable réel de l'homme (1). Il ressemble ainsi à un superbe ruminant qui s'avancerait dans un pâturage étranger, de toute la longueur d'une corde fixée dans la prairie de son maître. Ce rêve, infiniment plus ambitieux qu'on ne l'imagine, a marqué comme d'une estampille de royale folie le front du dix-neuvième siècle, exceptionnel en tout.

On me pardonnera de tels propos si l'on veut considérer que la fiction idéale dont le roman moderne paraît être la suprême et définitive extension a tout envahi depuis soixante ans au moins, sciences naturelles et sciences morales. On a fait des romans astronomiques ou économiques aussi bien que des romans historiques. Ce serpent d'Aaron a dévoré tous les autres serpents et c'est la Critique, dont le devoir strict était de le faire crever d'inanition, qui lui a coupé les morceaux. L'effet naturel de cette ripaille a été un affaiblissement inouï de la raison et une famine intellectuelle comme il ne s'en était jamais vu. Lorsque *vint* le Malherbe de la critique historique, Augustin Thierry, on se persuada tout de suite que personne avant lui n'avait jamais rien compris à l'histoire, de même que Boileau s'était persuadé qu'il n'y avait pas eu de poète en France avant le premier Malherbe. Alors, on fit descendre à la hâte de toutes les pyramides de la Tradition les siècles défunts qui n'eurent plus désormais à *contempler* que l'imbécile acharnement d'une armée d'investigateurs vermiculaires à la conquête de l'enfantillage universel. Aujourd'hui,

1. *Le Passé*, dit Saint-Bonnet, *c'est le Possible, mesuré à la nature humaine*. On ne peut pas faire tenir plus de lumière dans moins de mots. Malheureusement, il ajoute ceci : *l'Avenir ne le dépassera pas*. Ce grand philosophe est-il donc dans les secrets de Dieu ?

l'épreuve est faite, on a beaucoup marché sur une fausse piste et la lassitude est infinie. On commence à discerner que le roman ne donne que le roman et jamais l'histoire; que le Passé qui nous contemple — disait Bonaparte — ne se révèle qu'à des *contemplateurs* comme lui et non pas à des critiques pleins d'inventions; enfin, que le plus puissant effort d'un homme de génie serait de remonter simplement à la Tradition et d'y faire remonter avec lui tout ce que le fanatisme de l'analyse a laissé subsister de cœurs intuitifs et d'intelligences prime-sautières.

Cela me ramène très naturellement à l'*Histoire de Christophe Colomb,* par le Comte Roselly de Lorgues, histoire venue, comme on sait, après tant de romans, tant d'anedoctes, tant de critiques, tant de polémiques! La liste en serait furieusement longue, à ne commencer que par Fenimore Cooper et Washington Irving. La finesse et l'imagination humaines s'y étaient épuisées dans les deux mondes. Le Comte Roselly de Lorgues, très séparé du troupeau des idolâtres du subjectif, est à la fois un savant sans microscope et un contemplateur. Aussi, son histoire s'échappe-t-elle à chaque instant de l'inanimé document pour s'élancer dans la splendeur vivante de l'aperçu et du jugement définitif d'où elle finit par ne plus descendre. Mon dessein n'est certes pas de refaire de la fantaisie historique ou littéraire sur un livre déjà ancien et dont il a été beaucoup parlé. C'est en me plaçant au point de vue très spécial de la canonisation que je veux, à mon tour, contempler Christophe Colomb dont voici, en vérité, la *seule* histoire. Je viens de relire cette lamentation incomparable. J'ai mieux vu cette tête effrayante à force de beauté, cette face de Méduse de la profonde horreur et de la profonde pitié : horreur pour les bourreaux et pitié pour la victime. Il y a bien aussi la sainte allégresse du martyr, mais c'est l'Église seule qui peut nous la montrer dans le nimbe surnaturel dont elle éclaire les élus.

Et maintenant, si on pense qu'il soit inopportun et sans actualité de parler de Christophe Colomb, je demande ce qui peut passer pour actuel et opportun, puisque voilà tout à l'heure quatre cents ans que ce cadavre gigantesque est étendu sur l'horrible dalle glacée de la *morgue* de Castille, sans qu'aucune justice humaine ait pu découvrir encore le vrai *nom* de ses assassins.

II

« Celui qui ne croit pas au surnaturel, » dit le Comte Roselly de Lorgues, « ne peut comprendre Colomb ». C'est, sans aucune exception, ce qui doit être dit de tous les saints et cela est d'une exactitude si rigoureuse qu'il n'est pas même possible de concevoir un saint en dehors de la notion transcendante d'une Providence qui gouverne ce monde par des moyens naturels en vue de résultats perpétuellement surnaturels. Le miracle historique qui n'étonna jamais que les imbéciles ou les hommes de peu de foi, pousse longtemps à l'avance ses racines dans une multitude de faits d'ordre naturel ; et il éclate à son heure comme une résultante divine de tous ces faits coopérateurs. Dieu qui est le maître absolu de sa Création, dans ses opérations *ad extra*, agit à peine plus librement que l'homme, et les miracles par lesquels se manifeste quelquefois son imprescriptible suzeraineté, ne peuvent jamais, catholiquement, être considérés comme une violence imposée à notre libre personnalité. Il est écrit que l'homme peut faire violence au ciel, mais il ne paraît pas que Dieu se soit réservé de faire violence au cœur de l'homme, même pour le sauver, et c'est ainsi qu'ayant son éternité par derrière sa toute-puissance, il a pu, néanmoins, traiter, comme le dit Tertullien, *d'égal à égal*, avec nous autres qui sommes faibles et périssables.

Supposer que la Grâce atteint l'homme dans sa liberté est une hérésie formelle et le plus fécond de tous les sophismes du désespoir. La divine Grâce est symboliquement représentée dans tout l'univers par les pauvres et les mendiants et c'est sans doute à cause de cela que Notre-Seigneur nous les recommande si fortement dans son Évangile. Bien loin de s'emparer de nous par la violence, la Grâce nous implore sans cesse avec l'infatigable obséquiosité du plus humble et du plus indigent de tous les solliciteurs. Autant de fois que le cours du sang fait battre nos artères, la plus tendre de toutes les Voix mystérieuses nous dit au cœur : veux-tu de moi? et notre vie surnaturelle se mesure exactement à la quantité d'actes naturels par lesquels notre volonté, en disant : oui, a pleinement correspondu. Lorsque l'équilibre est ainsi établi entre le désir de Dieu et la bonne volonté de l'homme, le fait transcendant, à la fois divin et humain, qui s'appelle la sainteté se trouve parfaitement réalisé et il est difficile alors que le miracle, c'est-à-dire l'apparition de l'Infini dans le fini, ne se produise pas d'une façon plus ou moins éclatante.

Je viens de lire pour la seconde fois cette vie de Christophe Colomb et, en vérité, je n'ai vu aucune vie de saint où le miracle soit plus fréquent et, pour ainsi dire, plus *naturel*. Le surnaturel divin et son corollaire, le *sous* naturel diabolique y flambent à toute page. Seulement, ils se déploient l'un et l'autre dans les proportions les plus exceptionnelles et les plus gigantesques. C'est une spécialité inouïe dans le miracle. Il n'y a ni malades guéris, ni morts ressuscités, ni, en général, aucun des prodiges de la loi de grâce, — du moins pendant la vie du thaumaturge (1). Le Messager de l'Evangile, par une mystérieuse rétroaction providentielle, semble se rattacher à l'ancienne Loi, et c'est surtout à Moïse qu'il fait penser. Il révèle la Création, il partage le monde entre les rois de la terre, il parle à Dieu dans la tempête ; et les résultats de sa prière sont le patrimoine du genre humain.

Christophe Colomb, le plus inondé de gloire parmi les hommes de bonne volonté, projette continuellement le surnaturel comme la respiration même de son obéissance. Investi de la plus prodigieuse de toutes les missions, sa bonne volonté est en équation parfaite avec son mandat et tous les actes naturels de sa vie ont un retentissement immédiat dans l'ordre surnaturel le plus élevé. Chargé de réaliser l'événement le plus considérable qui se soit accompli depuis la Pentecôte et qui doive vraisemblablement s'accomplir jusqu'à la fin des temps, l'Inventeur de l'Amérique arrive le Sixième depuis six mille ans que Dieu fait des hommes. Le Comte Roselly de Lorgues qui rencontre ici le sublime, n'hésite pas à tracer cette ligne de fronts quasi divins : Noé, Abraham, Moïse, saint Jean-Baptiste, saint Pierre... Christophe Colomb ! On voit que l'anecdote du *pilote génois* devient une histoire assez grandiose.

Un étonnement immense est réservé à tous ceux que

---

1. V. Append. D.

la couleur hagiographique de ce livre n'épouvantera pas. Ils y trouveront ce que nul ne s'était avisé de chercher, jusqu'en ce dernier siècle, dans la vie très ignorée et criminellement travestie de cet incomparable navigateur. Ils y trouveront la SAINTETÉ avec son triple caractère de prédestination, d'édification et de contradiction. Mais, par-dessus tout, ils y trouveront, à toute page, le signe de la plus prodigieuse exception.

Sans doute les saints ne se ressemblent guère et Dieu a su répandre l'infinie variété de sa magnificence dans cette innombrable armée de ses amoureux persécuteurs. Chacun d'eux éclate, à sa façon, dans le ciel, avec toute sa personnalité glorifiée, éternellement singulier et dissemblable de tous les autres. C'est un firmament plus vaste et plus lumineux que le firmament visible et dont toutes les étoiles noyées dans la même irradiation béatifique demeurent néanmoins épouvantablement distantes les unes des autres par l'éternelle spécialité de leur amour. Mais, ici, c'est l'inouï dans la spécialité et l'exception dans l'originalité même.

Christophe Colomb ne découvre pas seulement le Nouveau Monde sur la terre, il le découvre jusque dans le ciel. C'est le plus extraordinaire de tous les insensés de la Croix et le plus unique de tous les extravagants divins. Disciple de saint Paul et des deux saints Jean, il poussa la folie de la Croix, jusqu'à déconcerter les plus oraculaires aliénistes de l'hagiographie. Cet infatigable planteur de croix étonne l'imagination chrétienne tout autant que le foudroyé et foudroyant Apôtre des gentils, et son accablante Odyssée, presque semblable à celle de saint Paul et non moins étonnante, nous écrase tout autant le cœur. Les chapitres xi et xii de la seconde épître aux Corinthiens offrent à cet égard les plus saisissantes analogies. Qui a souffert plus de travaux, plus de blessures, plus de prison, plus de dangers de mort, plus de flagellation, plus de lapidation, et plus de naufrages? et cela quatre siècles encore après qu'il a cessé d'exister parmi les hommes. A l'exemple du prédicateur de la Folie sainte, Christophe Colomb a été souvent en voyage, en danger sur les rivières, en danger des voleurs, en danger de sa nation, en danger des Gentils, en danger dans les villes, en danger dans les déserts, en danger sur la mer, en danger parmi les faux frères ; dans les peines, dans les travaux, dans les veilles, dans la faim, dans la soif, dans les jeûnes, dans le froid, dans la nudité, et, par-dessus toutes ces choses extérieures, il est encore assiégé tous les jours par les soucis de toutes les églises. Je sais bien que ce que je dis là va paraître insupportablement extravagant et que je m'expose à l'accusation d'exagérer.

Ah ! *l'exagération,* ce mot des lâches et des niais, que les hommes jetteront perpétuellement à la figure de quiconque aura l'audace de leur parler avec fermeté de quoi que ce soit ! Les gens de cœur doivent le connaître ce mot d'une si abjecte puissance de négation. Le *nolumus hunc regnare* ne s'adresse pas seulement à Notre-Seigneur Jésus-Christ, mais à tous les fronts couronnés d'épines et surtout à ceux-là qui saignent le plus. Et quel homme fut plus couronné d'épines, plus roulé dans le buisson ardent de l'apostolat que Christophe Colomb qui donna la moitié du Globe à la sainte Église et qui, trois cent cinquante ans après sa mort, n'avait pas encore trouvé la moitié d'un écrivain catholique pour raconter cette largesse ! Mais le Dieu de tous les saints avait faim et soif de justice, il ne pouvait pas attendre plus longtemps ; et cet historien est enfin venu.

Le Comte Roselly de Lorgues n'a pas eu peur d'aller jusqu'à l'extrémité de l'exactitude historique et, en présence du plus majestueux ensemble de faits surnaturels dans une vie où l'héroïsme déborde à chaque instant l'humanité, devant l'indifférence ironique ou stupide du monde entier et le mutisme expectant de la sainte Église, il a osé conclure nettement à la sainteté telle que l'Église l'entend et exige qu'on la démontre quand il s'agit de mettre une poignée de poussière humaine sur ses autels. Heureuse audace assurément puisqu'elle a réussi ! L'Église qui est le ciel sur la terre ne hait pas qu'on lui fasse violence. La Papauté accueillit favorablement cette solitaire postulation de la conscience d'un chrétien alors sans autorité ; et elle reconnut magnifiquement à ce chrétien, — tout laïque qu'il fût, — les droits et le mandat officiels de Postulateur de la Cause dont il avait eu l'honneur de solliciter, le premier, l'introduction devant la Sacrée Congrégation des Rites.

Maintenant nous allons regarder aussi rapidement que possible la vie et la grande personnalité de Christophe Colomb à travers sa magnifique histoire telle que nous l'a donnée le Comte Roselly de Lorgues. Seulement il n'est pas inutile d'avertir que ce livre ne peut être intelligible et croyable qu'à la condition d'avoir auparavant nettoyé son cœur et sa mémoire des honteuses élucubrations du protestantisme et de la Libre Pensée. Il est déshonorant que les catholiques aient abandonné l'histoire d'un grand nombre de faits essentiels pour l'Église et pour le monde à de viles plumes protestantes ou

philosophiques, et, cependant, il en est lamentablement
ainsi. Pendant trois siècles, les portières de Caïphe ont
écrit tout ce qu'elles ont voulu et, il faut bien le dire,
les plus zélés serviteurs de Jésus-Christ n'ont pas toujours attendu le chant du coq pour trembler devant la
canaille. Le mot célèbre de Joseph de Maistre n'est certes pas trop fort, on pourrait même y ajouter et ce n'est
pas toujours aux ennemis de l'Église qu'on manquerait
de respect. Christophe Colomb ne serait sans doute pas
aussi sublime si on ne l'avait pas tant renié. Autour
d'un front de martyr, il n'y a rien d'aussi beau que le
nimbe d'une obscurité assez profonde pour que Dieu
seul ait le pouvoir de la dissiper. Ce moment est enfin
venu pour Christophe Colomb. Le Comte Roselly de
Lorgues a fait pour lui ce que ce grand homme a fait
pour la moitié de la terre. Il nous l'a découvert. N'eût-il
fait que cela, c'est assez pour ne pas mourir. Protestants
et libres penseurs peuvent désormais se mettre à cent
mille et capitaliser leur venin, ils ne prévaudront plus
contre la mémoire du Messager de l'Évangile, de la Colombe portant le Christ !

III

LA COLOMBE PORTANT LE CHRIST ! *Columba Christum ferens !* Aucune chose en ce monde n'est livrée au hasard, et la divine Providence n'est nullement étrangère aux *noms* que doivent porter les chrétiens jusqu'à leur dernière heure, et sur lesquels ils seront crucifiés ou exaltés selon le caprice de l'inconstante populace humaine. Presque toujours nos noms enveloppent et déterminent nos destinées. Même au point de vue surnaturel, il n'est certes pas indifférent de naître Bourbon ou de naître Turcaret. Ce que l'on appelle la lignée n'existe pas seulement sur les parchemins aristocratiques ou sur les registres de l'état civil, c'est surtout une réalité dans nos âmes. C'est une réalité psychologique des plus pressantes et des plus invincibles. C'est un décret providentiel dont le quatrième commandement nous montre assez clairement la portée véritable dans le temps et dans l'éternité. Patrimoine d'honneur ou de honte, la vie morale en dépend à un tel point que le symptôme le plus évident de notre abaissement démocratique est précisément la négation de ce signe naturel de la solidarité des familles.

Le pénétrant historien du Grand Amiral, dans quelques pages très étonnantes d'aperçu nous donne le symbolisme du nom doublement prophétique de Christophe Colomb. Il paraît que le Révélateur de la Création était de sang très pur et que ses ancêtres avaient occupé un rang considérable dans la noblesse de la Lombardie et du Piémont. Ses armes étaient d'azur à trois colombes d'argent au chef le cimier, surmonté de l'emblême de la justice avec la devise : « *Fides, spes, charitas.* » Plus tard, ces trois colombes devinrent les trois navires aux blanches voiles qui portèrent l'Évangile au Nouveau Monde.

La célèbre légende populaire de saint Christophe et sa mystérieuse relation avec la destinée de Colomb est plus saisissante et plus concluante encore. Le Comte Roselly de Lorgues démontre par toutes les données de l'hagiographie et de l'archéologie que « sans Christophe Colomb, il est *impossible* d'expliquer cette légende ». Je vais résumer en aussi peu de lignes que possible cette dissertation, l'une des plus curieuses assurément qu'on puisse lire en quelque livre que ce soit. Les judicieux aréopagites de la critique moderne ne manqueront pas de la trouver très enfantine, mais les chrétiens en jugeront autrement ; et l'histoire de Colomb, je l'ai dit, n'est intelligible que pour eux.

Oférus ou Réprobus, Syrien de naissance, disent les hagiographes, était un païen d'une taille gigantesque et d'un aspect terrible qui avait résolu de ne mettre sa force qu'au service du plus puissant roi de la terre. Après divers voyages et diverses déconvenues, le naïf géant finit par s'apercevoir que les plus fiers avaient peur du diable et que le diable, — qu'il eut un instant la pensée de servir — tremblait lui-même au Nom de Jésus-Christ et à la vue de sa Croix. Il se fit donc chrétien et fut baptisé à Antioche sous le nom de Porte-Christ (*Christophorus*). Après de laborieuses prédications accompagnées de miracles, il fut enfin arrêté et souffrit le martyre pendant la persécution de l'empereur Dèce.

Son culte se répandit presque aussitôt dans l'univers chrétien. Une croyance ancienne attribue à ce saint le pouvoir de détourner immédiatement tout malheur ou tout accident fâcheux et la piété chrétienne l'a mis au nombre des quatorze auxiliateurs ou *apotropéens* avec lesquels il partage ce privilège (1). Il était généralement admis au moyen âge qu'on ne pouvait mourir subitement ni par accident pendant la journée si l'on avait *vu* une image de saint Christophe. *Christophorum videas*, disait un vers léonin passé en adage, *postea tutus eas* : « Regarde saint Christophe et puis va-t'-en tranquille. » Or, pour que la bienfaisante et miraculeuse statue fût aperçue du plus loin et par le plus de fidèles possible, on lui donnait une hauteur prodigieuse. On la plaçait pour la même raison aux porches des cathédrales ou à l'entrée des églises. Notre-Dame de Paris a possédé jusqu'en 1786, en *ex-voto*, une effigie colossale du Porte-Christ de 28 pieds de haut qui s'adossait, comme une tour elle-même, *turris ipse*, contre le gros pilier de la

---

1. *Apotropéen*, du grec ἀποτρέπειν, *détourner*. Dans la mythologie grecque, on appelait *apotropéens* certains dieux protecteurs, tels que les *Averrunci* des Latins. Lire l'intéressante brochure de M. Adrien Péladan, publiée à Nîmes, chez l'auteur, en 1880: *Saint Christophe, sa vie, son culte, ses miracles*. Ce travail très complet donne toute la bibliographie et toute l'iconographie du saint martyr.

tour de droite. Le grand nombre de lieux consacrés à saint Christophe par toute l'Europe atteste encore le crédit extraordinaire de ce martyr.

Voilà pour l'histoire authentique et le culte pur et simple. Voici maintenant pour la légende et le culte *symbolique*. J'entends par là ce que l'esprit moderne méprise, c'est-à-dire ce qu'il y a de plus profond.

Ce même saint, de *Réprouvé* devenu *Porte-Christ*, s'installe au bord d'un torrent et passe les voyageurs sur ses épaules pour être agréable à son nouveau maître, en le servant selon son pouvoir. Un jour, il entend une voix d'enfant qui l'appelle par trois fois : « Christophe, viens dehors et passe-moi. » Il sort de sa demeure, charge l'enfant sur ses épaules, prend son bâton et entre dans l'eau. « Et l'eau s'élevait peu à peu, dit la *Légende dorée*, et l'enfant pesait sur les épaules de Christophe d'une manière excessive et son poids augmentait toujours, de sorte que Christophe commença à avoir peur. Et, quand enfin il eut passé la rivière et qu'il eut déposé l'enfant sur la rive, il lui dit : « Tu
« m'a mis dans un grand péril, enfant, tu m'as sur-
« chargé d'un si grand poids qu'il me semblait que si
« j'avais eu le monde entier sur mes épaules je n'au-
« rais pas eu un plus lourd fardeau. » Et l'enfant répondit : « Ne t'en étonne pas, Christophe, car non
« seulement tu as eu sur tes épaules le monde entier,
« mais encore celui qui a créé le monde ; car je suis
« le Christ, celui pour lequel tu accomplis l'œuvre que
« tu as entreprise ; et, afin que je te donne un témoi-
« gnage de ma parole, plante ton bâton dans le sable
« et, demain, tu verras qu'il s'est couvert de feuilles et
« de fleurs. » Et aussitôt il disparut. Christophe en-

fonça son bâton dans le sable, et le lendemain il le vit fleuri comme un palmier et couvert de dattes. »

Cette légende singulière a été fixée dès les temps les plus anciens par l'iconographie chrétienne dans toutes les contrées où le culte de saint Christophe s'est établi. Peinture ou statuaire, saint Christophe est représenté sous la forme d'un géant portant l'enfant Jésus sur ses épaules, passant la *mer* sans être complètement mouillé et s'appuyant sur un tronc d'arbre verdoyant orné de sa cime et de ses racines (1).

« Assurément, dans cette image du confesseur de la foi, rien ne rappelle l'apostolat ou le martyre. Cette représentation n'étant nullement applicable aux événements de la vie de saint Christophe, évidemment elle ne saurait porter que sur son *nom*. Or, on a donné à ce nom, réellement symbolique, une expression qui ne pouvant concerner le passé, nécessairement alors regarde l'avenir.

1. La tradition qui fait traverser à saint Christophe un simple fleuve paraît être d'origine germanique. « Pour trouver l'exacte représentation du colosse emblématique, dit le Comte Roselly de Lorgues, il faut chercher aux pays méridionaux. Là, saint Christophe est bien le géant qui porte Jésus et passe la grande mer, n'ayant de l'eau que jusqu'à la ceinture, tenant en guise de bâton l'arbre mystique à transplanter, ou même ayant à la main la Croix qu'il va porter de l'autre côté de la mer. Le saint voyageur est tellement revêtu de ses attributs de missionnaire qu'il tient appendue à sa ceinture la gourde du voyage...

« Et il est si naturel de voir dans la mission catholique de Colomb l'explication de la figure de saint Christophe, que le premier géographe de l'époque de la Découverte, Juan de la Cosa, en achevant de dessiner la carte du Nouveau Monde et de montrer le moderne progrès géographique dû à Colomb ; au lieu de nommer le vainqueur de la MER TÉNÉBREUSE, se contenta de peindre l'image symbolique du saint qui porte le Christ à travers la mer. A ses yeux la prédiction contenue dans cette religieuse figure était enfin réalisée. »

« Ce fait implique forcément l'existence d'une *prophétie* depuis longtemps mystérieuse dont on ignore à présent l'origine, mais sur laquelle a été nécessairement construit le type sculptural de saint Christophe, tel que le produisit d'abord l'Orient, et tel que le conserve encore le midi de l'Europe chrétienne. De là, il est permis d'induire que cette prophétie fut peut-être contemporaine du martyre de saint Christophe. Il ne serait pas impossible que cette figure fût littéralement la reproduction en pierre de la prophétie du saint qui, le premier, prit le nom de Porte-Christ, et aurait annoncé qu'un jour un grand homme, portant aussi le Christ dans son nom, transporterait effectivement la loi de Jésus-Christ à travers la mer Océane. Ceci expliquerait comment le génie oriental, donnant au saint martyr l'emblème du saint voyageur annoncé, a taillé un homme colossal, en rapport avec son œuvre gigantesque. Par une exception unique dans l'iconographie sacrée et les usages du culte, la piété populaire adopta ces attributs figuratifs de l'avenir. L'Église a donné asile aux colossales effigies de saint Christophe, qui, en rendant hommage au géant martyr de la foi, représentaient l'Apostolat futur d'un grand homme qui porterait le Christ.

« Pour tout esprit sérieux, il devient évident : 1° qu'une tradition mystérieuse a occasionné la figure de cette statue symbolique annonçant l'avenir, au lieu de rappeler le passé ; et pour cela dépouillée de tous les souvenirs de la vie apostolique et de la palme martyréenne de saint Christophe, et le représentant uniquement là surtout où il n'alla jamais, sur la mer ; lui faisant traverser les flots, tandis qu'il n'évangélisa que ır la terre ; 2° que la connaissance de cette prophétie, ause de l'effigie colossale, s'étant perdue, on a postérieurement composé sur l'effigie elle-même une légende ieuse qui a subi des altérations et reçu des variantes elon les temps et les lieux. Il demeure certain que 'Orient fut l'origine de cette tradition, et que là, s'élevèrent les premières églises et les premières statues de saint Christophe.

« Décomposons l'emblème ; les détails nous feront trouver aisément la signification de l'ensemble.

« Ce saint géant est un très grand chrétien, un héros du catholicisme. — Il porte au delà de la mer Jésus enfant, c'est-à-dire l'aurore de l'Évangile sur la terre nouvelle. — Le petit Jésus tient en sa main la boule du monde surmontée de la Croix. Cette sphéricité du globe résume d'avance le système entier de la Découverte. — La Croix surmontant le globe annonce l'effusion de l'Évangile parmi tous les peuples. — Le Géant catholique, le front ceint de l'auréole, indice de la sainteté, s'appuie, en traversant les flots, sur un tronc d'arbre florissant, portant des feuilles et des fruits, qui rappelle à la fois la verge fleurie d'Aaron, la racine de Jessé, le tronc de l'arbre du Salut, ce bois qui a sauvé le monde. — Il est à noter que cet arbre porte au sommet des palmes dattifères, caractéristiques de l'Orient, et au bas, des racines chevelues, image de la transplantation, de la culture nouvelle. — En outre, la vieille devise latine de saint Christophe, exprimant la bonté de cet apôtre géant, à douceur de Colombe, et la Bonne Nouvelle dont il est porteur, dit : QUI TE MANE VIDENT, NOCTURNO TEMPORE RIDENT. Ces paroles, évidemment, impliquent le mouvement futur, le voyage à venir, et ne peuvent en aucune sorte se rapporter au passé.

« Il est à remarquer, dit, en terminant, le Comte Roselly de Lorgues, que, depuis la Découverte, les statues de saint Christophe sont moins colossales et ses chapelles moins nombreuses qu'avant cette époque. On conserve celles qui existaient; on en érige rarement de nouvelles sous son vocable. Maintenant, la gigantesque effigie a reçu son explication. Désormais, on peut rendre au martyr syrien la palme de son triomphe, la couronne de sa victoire. Il nous reste seulement à vénérer en lui le martyr de Jésus-Christ, et probablement l'auteur ou l'occasion de cette prophétie mystérieuse que Colomb, le Révélateur du Globe, fut chargé d'accomplir (1). »

Si Christophe Colomb pouvait être grandi, combien cette prophétie écrite le long de dix siècles dans le bois ou dans la pierre ne le grandirait-elle pas ! Je dirai plus loin comment de pieux et savants interprètes ont distinctement aperçu l'Inventeur du Nouveau Monde à travers les énigmes et les figures du Saint Livre. Mais, dans une société qui ne sait plus ce que c'est que la Parole de Dieu, cette espèce de vaticination archéologique doit avoir une portée plus grande et pénétrer un plus grand nombre d'esprits. Pour moi, qui ne répugne pas au merveilleux, je ne me sens pas infiniment éloigné d'accepter comme historique le récit naïf de la *Légende dorée* et de croire que la prophétie *conjecturée* par le sagace historien est simplement cet épisode de la vie du

---

1. *Histoire de la vie et des voyages de Christophe Colomb*, par le Comte Roselly de Lorgues, liv. IV, ch. x.

gigantesque passeur de l'Enfant divin. La circonstance du fleuve au lieu de la mer a peu d'importance au point de vue symbolique, puisque, dans les deux cas, il s'agit de porter Jésus au travers d'une eau quelconque, mais d'une eau ennemie et qui ne peut être vaincue que par la force colossale du bon géant.

Quoi qu'il en soit, il est permis de demander quel homme historique, quel héritier de gloire, quel naissant couronné, quel porphyrogénète fut jamais de plus grande race que celui-là ? La transmission physiologique d'un *sang* plus ou moins pourpre ou azur n'est pas absolument tout pour des penseurs spiritualistes et providentiels. Au-dessus de la race physique, ils admettent encore une mystérieuse lignée des âmes à la manière de la postérité d'Abraham, ou, plus profondément encore, à la manière de saint Jean-Baptiste renouvelant le prophète Élie, dans l'*esprit* et dans la *vertu* de leur commune prédestination.

Christophe Colomb a écrit lui-même : « Je ne suis pas le premier Amiral de ma famille. » Il aurait pu dire tout aussi bien qu'il n'en était pas non plus le premier prince, ni le premier prophète, ni le premier apôtre, ni le premier martyr et envelopper ainsi d'une seule étreinte d'amour filial l'imperceptible groupe des plus sublimes créatures humaines. Assurément, cet Amplificateur de la Création n'est d'aucune façon le fils du Hasard, comme voudraient le faire croire les misérables Enfants-Trouvés de la Libre Pensée qui ont imaginé de supprimer la Providence pour écarter les inconvénients divins de la Réversibilité. Celui qui devait être l'Ambassadeur de Dieu et le Héraut de Jésus-Christ est venu au monde en son temps et à son heure comme l'épanouissement définitif et splendide d'une séculaire poussée de grandes âmes...

« Tout homme, dit Blanc de Saint-Bonnet, est l'addition de sa race ; la sainteté couronne et souvent porte au ciel les familles dont tous les rameaux ont donné leurs fruits sur la terre. »

IV

Les premières années et la jeunesse de Christophe Colomb sont assez obscures. On sait seulement d'une manière certaine, qu'il naquit à Gênes (1) et que son père, Dominique Colomb, homme très pauvre et de rare vertu, frappé de l'intelligence extraordinaire de son fils, s'efforça de seconder la nature et de lui procurer l'instruction la plus complète qui se donnât alors. On ignore quels furent ses maîtres à l'Université de Pavie où il l'envoya et le profit que le jeune intuitif put

1. On sait qu'un assez grand nombre de villes ou villages ont absolument voulu être la patrie de Colomb. Savone, Cucarro dans le Montferrat, Pradello dans le Plaisantin, Oneglia, Finale, Boggiasco, Cogoletto, Quinto, et Nervi dans la Rivière de Gênes, ont été successivement ou simultanément éloquentes dans ce sens par la voix de leurs archéologues ou de leurs aubergistes. Cette prétention est simplement comique, mais ce qui l'est énormément, c'est le récent travail d'un certain abbé Casanova, tendant à établir que Christophe Colomb est né en Corse. Cet abbé est peut-être le seul Corse aimé du journal *le Siècle*, lequel a publié sa petite scolie patriotique. Dans l'acte d'Institution de Majorat, fait le 22 février 1498, au profit de sa descendance, le grand Amiral extermine toute cette science en quelques mots : « Siendo yo nacido en Genova, dit-il, ciudad noble y poderosa por la mar. » — « C'est de là que je suis sorti et c'est là que je suis né, « della sali, y en ella naci. »

retirer de leur docte bavardage (1). A l'âge de quatorze ans il était déjà marin et il le fut toute sa vie. Un précoce amour mystique de la nature qui le portait à la contemplation des œuvres divines et un secret instinct de découvertes géographiques lui firent préférer la mer aux travaux sédentaires et monotones de sa famille. Des hommes de son nom et de son sang s'étaient d'ailleurs illustrés dans la marine militaire. « J'entrai tout petit à la mer, écrivait-il dans sa vieillesse, pour m'adonner à la navigation et j'ai continué jusqu'à ce jour. Cette carrière porte qui la suit à vouloir pénétrer les secrets de ce monde... Quoique je sois un très grand pécheur, la compassion et la miséricorde de Notre-Seigneur que j'ai toujours implorées, couvrant mes fautes, m'ont tout à fait comblé. J'ai trouvé la plus suave consolation

---

1. L'antique Université de Pavie, au bout de quatre siècles, s'est enfin avisée de la gloire de Christophe Colomb. Cette vieille mère s'est souvenue du plus illustre de tous ses fils et s'est décidée à lui élever un monument en vue d'éterniser le souvenir des deux ou trois années pendant lesquelles elle allaitait l'enfance du vainqueur de la mer Ténébreuse. Je ne connais pas la valeur esthétique de ce monument. Les universités italiennes ne sont pas des princesses d'Este ou de Médicis, et, d'ailleurs, le temps actuel n'est pas à la magnificence. Je sais seulement qu'un buste de Colomb surmonte un reliquaire de marbre, au centre duquel se trouve enfermée une parcelle des ossements de l'Amiral, offerte par S. Exc. l'archevêque de Santo-Domingo. L'inauguration de cette effigie a eu lieu le 18 juin 1882.

Quelque misérable que puisse être cette fête au point de vue de la gloire catholique de Colomb, elle a, du moins la valeur d'un témoignage à ajouter à une multitude d'autres en faveur du plus sublime des Méconnus, après plus de trois siècles d'obscurcissements et d'injustice. C'est quelque chose comme le retour de la conscience humaine *prodigue*. Cet événement de peu de portée aura ceci d'heureux qu'il servira à fixer authentiquement un point contesté de la vie du grand homme. Les moindres particularités deviennent des choses très graves aux yeux de l'Église, quand il s'agit de la canonisation d'un saint.

à mettre tout mon soin dans la contemplation du merveilleux aspect de son œuvre. »

La première fois qu'un document historique permet de saisir sa trace, il navigue sous le pavillon français. Il est déjà homme de mer et l'un des officiers du fameux Colombo, son grand-oncle qui commandait une flotte pour le compte du roi Réné contre le royaume de Naples en 1459. Vers cette époque, le roi Réné lui donnait un commandement personnel. Il guerroya quelque temps sur mer et c'est à l'issue d'un combat terrible en plein Océan et son navire ayant pris feu, qu'il dut se jeter à la mer et franchir à la nage l'énorme distance qui le séparait de la côte du Portugal où il aborda miraculeusement vers 1470. Il achevait alors sa trente-troisième année. A ce moment, commence, à proprement parler, sa merveilleuse histoire.

Comme il serait ridicule de prétendre tracer ici une biographie détaillée et complète, nous allons presser les événements. Marié à Lisbonne peu de temps après son naufrage, à la fille d'un gentilhomme italien sans fortune, il dut interrompre ses voyages et se mit à faire des cartes et des manuscrits pour assurer le pain de chaque jour. Le Portugal était alors le pays des audacieuses expéditions de mer. Une immense curiosité portait aux découvertes lointaines un grand nombre de navigateurs. Madère et les îles du Cap-Vert avaient été rencontrées. D'année en année, les Portugais s'avançaient sur la côte occidentale de l'Afrique. Colomb, providentiellement porté, malgré lui, au centre des idées qui devaient agrandir ses vues, acquit des notions de plus en plus avancées sur l'Océan et les régions du Midi. Le pressentiment *humainement inexplicable* de sa Mission grandissait alors silencieusement en lui. Quelque temps après son mariage, il eut occasion de reprendre la mer et de faire quelques voyages aux îles les plus avancées dans l'Atlantique et put ainsi étendre le domaine de son expérience et l'échelle de ses comparaisons. Dès l'année 1474, sa détermination d'aller à la découverte des terres qu'il pressentait exister dans l'Ouest était arrêtée. En 1476, ayant atteint sa quarantième année, il résolut de tenter la réalisation de son plan. Pour cela, ses yeux se tournèrent naturellement vers sa patrie. Les témoignages les plus positifs prouvent qu'il s'adressa d'abord au Sénat de Gênes. Mais les raisons cosmographiques sur lesquelles il s'appuyait, ne pouvaient être bien appréciées des nobles membres de cette compagnie. Les progrès que faisaient chaque jour les Portugais dans la géographie ne les avaient pas encore atteints.

Refusé par Gênes, Christophe Colomb passa, dit-on, à Venise où il ne fut pas plus heureux. Il s'adressa alors à Joam II, roi de Portugal. Ce prince, qu'on surnommait le *Parfait*, à cause de sa grande pénétration, discerna bientôt dans la personne de Colomb et dans ses propositions quelque chose d'immense et de supérieur. Mais les conditions posées par ce dernier lui paraissant inacceptables, il ne se détermina pas sur-le-champ. Une commission scientifique — hélas ! il en existait déjà, — fut chargée de l'examen de son plan et, naturellement, conclut au rejet de cette nouveauté, toutefois sans pouvoir convaincre le Roi que l'énormité des prétentions de l'Inventeur empêchait, seule, de tenter l'entreprise. Après d'assez longs délais, un des conseillers lui suggéra le moyen de concilier son désir d'expédition avec ce qu'ils appelaient la dignité de la couronne. Ce moyen consistait à munir secrètement du plan et des instructions de Colomb un bon pilote portugais et à l'envoyer à la découverte dans la route indiquée. Connaissance prise de la terre que cherchait cet étranger, on ne serait plus obligé de lui accorder une bien grande récompense. Le Roi eut le malheur de consentir à cette félonie.

Ici, le Surnaturel d'*exception*, le Surnaturel particulier à la Mission du Révélateur, fait apparition dans son histoire. Colomb fut invité à déposer sans retard le détail de son projet avec les preuves à l'appui, en un mot, tous les moyens d'exécuter son entreprise. Aussitôt un des plus habiles capitaines de la marine portugaise fut dépêché vers l'Occident. Mais ce qu'on n'avait pu ravir à l'Homme de Dieu, c'était le *don* mystérieux, reçu d'en haut, pour l'accomplissement de son œuvre. Le succès était providentiellement attaché à sa personne et LUI SEUL pouvait découvrir le Nouveau Monde. On comprit cela beaucoup plus tard.

« La personne de Colomb et sa découverte, dit le Comte Roselly de Lorgues, étaient les deux termes d'une céleste mathémathique. » *Rien* ne suffisait, humainement, pour la découverte. Il fallait la *personne* de celui qui portait, inscrite jusque dans son nom, cette vocation miraculeuse. Je sais que cela est tout à fait incompréhensible et, par conséquent, tout à fait absurde pour la plupart des hommes de ce temps d'égalité, qui, voulant ressusciter l'antiquité en haine du christianisme, n'ont réussi à substituer au polythéisme païen qu'un polythéisme ridicule de vanités exaspérées et impuissantes. Il faut être trois fois docteur pour savoir aujourd'hui ce que c'est que la *personne humaine*, cette gigantesque royauté solitaire que l'Église avait reconstruite tout entière des reliefs déshonorés du festin de Tantale, ramassés dans le sang du Fils de Dieu. La personne humaine n'est plus rien désormais qu'une unité mathématique sous l'aveugle despotisme du Nombre. Que voulez-vous que comprenne aux vocations surnaturelles et aux divins esclavages de l'amour, cette abjecte esclave de l'opinion, et qu'espérez-vous produire en elle en lui parlant de sa grandeur et des éternelles particularités de sa prédestination?

Le navire du traître monarque, épouvanté de l'immensité de l'Atlantique, et d'ailleurs battu par la tempête, rebroussa chemin et retourna honteusement d'où il était parti. Le Révélateur du Globe, profondément ulcéré de cette déloyauté, réalisa secrètement ce qui pouvait lui revenir du chef de sa femme morte depuis peu et, vers la fin de 1484, s'enfuit de Lisbonne avec son jeune fils Diego. Quelques années après, Joam II, apprenant que Colomb était en instance à la Cour de Castille et pressentant l'énorme perte qu'allait faire sa couronne, voulut renouer les négociations au point où elles avaient été interrompues et sur le même pied de grandeur. Tout fut inutile, le Portugal perdit la moitié du monde.

Il y avait alors à une demi-lieue de Palos, en vue de l'Océan, un humble monastère de Franciscains dédié à la Mère de Dieu. Il s'appelait Santa-Maria-de-la-Rabida. Ce monastère, maintenant abandonné, est peut-être destiné à devenir, quelque jour, un lieu de pèlerinage pour toute la terre, car c'est là que fut élaborée devant Dieu, dans le silence amoureux de la prière, la plus grande pensée de la chrétienté. En juillet 1485, le Père Gardien de ce couvent, frère Juan Perez de Marcheña vit arriver un voyageur accompagné d'un petit enfant, venus tous les deux à pied. Ce voyageur fort écarté de sa route, demandait un verre d'eau et un peu de pain pour son fils. Interrogé, il répondit très simplement qu'il venait d'Italie et qu'il allait à la Cour voir les Rois afin de leur communiquer un projet important. Le Père Gardien, vivement intéressé, engagea l'étranger à entrer dans le cloître pour s'y reposer un peu. Ce voyageur était Christophe Colomb. A dater de cette rencontre, le patriarche des Missionnaires appartient de droit et de fait à la famille franciscaine dont il porta le saint habit jusqu'à son dernier jour. Frère Juan Pérez n'était pas un homme ordinaire. La reine Isabelle dont il avait été quelque temps le confesseur, ne l'estimait pas seulement comme religieux d'une sainte vie, comme guide spirituel et grand théologien, elle le tenait pour habile astronome et excellent cosmographe. Une sainte intimité s'établit entre ces deux hommes que l'histoire ne séparera plus (1).

Christophe Colomb reposa son corps et son âme dans cette maison de paix. Il y travailla à son perfectionnement intérieur. Il voulait par la prière, la pureté, devenir moins indigne d'accomplir l'œuvre immense

---

1. Le monastère de la Rabida, presque entièrement ruiné, a été restauré, en 1855, par les ordres et aux frais personnels de Mgr le duc de Montpensier. Autant que possible la cellule du P. gardien Juan Perez de Marcheña a été rétablie dans son premier état. On y voit le portrait de Christophe Colomb et quatre tableaux retraçant les scènes principales de sa vie. Il est infiniment honorable pour ce prince d'Orléans d'avoir payé, au nom de la France, la dette d'honneur qu'oubliait d'acquitter l'Espagne.

dont il se sentait chargé. Indubitablement, ce fut là qu'il acquit cette connaissance variée des œuvres théologiques dont il fit preuve depuis. Tout homme du monde qu'il était encore, il aspirait du fond de son cœur à célébrer la gloire de Jésus-Christ. Le franciscain reconnut en lui la marque d'une élection providentielle. C'est pourquoi il s'intéressa à sa destinée et s'y attacha d'un dévouement qui ne finit qu'avec lui-même. Touchant et poétique épisode de l'existence la plus surhumaine qui fut peut-être jamais ! Le souvenir de cette retraite et de cet ami dut réconforter plus tard le navigateur de Dieu, dans les solitudes et les abandonnements de sa Mission. Le Sacrement était loin alors ; l'appel religieux d'aucune cloche n'arrivait plus à lui à travers les espaces bouleversés de l'immense mer, et cette âme chrétienne, plus immense et plus solitaire encore, dut avoir à souffrir les pesantes agonies et les noires tentations de la mélancolie des exilés. Ah ! Dieu fait les grands hommes à la taille de leur destinée et il mesure parcimonieusement les consolations terrestres à ces enfants gâtés de la douleur !...

Christophe Colomb prit enfin congé du vénérable Gardien et se mit en route pour Cordoue où résidaient alors Ferdinand d'Aragon et Isabelle de Castille que leurs sujets et l'Europe contemporaine désignaient déjà sous ce seul nom magnifique conservé par l'histoire : les Rois Catholiques !

V

A son arrivée en Espagne, en 1485, Christophe Colomb avait environ cinquante ans et commençait d'être un vieillard. « Parmi les contemporains, trois écrivains surtout nous ont laissé de sa personne trois descriptions d'après lesquelles il est permis de s'en former une idée très approximative. Ce sont : — d'abord, son second fils, don Fernando Colomb, devenu son biographe ; — puis, l'archichronographe impérial Oviedo, à qui ses fonctions de page de l'Infant don Juan permirent de l'apercevoir souvent ; — et enfin, le célèbre Barthélemy Las Casas, lequel, ainsi que son père, en avait reçu des bontés personnelles. Chacun de ces historiens dont aucun n'a copié les autres, fait à sa manière le signalement plutôt que le portrait du grand homme. Toutefois leurs détails trop abrégés, se complètent par d'autres témoignages qui ont aussi leur importance : tel est celui du Milanais Girolamo Benzoni, qui visita le Nouveau Monde pendant que les souvenirs de son Inventeur y vivaient encore, et put s'y entretenir avec nombre de gens ayant jadis servi sous ses ordres. Les historiens, en parfait accord sur la physionomie de Colomb, la forme de ses traits, la couleur des yeux, le teint, la chevelure, diffèrent quelque peu au sujet de sa taille. Cependant des renseignements précis devaient exclure le plus léger doute. Christophe était d'une taille élevée, cela est certain. On sait d'ailleurs que l'intrépide Barthélemy Colomb, doué d'une constitution athlétique, par conséquent d'une stature assez haute, était moins grand que son frère aîné. Las Casas, qui les connaissait l'un et l'autre, le dit positivement (1). »

Je voudrais, en m'aidant de ces données malheureusement incomplètes et du portrait attribué à Antonio del Rincon, évoquer cette auguste physionomie que l'Église catholique va peut-être proposer à la vénération de tous ses peuples. Je ne me dissimule pas que cela est fort difficile et quelque peu téméraire. C'est une étrange et profonde attestation de notre néant que l'extrême difficulté de reconstituer d'une manière certaine la figure mortelle d'un grand homme, lorsque quelques siècles seulement nous en séparent et si l'art le plus sublime n'a point accompli le miracle de nous la conserver. Cette difficulté devient même l'impossible absolu quand il faut remonter un peu haut dans l'histoire.

A une certaine profondeur, il est vrai de dire que les anciens nous sont plus proches que les modernes. Adam, de qui nous tenons tout ce qui est de l'homme, est infiniment plus notre père que celui par qui nous fûmes immédiatement engendrés et qui ne pouvait nous transmettre, en surcroît du patrimoine commun de l'humanité, que le triste contingent des particulari-

1. *Hist. de Chr. Col.*, par le Comte Roselly de Lorgues, l. I, ch. II.

tés de sa détresse. La science contemporaine, cette galère capitane de tous les forçats du matérialisme, a récemment constaté, pour lui donner le nom bénin d'*atavisme*, le retentissement physiologique de cette haute loi spirituelle qu'elle ignore très fermement.

Eh bien ! ce sont précisément ces grandes figures, si effacées par le temps, que nous serions le plus altérés de connaître ! Moïse et Abraham, par exemple, — si près de nous par toutes les habitudes de notre éducation et de notre pensée qu'ils semblent adhérer à notre chair et à notre sang, — nous sont tellement inconnus, quant à la forme extérieure, que c'est une espèce de rêve de s'en souvenir et qu'ils ont l'air de n'avoir été révélés à nos âmes aveugles que pour servir d'aliment éternel à notre plus irrémédiable curiosité. Que dis-je ? Notre-Seigneur lui-même, ce Verbe de Dieu fait chair, ce véritable Homme en qui nous avons l'être, le mouvement et la vie, nous est si totalement inconnu par les traits de son Visage qu'il faut être un grand saint pour en deviner quelque chose et que c'est la plus glorieuse des faveurs divines de l'entrevoir seulement dans la plus brûlante des extases !

Il a plu à Dieu que l'image de son plus grand serviteur dans les temps modernes nous fût à peine moins inconnue que la sienne propre. Pourtant, c'était la grande époque des apothéoses de la face humaine. De César Borgia à François 1er, tout ce qui parut avoir quelque relief dans la boue du siècle fut immortalisé par le phénix de l'Art antique qui renaissait alors de toutes les cendres impures que le spiritualisme pénitent du moyen âge avait dispersées pendant mille ans aux quatre vents du ciel. Christophe Colomb fut oublié par les maîtres de l'art, comme il fut oublié par les maîtres de la terre et comme il devait l'être si longtemps par l'injuste histoire, si maternelle à tant d'avortons fameux et qui ne résiste ordinairement aux Humbles que pour conforter les Superbes et les Dégoûtants.

Voici donc, je crois, tout ce qu'il est possible de conjecturer de la personne physique de Colomb sous le nimbe probable de sa future gloire d'apôtre et de confesseur de Jésus-Christ.

Grand par la taille, comme il convenait à ce type réalisé de l'ancienne prophétie du Porte-Christ, rouvre par la force patiente et calme, ses attitudes et sa démarche le faisaient paraître plus grand encore et presque formidable lorsque l'enthousiasme de l'amour ou l'emportement de son génie secouait ce puissant vaisseau d'élection divine, bâti pour rompre les ailes de toutes les tempêtes. « Homme noble et d'autorité, ce que son pourfil et contenance montrait fort bien », dit Oviedo (1), il avait ce que ne donne nulle éducation et nulle superbe, c'est-à-dire ce très grand air qui tire soudainement un homme du milieu de cent mille hommes, comme si la main du Seigneur — qui *était avec Jean*, dit l'Évangile — apparaissait tout à coup sur lui, lumineuse, éblouissante, irrésistible... Cette manière d'être, mille fois plus étonnante qu'on ne le suppose, est le signe sensible par lequel furent toujours manifestés les rares êtres créés pour commander et c'est aussi le stigmate surnaturel de cette sorte de choix divin qui s'est toujours appelé la noblesse parmi les hommes.

Le visage de Colomb, « rostre autoritaire, *rostro*

1. *Histoire naturelle et générale des Indes*, l. II, ch. III; trad. de Jean Poleur, valet de chambre de François 1er.

autorizado », suivant l'expression d'Herrera, était d'un ovale très pur. Les pommettes un peu saillantes et les joues arrondies sans embonpoint ni maigreur, décrivaient avec le menton à fossette une ligne assez allongée pour que la partie inférieure n'eût rien de cette lourdeur sensuelle qui déshonore tant de faces idéales et qui est si choquante, par exemple, dans la maison de Bourbon et dans la maison d'Autriche. Il n'est fait mention de barbe dans aucune description et, certes, si l'aimable héros qui voulut toute sa vie ressembler à un enfant en avait porté, nul doute que ses contemporains, ennemis pour la plupart, ne nous en eussent informés, par une sorte d'intuition haineuse d'un vague ridicule. La barbe paraît avoir quelque chose d'hiératique et d'oriental qui ne convenait pas au Révélateur apostolique de l'extrême Occident.

Le front très vaste, — coupole surélevée de ce tabernacle de lumière, et nettement bombé au-dessus de l'arcade, devait étonner, chez un tel homme d'action, ceux qui ne savaient pas ou qui étaient incapables de comprendre l'indicible don de contemplation de ce disciple du Verbe. Les sourcils déliés et légèrement froncés, comme l'arc bandé de quelque divin sagittaire, tempéraient, par le repli habituel et quelque peu mélancolique de la plus auguste méditation, l'extrême douceur de la physionomie, sans exprimer toutefois ni dureté ni menace. D'ailleurs, ils abritaient des yeux d'une telle paix et d'une si sereine candeur que les serviteurs infidèles, contre lesquels l'Amiral eut à combattre toute sa vie, ne tremblèrent jamais devant ce bon maître chez qui les larmes de l'universelle pitié divine éteignaient presque aussitôt la flamme des plus dévorantes indignations. « Tes yeux sont comme les yeux des colombes », dit le bien-aimé du Cantique. Et qui donc a été plus semblable que Christophe Colomb à cette figure biblique de la méditation gémissante et inépuisablement miséricordieuse? Ses yeux, du bleu clair et noyé de la dilection contemplative, avaient cette teinte, étrange à force de douceur, que les Espagnols expriment par le mot *garzo* qui correspond dans notre langue à la nuance minérale qu'on appelle *lait de lune* et dont le nom seul donne la sensation du rêve !

Le nez aquilin, révélateur de la grande race de l'Ambassadeur de Jésus-Christ, se terminait par des narines ouvertes et palpitantes de héros qui avaient l'air d'aspirer la douleur ambiante, atmosphérique, et se déployaient au-dessus d'une fine bouche aux coins élevés, à la lèvre inférieure imperceptiblement débordante, comme on le remarque chez la plupart des hommes dont la bonté va jusqu'à la tendresse. Dieu est jaloux de la bouche humaine, on le voit à toute page de l'ancienne loi, et c'est à la *bouche* que le Serpent s'adresse pour faire tomber les Premiers Coupables. « La bouche du juste est la *veine* de la vie, » dit Salomon et « la matrice de la sagesse (1). » C'est l'organe privilégié de l'amour humain aussi bien que de l'amour eucharistique et c'est dans la bouche ouverte de David que s'envolait l'Esprit du Seigneur (2). Il semble donc que ce soit surtout à la bouche que Jésus voudra reconnaître ses justes, au premier rang desquels apparaît Christophe Colomb, très doux prince et prophète de la loi de

1. Prov. X, 11, 31.
2. Psalm. CXVIII, 131.

grâce, qui « ouvrit sa bouche dans le milieu de l'Église » et qui descendit jusqu'à sa tombe le grand Escalier des Géants de la calomnie dont chaque marche était un outrage, sans aucune parole terrible ou amère contre les ingrats qui lui faisaient cette excessive infortune.

L'ensemble de son visage marqué de quelques taches de rousseur et ardemment coloré, par l'habitude d'affronter tous les souffles de l'Océan, restait, — sous la couronne d'honneur de ses précoces cheveux blancs, — dans l'œil étonné de ceux de ses contemporains qui le voyaient pour la première fois. Il y restait fortement et longuement comme une extraordinaire effigie vivante de la grandeur de l'homme et puis, du regard il montait dans la pensée pour n'en plus descendre ; image très parfaite de la force chrétienne patiente et calme qu'aucun oubli n'était capable d'effacer.

Plus tard, quand le Héros, épuisé de prodiges et n'ayant plus une ingratitude humaine à connaître, approcha de ses derniers jours, les historiens et les artistes pensèrent moins que jamais à nous conserver les traits de ce patriarche sans faveur qu'il eût été si dangereux d'admirer. Mais l'imagination nous fait assez deviner ce que dut être cet auguste abandonné dont le seul aspect remuait toutes les fanges de l'envie, de la cupidité et du mensonge dans l'âme ignoble du roi Ferdinand. Christophe Colomb, purifié sept fois, — comme l'argent divin du psalmiste, — par cinquante ans au moins d'une vie chaste et contemplative qui était comme le support mystique de sa dévorante activité d'apôtre ; éprouvé par tout ce qui peut éprouver l'homme et saturé de douleurs d'amour que les anges seuls sont assez purs pour comprendre ; Christophe Colomb, incliné vers la mort et s'en allant dépouillé et nu devant son Juge, devait paraître incomparablement plus sublime, dans ce dépouillement et cette nudité, que dans l'éclat triomphal de sa passagère fortune.....

Mais, aujourd'hui, il me semble que les quatre cents ans de notre histoire moderne reculent et s'entr'ouvrent devant cette majesté !

VI

A ce moment, l'adolescente Espagne, morcelée naguère en une demi-douzaine de souverainetés séparées, commençait sa prodigieuse existence de nation et tendait à devenir cette toute-puissante monarchie, la plus opulente de l'univers, qui devait, cinquante ans plus tard, ceindre toute la terre de ses deux bras étendus en forme de croix. Sous le nom de Renaissance, un paganisme enivrant s'abattait sur les peuples de Jésus-Christ. De grands changements s'opéraient en Europe, des déplacements inouis de civilisation menaçaient la sécurité universelle et faisaient trembler pour la robe sans couture de la Papauté. Constantinople venait de succomber et Luther allait naître. La plus triomphante pourvoyeuse de l'Hérésie, l'Imprimerie était découverte. En Angleterre, la race funeste des Tudors était victorieuse; en France, la boueuse orgie des derniers Valois allait commencer. Un pressentiment universel annonçait l'accomplissement prochain de quelque immense Décret.

Isabelle la Catholique, accablée de sa guerre d'expulsion contre les Maures et des soins infinis de l'administration de ses États, ne comprit pas tout d'abord Christophe Colomb (1). Pendant six mortelles années, ses sentiments pour le plus sublime de tous les solliciteurs, n'allèrent pas au delà d'une vague estime, accompagnée d'une profonde et secourable pitié. Ce que durent être l'agonie et le crucifiement de cette attente, Celui-là seul peut le savoir, qui pèse les douleurs des martyrs dans la balance d'or de l'éternelle gloire ! Christophe Colomb, père selon la Grâce, de deux ou trois cents millions d'Indiens privés de l'Évangile, voyait s'ajourner indéfiniment la délivrance qu'il mourait du désir de leur apporter. Peut-être même ne savait-il pas si son Secret ne mourrait pas avec lui ! Le Dieu des Patients le laissait probablement dans cette incertitude épouvantable. Il se remaria, ajoutant ainsi

---

1. Voici, telle que nous l'a conservée Fernando Colomb, second fils de l'Amiral, la lettre que celui-ci écrivit à Ferdinand, dès le début de son séjour en Espagne :

« Sérénissime Prince, — Je navigue dès ma jeunesse. Il y a près de quarante ans que je cours les mers. J'en ai visité tous les parages connus, et j'ai conversé avec un grand nombre d'hommes savants, avec des ecclésiastiques, des séculiers, des Latins, des Grecs, des Maures et des personnes de toutes sortes de religions. J'ai acquis quelque connaissance dans la navigation, dans l'astronomie et la géométrie. Je suis assez expert pour dessiner la carte du monde, et placer les villes, les rivières et les montagnes aux lieux où elles sont situées. Je me suis appliqué aux livres de cosmographie, d'histoire et de philosophie. Je me sens présentement porté à entreprendre la découverte des Indes ; et je viens à Votre Altesse pour la supplier de favoriser mon entreprise. Je ne doute pas que ceux qui l'apprendront ne s'en moquent ; mais si Votre Altesse me veut donner les moyens de l'exécuter, quelques obstacles qu'on y trouve, j'espère la faire réussir. »

Cette lettre, si semblable aux autres écrits de Colomb, est d'une telle simplicité qu'elle en paraît singulière. Considérez le style de cet homme qui va, en une manière, parachever l'Œuvre des sept jours et qui n'a rien à dire, sinon qu'il a *acquis quelque connaissance* qu'il *se sent porté* et qu'il *espère* !

l'intérêt déchirant d'une tendresse humaine à tous les autres glaives qu'il avait déjà dans le cœur...

Vainement, le roi de Portugal, honteux de sa fourberie et devinant qu'une immense gloire allait lui échapper, s'efforçait, comme je l'ai dit, de ramener à lui l'envoyé de Dieu qu'il avait méconnu et alla jusqu'à lui écrire de sa propre main. Christophe Colomb, outragé dans sa mission, était plus difficile à reconquérir que tout un monde perdu. La Majesté Très Fidèle y perdit ses peines et la Colombe, plus fidèle encore, ne répondit pas. Les succès inouïs de l'Espagne contre l'islamisme, succès qui allaient aboutir par la prise de Grenade à la définitive expulsion des ennemis de la Croix, après une lutte de 778 ans, paraissaient au Missionnaire inspiré un signe d'élection divine sur ce peuple de héros. Lui-même perdu dans les rangs subalternes, il prit part au siége de Baza, en qualité de simple volontaire. Il avait le temps de souffrir et de combattre. Le rapport de la Junte savante, réunie à Salamanque par ordre des Rois pour y examiner son projet de circumnavigation et de découverte, avait conclu unanimement à l'IMPOSSIBLE. Colomb, soutenu par une secrète espérance et un invincible pressentiment de la généreuse détermination d'Isabelle dont l'âme élevée lui semblait correspondre à la sienne, persévérait dans ses douloureuses démarches.

Cependant, après la reddition de Grenade, dans cette détente amollissante d'un triomphe si chèrement acheté, un moment tout lui sembla perdu. Après mille délais et mille ajournements, après des humiliations, des moqueries, des misères, des obscurcissements, et des désolations sans nombre, le Serviteur de Jésus-Christ se sentant vieillir et ne pouvant plus attendre, lassé jusqu'à en mourir d'horreur des sordides marchandages du monde, jeta enfin les yeux vers la France dont le roi venait de lui écrire et partit dans le dessein de ne jamais revenir.

Presque aussitôt, deux hommes dont l'histoire a gardé les noms, — Luiz de Santangel et Alonzo de Quintanilla,—passionnés pour la gloire de Dieu et pour la grandeur de leur nation, épouvantés de ce départ comme d'une malédiction, accoururent chez la Reine et lui représentèrent audacieusement le désastre de cette fuite et l'effroyable honte qui en resterait sur la Couronne de Castille. Ce fut la minute de Dieu. Isabelle sentit tout à coup son entendement s'ouvrir, elle comprit Colomb tout entier. Alors, remerciant ces deux fidèles servants de sa gloire, elle déclara qu'elle acceptait l'entreprise pour son propre compte, comme reine de Castille.

Colomb, immédiatement rappelé fut reçu à la cour avec des honneurs extraordinaires, et les moyens matériels d'exécuter son projet en même temps que les titres exigés par lui de Vice-Roi, de gouverneur général des terres à découvrir et de grand Amiral de l'Océan lui furent définitivement accordés sans retranchement d'un iota. Sa postulation avait duré dix-huit ans.

Le Vendredi, jour de la Rédemption, jour de la délivrance du Saint-Sépulcre et de la reddition de Grenade, le Vendredi 2 août 1492, Christophe Colomb, ayant arboré l'image de Notre-Sauveur cloué sur l'arbre du Salut, commanda AU NOM DE JÉSUS-CHRIST de déployer les voiles.

Ce premier voyage de Colomb, le plus étonnant et le

plus sublime qui ait jamais été accompli, a été raconté un nombre infini de fois dans tous les pays et dans toutes les langues parlées par les hommes. L'admiration s'y est épuisée. Par malheur, Christophe Colomb n'ayant pas été reconnu pour ce qu'il était réellement, uniquement et par-dessus tout, c'est-à-dire l'Ambassadeur de Dieu, comme il se nomme lui-même, et le premier apôtre du Nouveau Monde, l'intense splendeur morale de cet événement sans analogue dans l'histoire avait dû nécessairement échapper à une multitude d'esprits. Les historiens protestants et les savantasses philosophes qui en ont parlé ont soigneusement écarté de ce récit tout le divin qui l'encombre et qui, à leurs yeux, en déshonore la moderne et *humaine* beauté.

Le premier de tous, l'historien catholique de Colomb, a raconté cette incroyable expédition telle qu'elle arriva et devait arriver, avec tout son accompagnement d'impossibilités humaines, et d'obstacles que les hommes n'avaient jamais surmontés. Apôtre de la Croix, à la manière de celui des Douze dont le nom plein de mystère signifie le *Double Abyme*, Christophe Colomb qui croyait aller au devant de saint Thomas, n'eut pas seulement à vaincre comme lui l'inimitié des hommes et l'inimitié de la Nature, il lui fallut encore triompher d'une influence cachée et bien autrement redoutable. Les dimensions très bornées et la nature même de cette étude ne permettent aucun détail sur ce premier voyage ni sur les trois autres qui ont suivi et qui furent un enchaînement non interrompu de découvertes, de travaux apostoliques, de souffrances et de prodiges. Les âmes qui cherchent le grand et qui veulent s'édifier en lisant l'histoire, trouveront dans le livre du

Comte Roselly de Lorgues le récit intégral de cette miraculeuse épopée.

Pour moi, le dernier venu dans les lettres, je n'ai pas, grâce à Dieu, l'écrasante tâche de la raconter. Elle est écrite pour jamais, maintenant, et nullement à refaire par n'importe quel poète. Et je me sers à dessein de ces mots d'*épopée* et de *poésie*, non pour caractériser cette œuvre à la manière d'un juge, mais pour en exprimer, comme je peux, l'extraordinaire élévation et l'étreignante intensité. La critique, ici, doit être muette. Je ne sais pas ce qu'il est possible, littérairement, d'affirmer ou de ne pas affirmer du mérite de cette histoire. J'ignore si l'auteur est un écrivain selon le cœur des majordomes du grand banquet intellectuel et s'il convient de lui assigner telle ou telle place dans l'amphithéâtre passablement encombré des littératures. Mais je sais et j'affirme que son livre ruisselle de haut sur nos têtes et que cela fait comme une nappe de sublime pour nos imaginations étonnées. Encore une fois, l'odieuse pintade critique n'a que faire ici. Le Comte Roselly de Lorgues s'efface et s'anéantit continuellement devant Celui dont il se considère comme infiniment honoré de raconter la vie et les souffrances. Il ne sollicite ni l'attention ni l'indulgence de ses lecteurs. C'est une conscience qui parle à des consciences. Je me suis demandé ce que Bossuet aurait pu dire s'il avait eu l'incomparable faveur de parler devant la dépouille de Christophe Colomb. J'imagine que ce grand homme aurait fait cette oraison funèbre comme le vieux Malesherbes fit le plaidoyer de Louis XVI. Il eût éclaté en sanglots devant les princes et devant le peuple. Il eût pleuré, lui, le plus fastueux des orateurs chrétiens, non pas à cause des douleurs sans pareilles qu'il eût été forcé de raconter, mais à cause de la beauté divine d'une semblable destinée et d'une semblable vie en la présence d'un semblable mort.

Écoutez l'historien :

« Cet homme que l'Éternel semble avoir associé à l'achèvement de son œuvre, le chargeant de nous en dévoiler l'ampleur et les magnificences, d'où tira-t-il son autorité ? Comment ne pas être saisi de respect devant l'immensité du mandat dont l'investit le ciel ? Qui dira la date précise de sa vocation ? Inaccessible à nos regards, se dérobant à nos recherches, elle remonte par son origine, au delà de l'ère historique et se rattache aux impénétrables décrets de la bonté divine.

« Depuis les temps d'Abraham, quelle destination fut plus auguste que la sienne ? Sa mission nous le montre en parenté spirituelle avec Moïse, conducteur du peuple de Dieu et Pierre conducteur des peuples du Christ. Après le bienheureux Jean-Baptiste, vous ne trouverez aucun Messager de l'Évangile comparable à son Précurseur dans le Nouveau Monde.

« Le Très-Haut l'avait choisi de toute éternité, le réservant dans ses desseins pour le jour où sa miséricorde appellerait aux bienfaits du christianisme l'immense Continent dont l'Ancien Monde ne soupçonnait pas l'existence. En lui permettant de nous découvrir la totalité de son œuvre, Dieu lui accorda le plus grand honneur qu'ait reçu un mortel. Christophe Colomb a été le Révélateur du Globe et le premier admirateur des merveilles du Verbe dont il proclamait l'empire sur ce sol inconnu. Il fut le vérificateur des annales de la Création et aurait eu le droit de contresigner la Genèse, la certifiant véritable. Le premier historien de l'Ancien Monde a été justifié par le premier narrateur du Nouveau. Grâce à Colomb, la science a pu constater depuis lors l'exactitude du récit de Moïse et avouer que, sur aucun point de la Terre, l'auteur du *Pentateuque* n'avait reçu un démenti. »

Un Jésuite, le P. Acosta, dans son *Histoire naturelle et morale* des Indes, reconnaît que divers passages d'Isaïe, entre autres le chapitre LXVI, peuvent s'appliquer à la découverte des Indes et dit : « Plusieurs auteurs très doctes déclarent que tout ce chapitre est entendu des Indes. »

Selon le témoignage même de l'Écriture (1), Isaïe paraît avoir eu, plus que tout autre prophète de la loi d'attente, la vision des derniers temps. Pour cet immense témoin de l'avenir dont la parole est si souvent invoquée dans l'Évangile, les trente-trois années de la présence visible de Dieu et la Passion même ne sont que des haltes sublimes, des interruptions soudaines et courtes de son victorieux regard en voyage vers « les choses cachées et sempiternelles ». Cet aigle d'entre les aigles s'envole éperdûment et à jamais, sans pouvoir être arrêté par la barrière d'aucun temps ni la solitude ténébreuse d'aucun espace, et son vol de trois mille ans, — inépuisable comme celui de l'autre aigle nourri dans Patmos, — est, à cette heure, aussi vigoureux et aussi adolescent qu'au jour où il prenait son essor. Les générations auront beau se multiplier et les empires se rompre dans le cirque immense de l'histoire, tout ce que

---

1. Eccli. XLVIII, 27.

les enfants d'Adam pourront accomplir ou comprendre au cours des siècles tiendra fort à l'aise dans ce vêtement prophétique trop ample pour l'humanité. C'est avec du feu que la mission de Christophe Colomb y est annoncée par l'écolier brûlant des Séraphins. C'est dans ce même chapitre final où le Seigneur, indigné de l'abomination de son temple, annonce sa venue et son jugement, qu'il demande tout à coup à la terre si, par hasard, elle pense qu'il soit « devenu stérile », et qu'il lui soit désormais interdit « d'enfanter, à Lui, le Seigneur Dieu, qui fait enfanter les autres »? En réponse à cette interrogation prodigieuse, il parle une fois de plus, des « peuples de la mer et îles lointaines qui n'ont rien entendu de lui et qui n'ont pas vu sa gloire ». Il déclare enfin qu'il va faire « une nouvelle terre et de nouveaux cieux, que toutes les nations seront assemblées et que toute chair adorera sa face ».

Le chapitre LX est plus étonnant encore. La vision se précise davantage, le prophète aperçoit les premiers navires qui sillonnent l'Océan. On le dirait témoin de la première expédition de Colomb. Il assimile aux blancs nuages volant dans l'azur, les blanches toiles de ses caravelles sur les flots ; et, par une transparente allusion à son nom, il compare ces voiles rapides à l'aile des colombes revenant vers leur nid : « *Qui sunt isti qui ut nubes volant et quasi* COLUMBAS *ad fenestras suas ?* » Sans transition, le voyant royal exprime cet événement de l'histoire future comme un acte de la Providence éternelle, un instant marqué tout exprès : « Car, ajoute l'Esprit, les îles m'attendent et, dès le commencement, il était prévu que les navires seraient en mer pour t'amener tes enfants de loin, apportant avec eux leur argent et leur or, pour le consacrer au nom du Seigneur ton Dieu et du saint d'Israël, parce qu'il t'a glorifié (1). »

« Ne croirait-on pas que le prophète voyait aussi le premier Or apporté du Nouveau Monde à Rome, servir d'hommage au Christ, à la Vierge et revêtir le plafond de la basilique Libérienne, aujourd'hui Sainte-Marie-Majeure (2). »

On trouve dans les saintes Écritures plusieurs passages clairement applicables à la découverte du Nouveau Monde. Un grand nombre d'autres l'indiquent symboliquement et certaines paroles de l'ancien Testament peuvent être adaptées à la personne même de Colomb par voie d'interprétation accommodatice (3). Le cours du temps n'a fait que rendre plus manifestes ces rapports, qu'élucider ces applications. La destinée des Américains, rapprochée du verset 12 au soixantième chapitre d'Isaïe, par exemple, frappera d'étonnement l'observateur. Mais ce n'est pas tout. Le Comte Roselly de Lorgues rappelant la fameuse prophétie de Malachie remarque que, grâce à Colomb, le Sacrifice Perpétuel de la nouvelle Loi, annoncé et prophétisé dans l'ancienne, a été réellement établi sur la Terre.

Ce passage qu'on dirait écrit de la main de Chateaubriand, mais d'un Chateaubriand extrêmement supérieur par l'intelligence du surnaturel chrétien, me pa-

---

1. « Despues de dicho por la boca de Isaías, me hiso dello mensa-« gero y amostró en cual parte. » *Lettre de Colomb à l'amie de la Reine, doña Juana de la Torre.*

2. *L'Ambassadeur de Dieu et Pie IX.*

3. Je signale, entre autres textes de ce dernier ordre, le psaume LXVIII que la Tradition applique à Jésus souffrant. Je ne découvre pas un verset dans cette longue oraison douloureuse qui ne puisse être supposé dans la bouche de Christophe Colomb, l'un des aînés parmi les membres souffrants du Rédempteur.

raît de la plus inspirée et de la plus transcendante éloquence. C'est l'éloquence des mots, du mouvement et de la pensée, tout à la fois. « A toute heure du jour et de la nuit, nous dit-il, l'immolation de la céleste Victime se renouvelle dans les deux hémisphères. Quand le chant Vespéral des complies annonce la chute du jour dans notre Europe, celui des Matines déjà précède l'aurore en d'autres régions ; et, tandis que la nuit ensevelit sous ses ombres notre hémisphère, l'auguste Sacrifice est célébré sur les Andes et parmi les îles du Pacifique. Le soleil éclaire incessamment les cérémonies de l'Église de Jésus-Christ. La parole des prophètes, les accents du psalmiste, les récits de l'Évangile se joignent, se succèdent, suivant les règles de la liturgie romaine ; et, du vieux monde au nouveau, la gloire du Verbe comme sa miséricorde sont annoncées à l'homme. La puissance de l'Unité Catholique resplendit dans la permanence de cet hommage rendu au Seigneur ; car, seule sur le globe, l'Église romaine offre cette perpétuité d'aspirations vers le ciel. Le Saint Sacrifice se continue sans interruption, comme la vie organique, la respiration des plantes, la rotation de la terre sur son axe ou la translation du soleil lui-même dans l'immensité de l'espace (1). »

1. *Histoire de Christophe Colomb* par le Comte Roselly de Lorgues, liv. IV, ch. x.

VII

« Le commandement, a dit le P. Faber, rend les hommes profonds plus humbles que l'obéissance. » Cette remarque du grand observateur ascétique va prendre une étrange valeur, si on l'applique à notre héros. Christophe Colomb fut humble trois fois, en une manière correspondante à la triple couronne terrestre du Vicaire de Jésus-Christ. Il fut humble comme père, comme roi, comme prophète; c'est-à-dire comme exerçant tout commandement et toute autorité : car il offrit, un moment, le seul exemple historique d'un homme sur qui portait l'avenir de tous les peuples et qui était le coadjuteur immédiat de Dieu. A cause de cette vocation *unique,* il fut humble en une manière *unique* et comme personne ne le sera vraisemblablement jamais, tant que durera le règne de Celui qui s'est appelé l'Homme des douleurs (1). Il fut tellement humble que l'ingratitude et la calomnie parurent avoir tout à fait raison contre ce diffamé silencieux qui

---

« 1. Quanto magnus es, humilia te in omnibus, et coram Deo invenies gratiam. » Eccli. III, 20.

ne se défendait pas. Dieu permit que l'humilité de son Serviteur devînt ainsi complice innocente de la plus gigantesque des prévarications de l'histoire et qu'au lieu du « baiser de la justice et de la paix », chanté par David, le monde étonné pût contempler l'impossible alliance de l'humilité parfaite avec l'injustice. Il fallait bien cela pour que Colomb demeurât si longtemps sans gloire, il fallait l'énormité de ce *boisseau* pour cacher pendant quatre cents ans cette lumière, uniquement destinée à nous, les avortons du christianisme, qui devions en avoir terriblement besoin, à considérer la sollicitude avec laquelle Dieu s'est servi de ses ennemis eux-mêmes pour nous la conserver !

Voilà, en effet, ce qui apparaît tout d'abord et ce qui frappe le plus dans cette histoire : Christophe Colomb ne se défend jamais. Parmi les saints que l'Église honore, on n'en voit pas à qui soit plus exactement applicable la célèbre image de l'*Imitation* qui donne à l'âme chrétienne les deux ailes de la simplicité et de la pureté. Ce sont les deux ailes de l'Oiseau de l'amour qui l'enlèvent hors de portée des traits des sagittaires et par lesquelles il plane sans indignation dans le bleu limpide de l'oubli du mal. Colomb fut chargé de telles calomnies qu'il a dit lui-même qu'il ne croyait pas « qu'en enfer on en inventât de pareilles ». Ces calomnies s'ajustaient si bien à la bassesse humaine qu'elles durent encore et qu'elles dureront peut-être toujours, en raison de l'inacceptable sublimité de la victime. Il lui eût été assurément bien facile de se justifier lui-même et, s'il avait pu voir dans l'avenir, la plupart de nos modernes illustres lui en auraient fourni l'exemple. Le simple récit de ses aventures, sans récrimination ni amertume, aurait suffi pour déshonorer éternellement ses persécuteurs. Il n'en eut même pas la pensée et, d'après son propre témoignage, ne raconta pas la *centième partie* des choses qui lui étaient arrivées ; estimant que c'était bien assez pour un chrétien de blâmer en ces termes ceux qui entravaient ses expéditions : « Qu'il plaise à Notre-Seigneur d'oublier les personnes qui ont combattu ou qui combattent une si excellente entreprise et qui s'opposeraient à ce qu'elle fasse des progrès (1). »

Je ne puis m'empêcher de comparer Christophe Colomb à ce bon Pasteur de l'Évangile qui donne sa vie pour ses brebis et qui ne se repose pas avant d'avoir retrouvé celle qui était perdue. La brebis perdue, c'était la moitié de la race humaine, la douloureuse multitude des Américains. C'était l'effroyable prostituée d'Ézéchiel, « projetée sur la face de la terre dans l'abjection de son âme et foulée dans son sang ». Il avait rêvé de courber avec tendresse aux pieds du Dieu vivant cette Madeleine de deux cents millions de cœurs. Il avait reçu tout ce qu'il fallait pour cela et nul conquérant après lui n'hérita du don divin par lequel il pénétrait et fixait les mobiles Indiens. La vue d'un chef si doux et si fort faisait croire à ces pauvres peuples que les souverains dont il leur parlait étaient « dans le ciel et non dans ce monde ». Un peu plus tard, il leur vint d'autres chefs qui leur donnèrent à penser que ces mêmes souverains devaient régner dans les enfers. Le succès de Christophe Colomb eût été une chose trop belle sur cette planète maudite qui n'a de fécondité que pour engendrer des monstres et qui garde toute sa force pour la germination des épines

1. *Relations aux Rois Catholiques sur le troisième voyage.*

humaines autour de la tête de son Dieu. Dans la confiante simplicité de son âme, le Messager de l'Évangile écrivait aux Rois, le lendemain de la Découverte : « Je tiens pour dit, Sérénissimes Princes, que dès l'instant où des missionnaires parleront leur langue, ils se feront tous chrétiens. J'espère en Notre-Seigneur que vos Altesses se décideront promptement à y envoyer, afin de réunir à l'Église des peuples si nombreux ; et qu'Elles les convertiront aussi certainement qu'Elles ont détruit ceux qui n'ont pas voulu confesser le Père, le Fils et le Saint Esprit (les Maures et Sarrasins d'Espagne). »

Mais les Rois comprirent peu ce langage, — Ferdinand surtout, l'ancêtre et le type des rois mercenaires du XIX° siècle. Colomb avait exigé de grandes dignités pour exercer avec une indépendance royale l'apostolat inouï dont il se sentait investi. Ces dignités lui furent arrachées par violence ou par trahison et il se vit, au début de son règne, supplanté par d'horribles scélérats qui essuyèrent leurs mains sanglantes à la robe baptismale de ses enfants spirituels. Il avait demandé qu'aucun colon espagnol ne pût aborder aux terres nouvelles à moins qu'il ne fût certainement chrétien, alléguant le but véritable de cette entreprise qui était « l'accroissement et la gloire de la religion chrétienne ». On vida pour lui les prisons et les galères. Ce furent des escrocs, des parjures, des faussaires, des voleurs, des proxénètes et des assassins qu'on chargea de porter aux Indes l'exemple des vertus chrétiennes (1). Lui-même

1. A cause des préventions que les ennemis de l'Amiral avaient répandues contre les Indes, on fut réduit à chercher dans les prisons et les galères des recrues pour Hispaniola. Les Rois publièrent un indult pour tous les sujets coupables de quelque crime ou délit à la condition de servir à Hispaniola pendant un certain temps. On

fut accusé de tous les crimes et la hideuse canaille qu'on lui envoyait fut admise à témoigner contre cet angélique pasteur qui voulait défendre son troupeau et dont le principal forfait avait été d'attenter à la liberté du pillage et de l'égorgement (1). C'est un saignement de cœur et une agonie que de voir cet homme presque divin qui fut toute sa vie le Stylite pénitent de son propre génie, réduit à marchander goutte à goutte le Sang de Jésus-Christ avec toute l'écume des Espagnes. Il fut enfin dépossédé, exproprié de sa Mission et, pendant plusieurs années, put assister, lié et impuissant, à la destruction de son œuvre. Ses illégitimes et cupides successeurs remplacèrent aussitôt la paternité par l'ergastule et l'évangélisation pacifique par le cruel système des *repartimientos* qui fut l'arrêt de mort de ces peuples infortunés.

Il semble que le Héros aurait pu relever la tête une bonne fois et parler d'une voix terrible à tous ces puissants charnels qui « polluaient le Saint Nom de Dieu ». Il n'en fit rien, parce qu'il était la Colombe et que « la colère de la colombe », annoncée par Jérémie, est un ineffable mystère de justice en réserve au fond de l'avenir. Dieu lui donna la force de porter en silence un

---

peut juger de la force des préventions contre cette colonie, puisque les condamnés à mort, en y passant seulement deux ans, étaient graciés, et qu'une seule année de séjour y rachetait toutes les condamnations et les peines au-dessous du dernier supplice. *Hist. de Christophe Colomb*, par le Comte Roselly de Lorgues, liv. II, ch. IX.

1. Un témoin auriculaire nous l'a dit : « Parce que l'Amiral avait puni des Espagnols qui maltraitaient les Indiens et qu'il ne voulait souffrir ni leurs débauches, ni leurs spoliations, ils le prirent en haine au point de ne pouvoir plus l'entendre nommer. » (BENZONI. *Dell' historia del mondo nuovo*. lib. I, v. 18.

fardeau de peines qui aurait accablé tout un monde. Quand il parut devant Isabelle, meurtri de ses fers, destitué, vaincu, brisé, foulé aux pieds, la noble reine éclata en larmes à l'aspect du Révélateur de la Création et sentit l'énormité de son inconsciente ingratitude. Ils pleurèrent ensemble, dit l'histoire, et ce fut toute l'apologie que le grand homme fit de sa propre conduite. Néanmoins, dominée par d'aveugles scrupules, elle ne lui rendit pas son gouvernement. Christophe Colomb souffrit encore cela sans aucun murmure et ce fut peut-être la plus pénétrante de ses douleurs que ce déni de justice de l'admirable femme qui paraissait n'avoir reçu la couronne que pour partager sa gloire.

Et son projet de secourir le Saint-Siège ? Et son désir dévorant de délivrer le Saint Sépulcre ? Qui pourrait mesurer le surcroît de cette double déception ? Pour l'exécution des plans les plus vastes qu'un chrétien ait jamais formés, il lui fallait immensément d'or et, naïvement, il en cherchait dans ce Nouveau Monde qui en a tant donné depuis à l'ancien, au prix de quels sacrifices humains, hélas ! et pour quels profanes usages ! On lui fit un crime de cette recherche, comme de tant d'autres actions, sans vouloir comprendre le merveilleux désintéressement de cet admirable avare saturé du symbolique esprit des Écritures, aux yeux de qui ce métal était véritablement, comme il est dit dans l'Apocalypse, la matière même de la Cité sainte qu'il ambitionnait de construire !

VIII

Il y eut, dans cette étonnante existence deux faiblesses constatées par l'historien. Mais combien elles sont assorties au grandiose surhumain de l'ensemble et combien elles font éclater l'inexprimable beauté d'âme du héros capable de les ressentir! « Ne vous moquez pas de vos faiblesses; — fait dire avec profondeur M. Barbey d'Aurevilly au principal personnage de son plus beau livre, — elles viennent toutes de la force de votre cœur. » L'une et l'autre des deux faiblesses de Colomb furent suivies de l'intervention directe de Dieu, réconfortant de sa bouche son témoin accablé. Ces deux circonstances furent précisément les deux points les plus élevés et comme les deux cimes rayonnantes de cette histoire à laquelle rien d'humain ne ressemble. Il est impossible de les regarder sans vertige et de les montrer sans tremblement.

Voici la première :

Le 25 décembre 1499, jour anniversaire de la naissance du Sauveur, Christophe Colomb, à son troisième voyage, revenant de découvrir le Nouveau Continent, appelé par lui Terre de Grace et arrivant à l'Espagnole malade et presque aveugle, trouve la colonie en pleine révolte et l'île entière sur le point de se soulever. « Sans trésor, sans armes, sans troupes, sans crédit, sans moyens d'action, ne pouvant plus obtenir l'obéissance et compter sur personne, il subit les menaces et les dédains de ses subalternes. Par surcroît, les haines du dehors viennent se joindre aux ennemis du dedans. Une escadrille commandée par Ojeda, l'agent de son mortel adversaire, a débarqué des troupes; elles vont marcher contre sa résidence. Le chef des factieux, le traître Roldan, doit s'unir nécessairement à elles, car il n'espère se justifier qu'en écrasant son bienfaiteur. Aucune illusion n'est permise devant cette situation désespérée. Aucune ressource du génie ne saurait y porter remède. La perte apparaît inévitable et imminente. D'où pourrait venir un secours?

« Abattu et comme anéanti sous cette complication de maux, se rappelant l'ingratitude de la Cour, la malveillance constante du roi Ferdinand, voyant son autorité privée d'appui en Espagne et de respect dans l'île, se trouvant abandonné de chacun, dépourvu de toute force exécutive, sentant sa vie et celle de ses frères à la merci d'hidalgos intraitables, reconnaissant son isolement, l'impuissance qui en était la suite, déplorant le malheur des Indiens qu'éloignaient du christianisme les excès des chrétiens impies, Christophe Colomb éprouva une grande satiété des hommes.

« Alors, humiliée jusqu'à l'amertume, chancelante sous un tel poids d'afflictions, cette âme, qui avait toujours terrassé l'effroi, maîtrisé l'épouvante, assoupli le péril, fut gagnée d'une tristesse mortelle. La vaillance de Colomb, jusque-là invaincue, défaillit tout à coup. Son esprit frémit d'horreur à l'image de l'assassinat qu'on lui destinait. L'instinct de la conservation survécut seul, et, pour la première fois, l'Amiral songea au salut de sa vie. Il résolut de se jeter avec ses frères sur une caravelle pour fuir à travers l'Océan la rage de ses ennemis. Mais, au milieu des mortelles angoisses de son cœur, cette Providence, qui tant de fois lui avait montré sa vigilance paternelle, vint personnellement à son secours. Dieu daigna parler à son serviteur éperdu. Une voix d'en haut lui dit : « Homme de peu de foi, relève-toi ; que crains-tu ? Ne suis-je pas là ? Prends courage ; ne t'abandonne pas à la tristesse et à la crainte. Je pourvoirai à tout (1). »

« Et, en effet, suivant l'annonce de l'auxiliaire divin, ce jour-là même les choses changèrent de face soudainement, sans efforts et même sans initiative de la part de Colomb (2). »

J'ai prononcé plus haut le formidable nom d'Élie, « semblable à nous et passible » dit saint Jacques. Cet autre serviteur de Dieu, cet autre témoin, — personnage le plus mystérieux peut-être de toute l'histoire sacrée, — venait de confondre et de faire mettre à mort les neuf cent cinquante prophètes de Baal « qui mangeaient à la table de Jezabel ». La reine au fard sanglant, apprenant ce massacre, entre en fureur. Elle envoie un messager dire de sa part à Élie : « J'en jure par mes

---

1. « O hombre de poca fe levantate que yo soy, no hayas miedo... « esfuerza, no desmayes ni temas : yo proveere en todo. » *Lettre de l'Amiral à la nourrice du prince don Juan.*

2. *Histoire de Christophe Colomb*, par le Comte Roselly de Lorgues, liv. III, ch. v.

Dieux : demain tu subiras le même sort. » Ici, — dit un fort grand écrivain déjà cité dont il est utile de reproduire les réflexions, — ici, la nature humaine pourra contempler le prodige de sa faiblesse. Ce prodige, le voici :

« Élie trembla. Il trembla et s'enfuit. Il trembla d'une terreur inouïe que l'Écriture nous laisse entrevoir à travers la sobriété de ses paroles, mais que les traditions antiques ont gardée comme un monument de la faiblesse humaine. Cette terreur a été presque *célébrée* par les anciens. On a dit qu'Élie avait eu peur au delà de tout ce qui peut être exprimé. On a dit que le char de feu avait été appelé par l'excès de sa terreur, et que, ne pouvant plus supporter les épouvantes de la terre, il avait été emporté loin d'elle, pour être soustrait à ses menaces. L'excès de sa terreur aurait obtenu des ailes pour s'envoler, et ses ailes seraient les roues du char de feu. Cette tradition très antique consignée dans un vieux livre extrêmement rare, est un des documents les plus précieux que nous possédions sur la nature humaine. Élie qui venait de ressusciter le fils de la veuve ; Élie le premier vainqueur de la mort ; Élie dont l'Écriture elle-même devait célébrer la gloire ; Élie qui avait bravé et confondu Achab, Élie qui avait fermé et rouvert le ciel ; Élie qui avait fait tomber d'en haut le feu d'abord, l'eau ensuite ; Élie dont le nom signifie Maître et Seigneur ; Élie trembla comme jamais homme peut-être n'avait tremblé, devant la menace d'une femme dont il avait confondu et immolé les défenseurs. Et il se lamentait dans le désert, et il s'assit, demandant la mort. Et cependant c'était la mort qu'il fuyait, et l'Écriture nous étale ses faiblesses comme les faiblesses de saint Pierre et le cœur humain nous apparaît tel qu'il est, un monstre d'inconstance (1) ! »

Il n'est certes pas déshonorant pour le plus grand homme du monde d'avoir tremblé comme Élie et d'avoir eu peur comme saint Pierre. Le Christ lui même « qui porta nos langueurs », ne voulut pas se soustraire à celle-là et l'Évangile affirme qu'il *eut peur* (2). Mais cette peur du véritable Homme fut en même temps la Peur d'un Dieu et tous les effrois imaginables du cœur humain sont comme les ombres mouvantes de cette substantielle terreur. Christophe Colomb était trop grand et trop exactement « configuré » à Jésus souffrant pour échapper à cette extrémité de la misère. Le trouble de son âme correspond exactement à la fuyante terreur d'Élie et finit de la même manière. « Le zèle m'a consumé et maintenant je suis seul », dit Élie. — « J'ai sué le sang pour votre Église, Seigneur », dit Christophe Colomb. Le Seigneur les ranime l'un et l'autre par sa Parole ; c'est la même pour tous les deux : « Relève-toi, il te reste une longue route à faire ; » et les sublimes épouvantés continuent leur voyage « dans la force de cet aliment divin ».

Voici maintenant la seconde *faiblesse* de Christophe Colomb. Le fait qu'on va lire excède tellement la nature et déconcerte si parfaitement nos habitudes d'admiration que la vieille muse banale de l'histoire devient tout à coup silencieuse à l'aspect de ce Leviathan de magnificence. C'est le même fait que tout à l'heure, mais agrandi jusqu'à l'infini et cinquante fois plus solen-

---

1. *Physionomies de saints*, par Ernest Hello.
2. « Cœpit PAVERE. » Marc. XIV, 33.

nel. On dirait d'un chapitre d'Ezéchiel ou du Pentateuque ; et, en le lisant, ceux qui connaissent la Parole sainte croiront entendre palpiter les ailes de flamme de l'Esprit de Dieu.

Je vais donc reproduire sans aucun commentaire, à la suite du simple exposé de l'historien, le récit intégral de Christophe Colomb.

Nous sommes au moment le plus terrible du quatrième et dernier voyage (1) :

« Le rapport de Pedro de Ledesma jeta Colomb dans une affreuse perplexité. Il savait exposés les hommes qu'il avait à terre sans pouvoir les secourir. Il sentait là son frère blessé, ayant sous ses ordres une troupe déjà éclaircie par la mort, par le désespoir, prête à la révolte et qu'entouraient une multitude de sauvages furieux. Les trois caravelles fatiguaient sur leurs amarres, chassaient presque sur leurs ancres. Il sentait que, percées à jour et faisant eau par toutes les coutures, elles ne pourraient soutenir un nouvel assaut de la tempête. Les équipages se livraient à leurs appréhensions sinistres. Quant à lui, au paroxysme de ses douleurs, il fut atteint d'une fièvre ardente. La mer irritée, le ciel rigoureux, persistaient dans leur inclémence. Il n'apercevait qu'angoisses et assombrissement parmi les équipages. Il voyait autour de lui pleurer à chaudes larmes les capitaines de mer complètement démoralisés.

« Au milieu de cette sombre désolation, Christophe Colomb fit effort pour gagner la hune du grand mât et voir s'il découvrirait au loin quelque signe salutaire. Il

---

1. *Hist. de Christ. Colomb,* par le Comte Roselly de Lorgues, liv. IV, ch. IV.

se retourna vers les quatre points de l'horizon, appelant les vents à son secours. Mais le brisement lugubre de la houle répondit seul à sa voix. Alors, cédant à l'oppression de sa tristesse, il s'affaissa au pied de la hune, comme autrefois le prophète tombé sous le génévrier du désert, et qui, l'âme navrée, demandait au Seigneur de le retirer de ce monde. Toutefois, Colomb ne murmura point et n'exprima aucun souhait. Son accablement fut trop grand pour se répandre en paroles. Il poussa des gémissements intérieurs et une transition insensible l'amena de la veille au sommeil, sans avoir éteint sa pensée. L'affliction assiégeait son âme endormie, quand il distingua « une voix compatissante », qui lui disait (1) : « O insensé ! lent à croire et à servir ton Dieu, le Dieu

1. Voici le texte original de ce discours qui est, sans aucun doute, le monument le plus glorieux de toute la littérature espagnole :

« O ! estulto y tardo á creer y á servir á tu Dios, Dios de todos !
« qué hizo él mas por Moysés ó por David su servio? Desque nasciste
« siempre él tuvo de tí muy gran cargo. Cuando te vido en edad de
« que él fue contento, maravillosamente hizo sonar tu nombre en la
« tierra. Las Indias, que son parte del mundo, tan ricas, te las dió por
« tuyas: tu las repartiste adonde te plugo, y te dió poder para ello. De
« los atamientos de la mar Océana que estaban cerrados con cadenas
« tan fuertes, te dió los llaves; y fuiste obedescido en tantas tierras, y
« de los cristianos cobraste tan honrada fama. Que hizo el mas alto
« pueblo de Israel cuando le sacó de Egipto ? ni por David, que de
« pastor hizo Rey en Judea ? Tornate á el, y conosce ya tu yerro: su
« misericordia es infinita : tu vejez no impedirá a toda cosa grande:
« muchas heredades tiene él grandísimas. Abraham pasaba de cien
« años cuando engendro á Isaac, ni Sara era moza? Tu llamas por so-
« corro incierto : responde, quién te ha afligido tanto y tantas veces,
« Dios, ó el mundo ? los privilegios y promesas que dá Dios, no las
« quebranta, ni dice despues de haber recibido el servicio que su in-
« tencion no era esta, y que se entendie de otra manera, ni dá marti-
« rios por dar color á la fuerza : él va al pie de la letra : todo lo que él
« promete cumple con acrescentamiento. Esto es uso ? Dicho tengo
« lo que tu Criador ha fecho por ti y hace con todos. Ahora medio
« muestra el galardon de estos afanes y peligros que has pasado sir-
« viendo á otros. »

« de tous ! Que fit-il de plus pour Moïse ou pour David
« son serviteur ? Dès ta naissance, il prit toujours le
« plus grand soin de toi ; lorsqu'il te vit parvenu à l'âge
« fixé dans ses desseins, il fit merveilleusement sonner
« ton nom sur la terre. Les Indes, cette si riche portion
« du monde, il te les a données comme tiennes ; tu les
« as distribuées comme il t'a plu ; et en cela, il t'a trans-
« féré son pouvoir. Il t'a donné les clefs des barrières
« de la mer Océane, fermées jusque-là de chaînes si for-
« tes ! On obéit à tes ordres dans d'immenses contrées ;
« et tu as acquis une renommée glorieuse parmi les
« chrétiens ! Que fit-il de plus pour le peuple d'Israël,
« lorsqu'il le tira d'Égypte ? et pour David même, que,
« de simple pasteur, il fit roi de Judée ? Rentre en toi-
« même et reconnais enfin ton erreur : la miséricorde
« du Seigneur est infinie ; ta vieillesse ne fera pas obs-
« tacle aux grandes choses que tu dois accomplir. Le
« Seigneur tient en ses mains des héritages nombreux
« et très grands. Abraham n'avait-il pas passé cent ans
« lorsqu'il engendra Isaac ? et Sara elle-même était-elle
« jeune ? Tu réclames un secours incertain : réponds,
« qui t'a tant et si souvent affligé ? Dieu ou le monde ?
« Les privilèges et les promesses que donne Dieu, il ne
« les annule pas et le service une fois rendu, il ne dit
« point que l'on n'a pas suivi ses intentions, qu'il l'en-
« tendait d'une autre manière et il n'inflige pas le mar-
« tyre pour donner couleur à la violence. Il se tient au
« pied de la lettre : tout ce qu'il promet, il l'accomplit
« avec accroissement. N'est-ce pas son usage ? Voilà ce
« que ton Créateur a fait pour toi et fait avec tous.
« Montre maintenant la récompense des fatigues et des
« périls que tu as endurés en servant les autres. »

« J'étais, dit Colomb, comme à demi mort en entendant tout cela ; mais je ne sus trouver aucune réponse à des paroles si vraies ; je ne pus que pleurer mes erreurs. Celui qui me parlait, *quel qu'il fût*, termina en disant : « Ne crains pas ; prends confiance ; toutes ces « tribulations sont écrites sur le marbre, et non sans « cause (1). »

1. No temas, confia : todas estas tribulaciones estan escritas en piedra màrmol, y no sin causa. » *Quarto e último viage de Colon.* — Tout homme un peu familiarisé avec le langage énigmatique des Écritures retrouvera dans ce discours le double caractère auquel se reconnaît toute parole divine, c'est-à-dire, l'*actualité* éternelle dans le sens historique et l'*universalité* absolue dans le sens symbolique. Les expressions de *don des clefs*, d'*héritages*, et les noms de Moyse, de David et d'Abraham nous avertissent d'ailleurs de l'énorme importance de ce texte dont l'Église nous dévoilera quelque jour tout le mystère.

IX

La fin de Christophe Colomb est bien connue. Tout le monde sait que ce grand homme fut abandonné du misérable roi qu'il avait fait le plus puissant de la terre, et qu'il mourut dans la plus obscure indigence, après avoir été chargé de fers et livré aux plus vils outrages qui aient été endurés par un mortel depuis la Passion de Notre-Seigneur Jésus-Christ. La glorieuse magnificence morale de ces faits demeure ignorée, mais, enfin, ces faits eux-mêmes sont connus. Ils resplendissent au fond des ténèbres diaboliquement accumulées sur cette infortune à laquelle rien d'humain ne pourrait, sans ridicule, être comparé. L'ingratitude colossale de Ferdinand épuise, du coup, l'imagination. Depuis Judas l'Iscariote, il n'y avait eu rien d'aussi complet. Il y a là un tel repli d'iniquité, qu'on est tenté de supposer que la prompte déchéance de l'Espagne en a été le châtiment et que la Justice de Dieu a vengé, sur toute une nation, les inénarrables offenses de son deuxième Précurseur. Car l'Espagne entière fut aussi coupable que son Roi. A part deux ou trois hommes absolument sublimes et qui poussèrent le dévouement jusqu'à l'héroïsme de la plus parfaite abnégation, Christophe Colomb, qui jetait sur les épaules de l'indigente Castille, une parure d'îles et de continents aussi vastes que quatre fois l'empire d'Alexandre, ne put trouver dans tout ce peuple ni un semblant de pitié pour ses malheurs, ni une grimace de sollicitude pour sa mémoire. Quand il n'eut plus rien à donner on le jugea un serviteur inutile. Quand il tomba en défaveur, il n'y eut pas jusqu'au plus vil misérable qui ne se crût en droit de l'outrager ; « mais, dit-il, grâce à Dieu, on le contera quelque jour de par le monde à qui aura le pouvoir de ne le point souffrir... Dieu, notre Seigneur, reste avec sa puissance et sa science comme auparavant et il châtie surtout l'ingratitude. »

Vers la fin de son quatrième voyage, le plus douloureux et le plus tragique de tous, comme aussi le plus chargé de faits surnaturels, se voyant naufragé, trahi, malade, abandonné de tous sur un point de ce Nouveau Monde qu'on ne lui pardonne pas d'avoir découvert, il écrit une dernière fois aux Rois Catholiques et « l'énormité de l'injustice, l'excès de l'ingratitude commise contre lui », l'attendrissent sur son propre sort. Le caractère épique de ses malheurs, la gigantesque poésie de ses épreuves de mer, l'iniquité qu'il subit, assurément la plus incomparable après celle des juifs envers le Sauveur, le transportent au delà du temps ; et le Révélateur du Globe, se plaçant au point de vue de la postérité, déplore la destinée mortelle de Christophe Colomb. Il s'écrie : « J'ai pleuré jusqu'à présent sur les autres ; maintenant que le ciel me fasse miséricorde et que la Terre pleure sur moi !... Qu'il pleure sur moi, celui qui aime la charité, la vérité et la justice. » Ce n'est point la Castille ou l'Europe que le Messager de la Croix convie à pleurer sur lui, c'est ce globe entier qu'il a découvert : « Que la Terre pleure sur moi (1) ! »

L'étonnante infortune de Christophe Colomb était donc connue et racontée avec plus ou moins d'agrément par la troupe des historiens et des romanciers qui se sont, jusqu'à ce jour, occupés de lui. La société moderne, si magnifique pour le génie, comme on sait, et si royalement désintéressée avec ses grands hommes, avait même la charité de s'en indigner. Personne ne doutait que Christophe Colomb n'eût mérité un meilleur sort, et tout le monde pensait avec attendrissement que ce grand cœur dût trouver extrêmement amère l'injustice qui le privait de la gloire immédiate et du profit temporel de ses découvertes.

Le Comte Roselly de Lorgues nous fait voir bien autre chose en lui que cette guenille de l'ambition déconcertée. Christophe Colomb n'avait nul besoin des récompenses humaines. Son historien nous le montre affamé d'une seule gloire, la gloire de Notre-Seigneur Jésus-Christ. « On s'est toujours mépris, nous dit-il, sur la pensée intime et le véritable but de Christophe Colomb, quand on a cru qu'il cherchait simplement à découvrir un Nouveau Monde. Jamais la découverte n'a été pour lui un but, mais uniquement un moyen de s'assurer les ressources nécessaires au rachat ou à la conquête du Saint Sépulcre... Sa vénération des

---

1. « Yo he llorado fasta aqui à otros; haya misericordia agora el « Cielo, y llore por mi la Tierra... llore por mi quien tiene caridad, « verdad y justicia. » — *Lettre aux Rois Catholiques, datée de la Jamaïque le 7 juillet* 1503.

Lieux-Saints lui coûta DIX-HUIT ANNÉES d'efforts, de patience, d'humiliation, de gêne, de privations, de luttes contre les dédains de la science et la défiance des cours. » Ce fut là, la cause de ces conditions en apparence exorbitantes qui épouvantaient les rois et le faisaient repousser de partout.

Il alla ainsi, de royaume en royaume, souffrant et dénué, comme il convenait à un ambassadeur du Roi des pauvres, auprès des autres rois qui ne le trouvaient jamais suffisamment accrédité. Infatigable à la façon des Mages adorateurs, conduit comme eux par une étoile, mais une étoile plus brillante que la leur, celle que l'Église a nommée l'Étoile du matin ; il chercha comme eux, par toute la terre, la grotte mystérieuse où devait naître la Jubilation des peuples et, pendant dix-huit mortelles années, il ne rencontra sur tous les chemins de la chrétienté que des cavernes de voleurs ou des escarpements d'imbécillité dédaigneuse. Malgré les deux défaillances sublimes que j'ai dites, jamais son espérance ne fut lasse, jamais son âme ne dit à son corps : C'est assez, reposons-nous ; le Père de la Patience et la Mère des Douleurs ne peuvent pas exiger davantage d'un pauvre homme conçu dans le péché.

Soutenu par la grâce de son invincible prédestination, il ne paraît pas avoir jamais connu, pendant cette longue recherche, ni ces découragements, ni ces lassitudes qui vont si bien à la faible nature humaine et que la gloire des Héros de la terre est de ne point écouter et de fouler aux pieds quand ils mènent, comme disait Turenne, *leurs carcasses* tremblantes *là où elles ne savent pas qu'elles vont aller*. Son espérance et sa patience furent indéfectibles comme l'Église elle-même, comme cette Église militante qu'il ambitionnait d'affranchir des indignes entraves de la politique européenne et dont il voulait assurer l'universelle dilatation ! Et pourtant, qu'il eût été facile de perdre courage ! Quelle meilleure occasion y eut-il jamais de n'avoir plus de patience, de se rouler par terre comme Jonas découragé et de crier au Seigneur : *Melius est mihi mori quam vivere !* Même après qu'il lui eut été donné de réaliser ses étonnantes découvertes, l'inexorable rigueur des desseins de Dieu sur le monde l'empêcha d'en retirer les fruits merveilleux que son âme apostolique en espérait. Des trois grands rêves dont sa charité s'était enivrée : l'évangélisation des Indiens, l'affranchissement temporel de la Papauté et la conquête du Saint Sépulcre, il n'en vit pas un seul s'accomplir et mourut submergé dans l'amertume de cette ineffable déception.

La contradiction des hommes le poursuivit jusque dans le repos de son sépulcre, à lui, et les sublimes dispositions testamentaires par lesquelles cet incomparable serviteur de l'Église essaya de prolonger son apostolat, furent violées en ces trois points essentiels. En ce qui regarde la délivrance du saint Tombeau, le Comte Roselly de Lorgues raconte l'angoisse de Christophe Colomb assiégé de cette pensée à toutes les époques de sa vie, et dans les circonstances même où l'extravagance humaine d'un tel projet éclate le plus manifestement. Dans sa sublime lettre aux Rois Catholiques, datée du lieu de son naufrage, le 7 juillet 1503, ne voulant pas, par dignité chrétienne, reparler d'un projet déjà sacrifié par l'ambition de Ferdinand à d'incertains agrandissements en Italie, il ne l'appelle point par son nom, il ne le nomme pas, tant il est connu des

Rois, mais sa pensée nourrie du pain quotidien des Saintes Écritures, l'expose dans la translucide profondeur voilée d'une figure biblique. Il donne à la question des Lieux Saints, attendant leur délivrance, l'image du Sauveur lui-même, attendant, les bras ouverts, durant tout le jour, le peuple incrédule. Il dit : « L'autre affaire la plus importante, reste là, les bras ouverts, appelant ! on l'a tenue pour étrangère jusqu'à cette heure (1). »

C'est par l'obsession constante de cette pensée que Christophe Colomb résume en lui toutes les pensées et toute la ferveur militante du Moyen Age qui finit historiquement à lui, et dont la majestueuse porte de bronze se referme sur son cercueil. Comme des héritiers sordides et dissipateurs, les lâches et incrédules Temps modernes attendirent, pour commencer, qu'il eût exhalé son dernier soupir et qu'il eût été cloué sans aucun faste dans son cercueil, avec les fers dont le chargea l'abominable scélératesse du plus ingrat de tous les princes. La sainte Pensée ne fut plus reprise après lui par personne, parce que le monde vieillissait et que les âmes se rapetissant de plus en plus, descendaient en chantant des choses profanes vers la décrépitude irréligieuse des derniers siècles. Les lamentables historiens sans christianisme qui se sont donné la tâche d'enseigner l'histoire au dix-neuvième siècle, nous avaient parfaitement caché cette magnificence spéciale du rôle de Christophe Colomb. Tout le monde, je crois, l'ignorait, et cependant elle éclate à chaque minute dans les documents de toute

---

1. « Expandi manus tota die ad populum incredulum qui gradi-
« tur in via non bona post cogitationes suas. » (Isai. LXV. 2.)

sorte que le Comte Roselly de Lorgues nous présente à pleines mains. Aujourd'hui, les historiens de la même école et de la même doctrine continueront, cela n'est pas douteux, le même coupable silence. Mais, du moins, ils ne le pourront pas sans honte, après une si grande évidence, et cette honte est, hélas ! la seule barrière que la vérité trahie puisse opposer en ce monde au débordement imbécile de ses innombrables persécuteurs.

Parmi les catholiques de notre génération, ceux qui ont ce vif sentiment des analogies historiques par lequel l'esprit humain remonte et parcourt intuitivement l'immense procession des faits importants, par-dessus toutes les séries intermédiaires des agitations de l'histoire, — ceux-là, sans doute, je l'ai dit, remarqueront les saisissantes relations spirituelles qui rattachent l'une à l'autre, à quatre siècles de distance, les deux personnalités exceptionnelles de Christophe Colomb, démonstrateur de l'Infaillibilité papale et de Pie IX, promulgateur de ce grand privilège. A ce point de vue, le fait de la Ligne de Démarcation proposée par Colomb et approuvée spontanément par le Saint-Siège, *d'après son seul avis*, en l'absence de tout contrôle scientifique et de tout criterium humain ; ce fait unique, remis en pleine lumière pour la première fois, est, incontestablement, l'un des événements les plus prophétiquement considérables de l'histoire du monde (1).

Le livre étonnant sur lequel sont appuyées ces réflexions est rempli de semblables aperçus qui éclairent le Passé, comme des flèches de lumière dardées dans

---

1. Voir l'appendice A et la page 47 du présent ouvrage.

une catacombe. Les âmes profondes seront particulièrement frappées de l'identité du sentiment religieux entre l'Homme de la Découverte et le grand Pape de l'Immaculée Conception. Rien n'est plus touchant comme rien n'est plus révélateur de la sainteté des vues de Christophe Colomb que cette perpétuelle préoccupation de la gloire de Marie conçue sans péché. Il semble que cet Apôtre ait voulu préparer l'évangélisation des peuples nouveaux par le même procédé divin qui servit à préparer, pendant quatre mille ans, la Rédemption du genre humain. Christophe Colomb parsema la gloire de Marie sur la mer des Antilles, en imposant son Nom à la plus grande partie des îles qu'il découvrait, mais, c'est principalement sous le vocable de Marie Immaculée qu'il voulut offrir au ciel les glorieuses prémices de sa Mission. Le souvenir de la Mère du Sauveur précède toutes ses entreprises et l'accompagne dans tous ses travaux (1).

Pendant sa première navigation, chaque soir il fait chanter sur ses trois navires l'hymne de la Vierge. La merveilleuse tendresse de cette dévotion répand sur toute cette existence fracassée et gigantesque la suave douceur d'une poésie céleste. La Vierge sans tache le conduit presque visiblement de sa main lumineuse à travers tous les écueils de l'Océan et du Monde. Dans les nuits sereines de l'Atlantique, sous la bénigne clarté

---

1. La première terre découverte fut appelée par Colomb : *Saint-Sauveur*, en témoignage de sa mission.

Mais la seconde reçut le nom de *Sainte-Marie-de-la-Conception*. Touchante fidélité du Tertiaire franciscain à la plus glorieuse de traditions de son ordre. On sait combien, dès l'origine, l'Ordre Séraphique appuya le dogme non encore défini de l'Immaculée Conception.

des constellations australes, l'azur profond de ce firmament nouveau pouvait paraître au Contemplateur du Verbe comme le manteau étoilé de la Reine des cieux étendu pour le protéger sur l'immensité des flots, et, dans les angoisses de la tribulation suprême, c'est Elle encore qui descendait pour fortifier son serviteur, non plus dans le bleu constellé de Sa Gloire, mais dans le sombre vêtement de la Mère Douloureuse, avec le cadavre d'un Dieu sur Ses genoux et les Sept Épées plantées dans le cœur. Mais c'est Elle, toujours, dans le calme ou dans la tempête, et la plus belle grandeur, après tout, de l'Inventeur du Nouveau Monde, du candide Précurseur de l'Oblation Perpétuelle, c'est d'avoir accompli dans sa plénitude, après quatorze cent cinquante-neuf ans révolus, la Troisième Parole de Notre-Seigneur Jésus-Christ mourant sur la Croix, sous les yeux de Sa Mère, pour le salut du monde entier.

X

« Va devant toi ! et si la terre que tu cherches n'a pas été créée encore, Dieu fera jaillir pour toi des mondes du néant afin de justifier ton audace ! » C'est Schiller, le froid poète Schiller qui parle ainsi à Christophe Colomb, dans une poésie du mouvement lyrique le plus emporté et le plus grandiose. Si l'auteur de *Guillaume Tell*, qui croyait faiblement en Dieu et plus faiblement encore en ses saints, a pu entrevoir dans le crépuscule boréal de son imagination de poète dramatique, le caractère unique de Christophe Colomb et son rôle spécial de Mandataire divin, comment les catholiques pourraient-ils s'excuser de le méconnaître ou de le dédaigner ? L'apologiste chrétien qui a écrit son histoire, tellement à fond et d'une manière tellement définitive que je ne sais vraiment pas ce qu'on y pourrait ajouter et que je me désespère à chercher quelque chose qu'il n'ait pas dit, afin d'être original, en le disant moi-même, à propos de son livre, — le Comte Roselly de Lorgues s'est donné la peine d'expliquer les raisons pour lesquelles, après si longtemps, Christophe Colomb n'est pas encore compris.

Voici en trois mots ces raisons qui ne furent pas plus bêtes, en somme, que les premières raisons venues qui peuvent servir à déshonorer un bienfaiteur.

Il n'y a que deux façons de se comporter avec un homme à qui l'on doit tout. Il faut lui appartenir ou l'éliminer. Or, on n'élimine jamais que ce qu'on remplace. Quand on eut bien compris l'immensité des services rendus par Colomb, on fut épouvanté du fardeau de la reconnaissance et on se hâta de le *remplacer*. On mit des *créatures* à la place de ce Créateur. Ensuite, on somma les Puissances ténébreuses de noyer cette gloire aveuglante sous un déluge d'obscurité et, par-dessus cette obscurité, le silence le plus obéissant fut placé en sentinelle. La peur d'être reconnaissant devint si grande qu'elle égala les plus affolées et les plus gigantesques épouvantes de l'homme ; elle fit trembler sur leur trône les tout-puissants Rois d'Espagne qui ne pardonnèrent jamais au Serviteur de Dieu de les avoir faits si magnifiques et qui ne prirent jamais assez de précautions contre sa mémoire.

La noble victime ayant succombé, les ignobles chiens du pillage et de l'aventure se précipitèrent à la curée. En sens inverse de la Croisade sainte rêvée par Christophe Colomb, l'Espagne entière s'arracha de son propre sol et se jeta sur le Nouveau Monde, comme en une Croisade satanique capable de venger l'enfer de toutes les autres croisades des siècles passés. Une cupidité monstrueuse remplaça l'enthousiasme religieux des temps chevaleresques. Ces innombrables peuples du nouveau Continent que Christophe Colomb avait enfantés à l'Église avec de si grandes douleurs, on en fit un bétail immense pour le travail et pour l'extermination.

L'Évangile ne leur fut pas annoncé et ils disparurent peu à peu de la terre en maudissant le Dieu inconnu de ces sanguinaires étrangers. Il faut remonter dans l'antiquité jusqu'à la guerre des Mercenaires pour trouver une histoire aussi cruelle et aussi lamentable. Quant à l'inventeur du nouveau monde, il s'appela désormais Amerigo Vespucci, et ce fut ce très mince aventurier qui recueillit, dans toutes les langues, par une substitution sans exemple, la plus grande gloire de l'univers. Christophe Colomb s'enfonça de plus en plus dans l'universel oubli, à tel point que c'est une espèce de miracle que nous sachions aujourd'hui son nom et son histoire.

Après plus de trois siècles, cette histoire ressuscite enfin. La Papauté, qui n'oublie jamais la vraie Gloire, s'est souvenue de cette gloire vierge qu'aucune louange terrestre n'avait profanée. Et maintenant, elle va grandir de tous les obstacles et de tous les délais humains qui s'opposèrent à elle pendant une si longue suite de mauvais rois et de mauvais peuples; et demain, peut-être, elle remplira tout l'univers.

Beaucoup de chrétiens, de ceux-là qui ne sont pas très sûrs de la sagesse de l'Église, vont sans doute se demander pourquoi il importe tant que Christophe Colomb soit honoré à la manière des saints et quelle nécessité si pressante pourrait avoir l'Église de placer ce navigateur sur ses autels. Il se rencontre beaucoup de ces étranges chrétiens que la béatification ou la canonisation d'un saint remplit de trouble et de mécontentement. Ils blâment l'Église d'être si peu prudente et de ménager si peu ses ennemis. En vérité, j'ai souvent entendu ces choses et j'ai vu ces âmes profondément scandalisées. De pareils chrétiens ne savent pas quel Esprit les pousse. Ils ignorent que tout est rien et que rien n'est rien, excepté la GLOIRE de Dieu ! que toutes les choses humaines et angéliques furent établies à cette unique fin et que, si l'Église Romaine, notre Mère à tous, pouvait voir un jour, parmi les hommes, une si prodigieuse dilatation de l'Amour qu'elle n'eût plus rien à faire que des constatations de miracles et des canonisations, l'avidité dévorante de la Gloire de Dieu ne serait pas encore assouvie.

Infiniment au-dessus de la Législation divine, plane éternellement la Gloire essentielle du Législateur, car son Droit de Grâce est inamissible aussi bien que son glaive de Justice. Le Larron pénitent fut dévoré par la Gloire du Rédempteur crucifié et l'hagiographie catholique nous apprend que les plus désespérés pécheurs peuvent encore être sauvés s'ils en appellent de la Justice à la Gloire ! Aussi, l'Esprit du mal, qui est un fort grand théologien, sait admirablement ce qu'il fait quand il s'efforce de l'obscurcir dans nos âmes. Le culte des Saints est surtout odieux à cet ennemi, parce que les Saints sont une chair mortelle transpercée de Gloire et que, les honorer, c'est rendre à cette divine Gloire elle-même la plus parfaite des adorations. En même temps, les Saints soutiennent le monde. Dieu n'a fait la race humaine que pour qu'elle lui donnât des Saints et, quand cette race n'en aura plus à lui donner, l'univers se dissipera comme une pincée de poussière. Dans le sens théologique le plus transcendant et le plus réel, les Saints coopèrent ainsi à l'Œuvre créatrice des Six jours et à l'Œuvre réparatrice du Septième dont l'aurore ensanglanta le Calvaire et qui n'aura point de *soir*. Ils sont à la fois une oligarchie de Créateurs et une triomphante milice de Rédempteurs. Les générations gravitent autour d'eux, comme les nébuleuses autour des soleils.

Toutes les fois qu'un Saint a marché sur la terre, on ne sait pas comment la chose s'est faite, mais toute une portion de l'humanité s'est remise à flamber et à resplendir. Il est donc extrêmement désirable que la Sainte Église multiplie le nombre de nos Ancêtres mystiques sur ses autels, car toute Gloire veut un culte, toute Beauté convoite l'amour, toute Grandeur appelle l'humiliation et nous avons un besoin infini de toutes ces choses. . . . .
. . . .

Le Démon, qui a toujours honoré les Saints d'une haine spéciale et enragée, reçut le pouvoir d'exercer sur Christophe Colomb la plus terrible, la plus acharnée de toutes les persécutions. Dans cette histoire, scandaleusement illisible pour les incroyants, la guerre infernale fait équilibre par ses terreurs au grandiose inouï de la Découverte. Il est impossible d'entrer dans aucun détail. Il faut aller au livre lui-même. Mais je ne puis m'empêcher de croire que l'inconcevable persistance du malheur de Christophe Colomb et la surprenante exception de ces souffrances ne doivent paraître comme les corollaires et la contre-partie d'un ordre de réalités toutes divines et comme une présomption de sainteté, aux yeux de tout chrétien quelque peu au fait de l'ascèse diabolique dans la vie des Saints et renseigné sur la politique ordinaire de l'Esprit du mal vis-à-vis de ces puissants ennemis de son empire. Le vainqueur de cet Océan inconnu, que l'épouvante des plus audacieux navigateurs avait nommé la MER TÉNÉBREUSE, rencontra sur ces rivages lointains qu'il brûlait d'évangéliser, le terrible Prince des vraies ténèbres qui souleva toutes les forces de la nature et se gonfla contre lui de toutes ses fureurs, pour lui fermer l'accès de ces régions immenses où il régnait sans partage depuis soixante-cinq siècles. Les combats des Saints contre les Puissances des ténèbres sont déjà passablement saisissants pour l'imagination, quand on en lit le détail dans leurs histoires. Mais, enfin, même en tenant compte, au point de vue de la Communion des Saints, de l'énorme importance catholique d'un saint Siméon Stylite ou d'un saint Antoine, il n'y a là, toujours, que l'intérêt hagiographique d'un solitaire aux prises avec le Tentateur perpétuel des Serviteurs de Jésus-Christ. Ici, l'intérêt est bien différent. Les rôles sont renversés. Ce n'est plus le Tentateur qui vient au saint pour l'abattre et pour en faire son esclave, c'est le saint qui fait invasion dans son royaume et qui vient abolir son antique et incontestée domination.

La Découverte de l'Amérique est une véritable descente aux enfers.

A ce point de vue, Christophe Colomb doit être considéré comme le Patriarche des missionnaires à l'étranger. Il faut remonter à travers les siècles, jusqu'à saint Thomas, pour trouver à peine un plus grand que lui et redescendre jusqu'à saint François-Xavier pour rencontrer son égal. Cette particularité dans le rôle entièrement surnaturel de Christophe Colomb est présentée par le Comte Roselly de Lorgues, pour la première fois, par l'excellente raison qu'il est le premier historien catholique de la Découverte, et elle ajoute à son livre, déjà si fortement coloré, les teintes à la fois sombres et ardentes de la

Mystique infernale qui en achèvent la beauté et en font le livre le plus exceptionnel de toute la littérature historique dans les temps modernes (1).

Je n'aime guère les citations et on ne m'accusera pas d'en avoir abusé. A mon avis, les pages d'un beau livre ne doivent pas s'éparpiller comme les feuilles sybillines. La Critique porte des balances et non pas des ciseaux. Mais, je l'ai dit plus haut, je n'ai pas à faire ici la fonction de critique et j'en récuse le redoutable honneur. Voici donc, dans sa nudité originale, un passage merveilleusement assorti aux réflexions qui précèdent ; après quoi, j'achèverai comme je pourrai mon travail d'explanation hagiographique. Dieu veuille que ce fragment allume la curiosité des catholiques et leur fasse lire enfin, dans son intégralité, la miraculeuse histoire de Christophe Colomb.

« Le mardi, 13 décembre 1502, pendant que l'Amiral agonisait dans son lit de douleurs, une clameur déchirante, partie de l'une des caravelles, fut presque aussitôt répétée par les autres. Ce cri de désespoir retentit jusqu'à l'âme du moribond. Il frissonna et reouvrit les yeux.

« Quelque chose d'horrible se passait à portée du regard.

---

1. « La disgrâce n'émeut point Colomb à la façon ordinaire. Il ne considère pas son étonnante adversité comme un fait purement individuel, la conséquence d'une hostilité de personnes ou de coterie. Il reconnaît dans ce qu'il éprouve la lutte du Monde contre l'esprit de foi. « Si c'est une nouveauté, dit-il, que de me plaindre du « monde, son habitude de maltraiter est fort ancienne. Il m'a livré « mille combats et j'ai résisté à tous jusqu'au moment où n'ont pu me « servir ni armes, ni conseils. C'est avec barbarie qu'il m'a coulé à « fond. » *Con crueldad me tiene cohado al fondo.* » — *Hist. de Chr. Col.*, par le Comte Roselly de Lorgues, liv. III, ch. vii.

« Sur un point de l'espace agité par un mouvement giratoire, la mer, se gonflant de tous les flots qu'elle attirait à ce centre, se soulevait comme une seule montagne, tandis que de noirs nuages, descendant en cône renversé, s'allongeaient vers le tourbillon marin qui se dressait palpitant à son approche, comme cherchant à le joindre. Ces deux monstruosités de la mer et de l'atmosphère s'unirent tout à coup par un effroyable embrassement et se confondirent en forme d'X tournoyante.

« C'était, dit l'historien de Saint-Domingue, « une de ces
« pompes ou trombes marines que les gens de mer appel-
« lent *froncks*, que l'on connaissait alors si peu et qui ont
« depuis submergé tant de navires (1). » Un âpre sifflement précédait l'haleine fatale qui poussait vers les caravelles cet épouvantail, alors sans nom dans nos langues. Ce genre de trombe est la plus affreuse manifestation de cette tempête infernale à qui l'Orient donna le nom même de l'esprit du mal : *Typhon*. Malheur aux navires qui se rencontrent sur son passage !

« Au cri de détresse qui frappa son cœur, le grand homme s'était ranimé. Devant l'imminence de la destruction, il se relève, reprend son ancienne vigueur et sort de la cabine afin de mesurer d'abord le péril. Lui aussi aperçut la chose formidable qui approchait. La mer était soutirée vers le ciel. A ce phénomène inconnu, il ne vit point de remède : l'art était inutile, la navigation impuissante ; d'ailleurs, on ne pouvait plus gouverner.

« Aussitôt Colomb, l'adorateur du Verbe, soupçonna dans cet effroyable déploiement des forces brutales de la

---

1. P. Charlevoix, *Hist. de Saint-Domingue*.

nature quelque manœuvre satanique. Il ne pouvait conjurer les puissances de l'air d'après les rites de l'Église, craignant d'usurper sur le sacerdoce; mais il se rappela qu'il était chef d'une expédition chrétienne, que son but était saint, et voulut, à sa manière, sommer l'esprit de ténèbres de lui livrer passage. Il fit soudain allumer dans les fanaux des cierges bénits, arborer l'étendard royal de l'expédition; ceignit son épée par-dessus le cordon de saint François; prit en ses mains le livre des Évangiles; et, debout en face de la trombe qui s'approchait, lui notifia la sublime affirmation qui ouvre le récit du disciple bien-aimé de Jésus, saint Jean, le fils adoptif de la Vierge.

« S'efforçant de dominer de sa voix le bruit de la tempête, le Messager du Salut déclara au typhon qu'au commencement était le Verbe; que le Verbe était en Dieu et que le Verbe était Dieu. Que toutes choses ont été faites par lui et que rien de ce qui a été fait n'a été fait sans lui; qu'en lui était la vie, et que la vie était la lumière des hommes; que la lumière luit dans les ténèbres et que les ténèbres ne l'ont point comprise; que le monde qui a été fait par lui ne l'a pas connu; qu'il est venu dans son propre bien et que les siens ne l'ont pas reçu; mais qu'il a donné à ceux qui croient en son nom et ne sont nés ni du sang, ni de la chair, ni de la volonté de l'homme, le pouvoir d'être faits enfants de Dieu; et que le VERBE S'EST FAIT CHAIR, et qu'il a habité parmi nous.

« Alors, de par ce Verbe divin, notre Rédempteur, dont la parole calmait les vents et apaisait les flots, Christophe Colomb commande impérieusement à la trombe d'épargner ceux qui, faits enfants de Dieu, s'en vont porter la Croix aux extrémités des nations et naviguent au nom trois fois saint de la Trinité. Puis, tirant son épée, plein d'une ardente foi, il trace dans l'air, avec le tranchant de l'acier, le SIGNE DE LA CROIX et décrit autour de lui un cercle acéré, comme s'il coupait réellement la trombe (1). Et, en effet, ô prodige ! la trombe qui marchait vers les caravelles, attirant avec un noir bouillonnement les flots, parut poussée obliquement, passa entre les navires à demi noyés par le bouleversement des vagues, s'éloigna rugissante, disloquée, et s'alla perdre dans la tumultueuse immensité des plaines atlantiques (2). »

1. De là cette idée, autrefois répandue chez les marins, qu'on se préservait de la trombe « en la taillant avec un sabre et l'Évangile de saint Jean ».
2. *Hist. de Christophe Colomb*, par le Comte Roselly de Lorgues, liv. IV, ch. III.

XI

Le 10 septembre 1877, un événement extraordinaire qui émut un instant la curiosité humaine dans les deux hémisphères, se produisait en Amérique. Les restes mortels de Christophe Colomb, qu'on supposait enfermés depuis 1796, dans la cathédrale de la Havane, furent retrouvés tout à coup dans celle de Saint-Domingue. Une tradition constante, relative à la présence des reliques du grand Amiral, subsistait depuis quatre-vingts ans dans cette terre qu'il avait si chèrement aimée et que, suivant son fier langage, il avait, « par la volonté de Dieu, acquise à l'Espagne en *suant le sang* ». D'anciens habitants de Saint-Domingue se refusaient à croire que le désir, formellement exprimé dans son testament, d'être inhumé dans ce lieu, eût été déçu comme l'avaient été, de son vivant, tous les autres désirs de cette colombe amoureuse qui ne trouva pas, sur notre fange, une seule place où reposer ses faibles pieds trempés d'éther et qui finit par s'échapper toute saignante dans le ciel !

Mais, du côté de l'Espagne, la surprise et l'incrédulité

ne furent pas médiocres. Lorsqu'en exécution d'une clause du traité de paix conclu à Bâle, le 22 juillet 1795, l'Espagne dut céder à la France le territoire qu'elle possédait dans l'île espagnole, le chef d'escadre, au moment d'abandonner Saint-Domingue, avait ressenti le patriotique désir de ne point laisser aux nouveaux possesseurs du sol, les cendres de Christophe Colomb.

On savait qu'elles devaient se trouver sous le sanctuaire, du côté de l'Évangile. En conséquence, on avait recueilli, pour la transporter pompeusement à l'île de Cuba, une poussière anonyme trouvée dans un caveau sans armoiries ni inscriptions d'aucune sorte. Puis, le temps, à son tour, ayant fait une nouvelle poussière de tous les contemporains et témoins de cette spoliation, le fameux orgueil Castillan s'était parfaitement contenté de cet à peu près de reliques du bienfaiteur de l'Espagne.

Au surplus, qu'en aurait-il fait? L'Espagne s'est montrée si ingrate et si noire pour le grand homme qui lui donnait, au Nom de Jésus-Christ, la moitié de la planète, qu'il est bien permis de penser que le profond abaissement de ce peuple si héroïque et si dur a été le châtiment du crime effroyable de l'avoir fait mourir de douleur.

Et cependant, lorsque le bruit se répandit en Europe de la découverte certaine des restes de Colomb, le gouvernement espagnol, jaloux et humilié, mit en œuvre toutes ses ressources télégraphiques et diplomatiques pour le démentir partout sans examen. « Après avoir si longtemps fait le silence sur ce Héros, — dit le Comte Roselly de Lorgues dans une récente brochure, *les Deux*

Cercueils de Christophe Colomb (1), dont je donne ici l'aperçu, — l'Espagne s'efforçait maintenant de procréer l'erreur sur ses reliques, en persuadant au monde entier qu'elles demeurent réellement en sa possession à Cuba, *protégées par sa glorieuse bannière.* »

L'Espagne n'a jamais pu pardonner à Christophe Colomb de l'avoir faite, pendant deux siècles, la plus puissante nation de l'univers. En voilà bientôt quatre qu'elle le méconnaît et le déshonore! Toute la canaille péninsulaire, monarques en tête, s'est ruée sur ce sublime Malheureux qui la fait mugir comme les taureaux de ses Arènes, en étendant vers elle ses nobles mains enchaînées. Elle semble lui dire, à la manière des Juifs blasphémant le Sauveur crucifié : « Que ne te délivres-tu toi-même, toi qui prétendais délivrer les autres en faisant l'aumône aux peuples et aux rois? Nous croirons volontiers que tu es l'Envoyé de Dieu, si tu t'élances de ce cachot de mensonges où nous avons muré ta mémoire! »

Mais la victime, qui était morte et dont les pieds d'une dizaine de générations à tête dure avaient refoulé le cadavre dans les ténèbres abolissantes de l'oubli, est enfin ressuscitée et c'est l'Église qui nous la montre toute ruisselante de gloire. Christophe Colomb, cet homme d'incomparable exception, a reçu de Notre-Seigneur Jésus-Christ, dont il partagea plus qu'aucun autre les souffrances, le privilège réservé de traîner, comme Lui-même, tout un peuple stigmatisé de sa mort, dans le sillon lumineux de son immortalité.

---

1. Ce curieux opuscule est une feuille détachée de l'*Histoire posthume de Christophe Colomb*, ouvrage que j'annonçais dans ma première partie comme devant paraître prochainement et dont le public ne connaît encore que ce seul extrait.

Pourquoi donc, alors, revendiquer à si grands frais la pauvre poignée de poussière d'un homme de rien, d'un batelier, d'un pilote, d'un rêveur inutile décédé depuis quatre siècles? Pourquoi ce grand souci national à l'ocsion d'un *ingrat* étranger qui, après avoir accru la domination de l'Espagne de deux cents millions de sujets Indiens, dont il était le père spirituel, refusa l'aumône de quelques écus, en échange de l'Évangile qu'il voulait leur enseigner et mourut impuissant, au pied de la Croix, des éclaboussures sanglantes de leur supplice?

La réponse est trop facile, hélas! Si, véritablement, il pouvait être prouvé que les restes de l'Amiral sont à la Havane, ils continueraient d'y être honorés comme les débris inconnus qu'on y tranporta en 1795, l'ont été jusqu'à cette heure : c'est-à-dire que, malgré la place qu'ils sont supposés occuper dans le chœur de la cathédrale, au-dessous d'un buste assez mesquin, personne ne pourrait dire où ils se trouvent réellement. En 1834, il se disait à la Havane que peu d'années auparavant, les restes de Colomb avaient été transportés au cimetière général où aucun monument ne signale leur présence à la curiosité du visiteur. Ces honneurs-là suffisent à la piété filiale de la catholique Espagne et elle prétend qu'ils nous doivent suffire aussi, à nous autres qui ne sommes pas Espagnols et, en même temps, à toute la terre. L'Espagne est très persuadée que Christophe Colomb lui appartient; dès lors, elle est seule juge de la pincée de gloire qu'elle consent à lui départir et elle s'arrange pour draper sa vieille injustice dans le manteau administratif d'une rhétorique de reconnaissance.

Mais si, au contraire, les ossements de ce nouveau Paul d'une gentilité inconnue jusqu'à lui sont encore à

Saint-Domingue, comme il est certainement prouvé ; si cette découverte miraculeusement correspondante au mouvement actuel de l'opinion catholique sur Colomb, hâte l'heure désirable de sa Béatification, il est assez facile de prévoir l'immense vénération du monde chrétien pour les reliques d'un saint dont l'exceptionnelle majesté lui sera enfin démontrée. Alors il se pourrait bien que la cathédrale de Saint Domingue devînt, en réalité, la Jérusalem Américaine, comme le lui ont railleusement prophétisé des académiciens espagnols, salariés pour être les ennemis d'un cercueil et qui ne croyaient pas si bien dire. En ce jour, l'humiliation et la honte de l'Espagne seront à leur comble et c'est ce danger qu'elle s'efforce de conjurer par tous les moyens possibles et à quelque prix que ce soit !

En attendant ce suprême châtiment national, la présente brochure sur les *Deux Cercueils*, qui ne vise que des faits récents, donne singulièrement la mesure d'une haine dont je ne crois pas qu'il y ait d'exemple et qui, par sa persistance de quatre siècles, prend le caractère surnaturel d'une malédiction divine. Il faut lire la polémique si précise et, parfois, si spirituellement coupante du Comte Roselly de Lorgues, pour avoir l'idée de ce repli obstiné, de cette obduration invincible, de ce front de taureau du vieux **préjugé** Castillan, réfractaire à toute évidence, aussitôt qu'il s'agit de ne pas fouler aux pieds Christophe Colomb. Le Cabinet espagnol, fortement ému de l'événement de Saint-Domingue et considérant qu'il se devait à lui-même d'obéir à l'hostile tradition, au lieu d'envoyer à Saint-Domingue et à Cuba une commission d'érudits et d'archéologues, chargea l'Académie royale d'histoire de juger du fond de son fauteuil, à Madrid, ce qui venait de se passer aux Antilles. Les académiciens qui seront toujours de très dociles sujets, à quelque nation qu'ils appartiennent, se gardèrent bien de contrarier le Pouvoir, qui leur avait d'avance, par une circulaire, tracé leurs conclusions. Le Comte Roselly de Lorgues lacère et fripe terriblement, en quelques pages, le travail de ces messieurs. Il n'en laisse subsister que la honte qui n'est peut-être pas un bien lourd surcroît pour leurs épaules.

Les circonstances de la découverte des restes sont infiniment simples. Dans le cours des travaux de réparation de la cathédrale de Saint-Domingue, l'ingénieur chargé de les diriger découvrit dans la partie souterraine du sanctuaire, du côté de l'Évangile, un coffre de métal sur lequel on put lire cette inscription abrégée : D. de la A. P^{er} A^{te} c'est-à-dire : *Découvreur de l'Amérique Premier Amiral;* et sur les côtés : C. C. A., c'est-à-dire *Christophe Colomb Amiral.*

La caisse ayant été ouverte, on aperçut des ossements humains. A la partie intérieure du couvercle on lut ces mots en caractères gothiques allemands :

Ill^{ro} y Es^{do} Vonra
D^{n} Cristoval Colon.

A l'exception d'un petit nombre d'os passablement conservés, tout était en poussière. Ce dut être une étrange émotion. Pour une âme un peu profonde, les restes d'un inconnu sont déjà singulièrement suggestifs de mélancolie quand on les voit très anciens, émiettés aux angles des siècles et que, toute forme s'étant abolie, la simagrée terrible du squelette, elle-même, a disparu. Qu'est-ce donc quand on connaît le passé de cette cendre, que ce passé est très grand et que cette balayure de l'Éternité a un Nom que l'habitude de le prononcer a fini par rendre magique comme une formule évocatoire? Ces détritus de l'arbre pensant qui doit reverdir un jour, retiennent, malgré tout, une si étonnante empreinte de la vie, ils profèrent à leur manière, une si formidable affirmation de leur essence, qu'on n'a jamais pu s'empêcher d'écrire sur les sépulcres des paroles d'immortalité. Humbles ou fastueuses, ces inscriptions veulent toujours dire que le décédé a été ceci ou cela plus qu'autre chose, qu'il est nécessaire que l'infini le sache et s'en contente et que c'est sur cette sentence lapidaire des hommes qu'il faut absolument que Dieu le rejuge à son tour. Mais, si les hommes jugent comme ils veulent, Dieu seul juge comme il *peut* et nul ne sait exactement ce que Dieu peut!...

La relation d'un pareil événement était nécessaire ici. Les chrétiens qui croient avec fermeté au Dieu vivant et à sa Providence, ont généralement regardé ce fait comme une sanction divine du magnanime projet de Pie IX. La certitude du lieu de sépulture de l'Amiral et l'authenticité de ses reliques font disparaître une des objections les plus graves à l'introduction de sa Cause. En même temps, cette découverte de la tombe inconnue du plus grand des hommes éclaire un peu plus, au profit de l'histoire, le rôle exceptionnellement sacrifié de ce Postulant toujours malheureux, qui ne paraissait pas avoir obtenu même une sépulture selon son cœur et qui vient à peine de commencer authentiquement le *noviciat* de son propre tombeau.

La destinée terrestre de Christophe Colomb fut marquée de ce double caractère : l'acceptation et l'abandon à Dieu. En effet, jamais Dieu n'exigea autant d'un mortel en vue de desseins plus cachés et, jamais, depuis l'établissement de la loi de grâce, son action efficiente ne fut plus sensible. Au témoignage du protestant Washington Irving, « Colomb se regardait comme placé sous la garde immédiate de la Providence dans son entreprise ». Lui-même déclarait que « Notre Rédempteur lui disposa le chemin ». A son premier voyage, il prend directement, comme s'il l'avait déjà parcourue, la route la plus sûre et la plus commode pour arriver aux Antilles. C'est celle que suivent même aujourd'hui les navires à voiles. Trois cent quatre-vingts ans d'expérience n'ont pas permis aux navigateurs d'en découvrir une meilleure. Le grand Humboldt a constaté ce fait.

Tout, dans cette vie, porte l'empreinte de cette espèce de nécessité mystérieuse qui faisait parler les prophètes et qui plie, au temps marqué, les hommes et les choses à l'accomplissement de leurs prophéties. Jusqu'à ce jour, Christophe Colomb, envisagé seulement comme inventeur, pouvait déjà paraître très grand à quelques-unes de ces rares intelligences qui connaissent exactement la mesure humaine; mais, lorsque l'Église lui aura donné le nimbe des Saints, le monde le verra tout à coup tel qu'il est et sera infiniment étonné de cette vision. En ce jour, la Mère des âmes manifestera d'une manière inaccoutumée sa puissance en restituant la majesté lésée du Porte-Christ et la Barque de Pierre sera le vaisseau très sûr de la dernière pérégrination terrestre de ce « Messager des nouveaux cieux ».

Jusque-là, nous n'avons que son histoire, mais en est-il une plus cruelle, plus douloureuse, plus désespérément lamentable? L'injustice a beau être tout humaine, on ne l'absorbe pas impunément à des doses aussi exorbitantes. La conscience pousse des cris terribles et pleure vers Dieu. Aucun homme généreux ne pourra jamais lire les actes de ce martyr sans être suffoqué de pitié et c'est avec raison qu'il disait à la Terre de pleurer sur lui. Pour faire équilibre à la surnaturelle iniquité dont Christophe Colomb fut la victime, il n'y a que le contrepoids d'une surnaturelle réparation et c'est l'Église seule qui peut laver l'opprobre de la société chrétienne en accordant, à cet Aîné des membres souffrants de Jésus-Christ, la couronne d'immortelle gloire !

TROISIÈME PARTIE

OBSTACLES

A

L'INTRODUCTION DE LA CAUSE

OBSTACLES

A

L'INTRODUCTION DE LA CAUSE

> « Congruit et veritati ridere quia
> « lætans; de æmulis suis ridere quia
> « secura est... Ceterum ubicumque
> « dignus risus, officium est. »
> (*Tertull. adv. Valent.*)

I

Notre-Seigneur Jésus-Christ nous parle ainsi dans son Évangile : « Aucun prophète n'est sans honneur, excepté dans sa patrie et dans sa maison. » Le Sauveur des hommes pensait alors à Lui-même, *en qui toutes choses subsistent* et à qui nous sommes tous naturellement et surnaturellement *configurés*. Il pensait en même temps à nous et, principalement, à ceux d'entre nous, fidèles ou prévaricateurs, qui devaient un jour se consumer devant les peuples comme de douloureux flambeaux et tenir les âmes des hommes dans leurs mains. Cette parole du Maître, sortie comme un gémissement des entrailles de l'Agneau divin, si nettement paraphrasée ensuite par les crachats du corps de garde et par les clous du Calvaire, a reçu dans tous les siècles, son parfait accomplissement et n'a jamais cessé de peser (comme une menace des derniers supplices) sur l'imperceptible troupeau des âmes naturellement royales. Les saints, les héros, les gens de génie, tout ce qui domine dans l'humanité, souffre terriblement et, parce que la Parole de Dieu doit toujours avoir sa vertu, même lorsqu'elle tombe sur des fronts maudits, on a vu jusqu'aux ennemis de Jésus-Christ, lorsqu'ils avaient de la grandeur humaine, triompher partout, *excepté dans leur patrie*, conformément à ce qui est écrit.

Christophe Colomb, cet « homme de Dieu antique », selon le mot de saint Augustin parlant de saint Irénée (1) ; ce Messager de la plus immense Nouvelle que le monde ait entendue depuis la descente des langues de feu sur les Douze premiers Évêques de la chrétienté ; ce Navigateur quasi épiscopal lui-même, choisi de Dieu pour évangéliser, à lui seul, un monde aussi vaste que celui dont les compagnons du Rédempteur s'étaient partagé la conquête ; cette blanche et gémissante *Colombe portant le Christ* pouvait-elle échapper à la loi mystérieuse qui condamne tous les aînés de ce monde à être crucifiés dans leur patrie ? Assurément non. La contradiction humaine, ce caractère distinctif, essentiel, de tout ce qui est divin, cette probation terrible des serviteurs de Dieu, dont il est si fortement parlé dans l'Écriture, s'éleva tout de suite, comme les eaux des Océans, contre celui-là, dans la patrie qu'il avait adoptée et qui devint par lui la dominatrice des nations. J'ai dit précédemment ce que fut cette tempête de l'ingratitude de tout un peuple. Et cependant cet effroyable péché avait alors son excuse, son affreuse excuse, dans l'intérêt bestial d'une cupi-

---

« 1. Antiquum hominem Dei. » — *S. August. Contra Julianum.*

dité sans frein. C'est là, sans doute, le seul mobile qu'il soit possible d'attribuer à la majeure partie des ennemis de Christophe Colomb. L'Espagne, subitement frappée de folie, étendait ses mains dévorantes vers les Eldorados découverts. L'héroïsme tournait en concupiscence. A la reddition de Grenade succédait la reddition du désintéressement chevaleresque des légendaires Matamores. Il fallait bien écraser cet homme qui n'opposait que sa tendresse apostolique à toutes ces fringales déchaînées.

Mais aujourd'hui, après trois cent quatre-vingts ans, il n'y a plus de cupidités en délire, du moins pour le même objet. La grande croisade du pillage est finie. L'Amérique, éventrée de l'un à l'autre pôle, a vidé ses entrailles d'or sur la vieille Europe qui n'en est pas devenue plus riche. L'avide Espagne s'est indigérée à en mourir. Déchue du trône du monde et agonisante sans majesté, elle a vu les autres peuples se partager son héritage et, de tout cet immense empire où le soleil ne se couchait pas, il ne lui reste plus que deux îles, dont l'une de médiocre importance, que la monomanie colonisatrice du protestantisme lui arrachera quelque jour. Il ne subsiste donc plus une ombre de prétexte *humain* pour souiller ce grand lit de gloire où le donateur du Nouveau Monde s'est étendu dans la mort. Sa vraie patrie terrestre, le coin de l'Europe où il est né, où il a grandi, où les premières impressions de la vie extérieure ont pénétré son âme, cette patrie matérielle peut donc enfin le reprendre à l'ingrate patrie de l'adoption et le revendiquer comme son plus inestimable trésor. Tout ce qu'il y a de nobles âmes dans le monde se tourne du côté de Gênes et la proclame bienheureuse de lui avoir donné le jour. L'imagination et la mémoire s'épuisent à chercher des places publiques où le légitime orgueil d'un peuple ait jamais pu « porter dans les airs » une aussi glorieuse effigie, et l'enthousiasme de tous les cœurs poétiques s'ajoute à la reconnaissance enivrée de toute la terre pour honorer comme il convient l'heureuse cité qui a été jugée digne d'enfanter à Jésus-Christ son deuxième Précurseur !

II

Eh bien, non ! GÊNES A HONTE DE CHRISTOPHE COLOMB !
Je ne parle pas de Gênes laïque et politique, qui, à
vrai dire, ne brûle pas pour le Héros, mais qui, du
moins, tolère qu'on l'admire. Je parle de *Gênes ecclésiastique et dévote.* On ne le croira jamais et pourtant
il en est ainsi.

Si on ne savait rien de l'histoire et qu'on voulût s'en
instruire à l'archevêché de Gênes, on apprendrait que
la ville de marbre n'a pas sujet d'être extrêmement
fière d'avoir donné le jour à Christophe Colomb. Ce
monstre de gloire ne fait pas précisément horreur au
clergé ligurien ; il lui fait *honte*, je le répète, et c'est
avec la plus étrange de toutes les pudeurs qu'il s'efforce,
autant qu'il peut, d'humilier en lui l'orgueil national.

On nous a parlé dans notre enfance de ces villes de la
Grèce qui se disputaient l'honneur d'avoir vu naître le
grand Homère. Dans les siècles chrétiens, des peuples
se sont précipités les uns sur les autres pour quelques
ossements de martyrs que tout le monde croyait avoir
le droit de revendiquer. A ce point de vue, l'hagiographie catholique est l'histoire, sans cesse renouvelée, des

Mères rivales. Le grand roi Salomon sur son trône d'ivoire y perdrait sa sagesse. Aussitôt qu'il s'agit d'un saint, le délire de l'émulation est universel et le lieu de sa naissance devient une terre aussi sacrée que l'Horeb pour les générations aux pieds nus qui viennent, en tremblant, s'y prosterner. Le culte des saints est tellement au fond du catholicisme qu'on a toujours cru, parmi les peuples chrétiens, que la prospérité des États en dépendait comme la lumière dépend du flambeau et comme un homme dépend de son âme.

Pour cette raison, et pour d'autres plus profondes encore, toutes les fois que la sainteté d'une créature humaine a éclaté quelque part, d'innombrables mains suppliantes se sont aussitôt tendues vers le Saint-Siège apostolique, seul capable d'en connaître, pour qu'un décret solennel légitimât la vénération des multitudes, et permît à l'enthousiasme populaire de s'écraser sur son tombeau. Je ne crois pas que dans les dix-huit cents ans d'histoire qui nous séparent des Langueurs sacrées de Notre-Seigneur Jésus-Christ on puisse citer un seul exemple de l'indifférence unanime de tout un peuple catholique à l'égard de la sainteté éclatante, manifeste, incontestable ou même simplement probable, d'un de ses fils. L'énoncé pur et simple d'une telle idée serait, à lui seul, une surabondante démonstration de la plus épaisse inintelligence historique.

Le démon, il est vrai, nous donne, à toute page des annales de l'Église, le spectacle édifiant de la plus furieuse hostilité contre la mémoire des Saints, dans les pays chrétiens où se sont déchaînées l'hérésie formelle ou l'imbécillité orthodoxe plus redoutable encore. Mais, pour ce qui est de l'indifférence, point de nouvelles.

Quand on est croyant, même à la façon du Diable qui ne peut s'empêcher de l'être dans son enfer, quoiqu'il en frémisse de rage (1), il n'est pas possible d'être indifférent pour les Saints, parce qu'ils sont les membres vivants de Jésus-Christ, et qu'en cette qualité ils appellent invinciblement ou le Thabor ou le Calvaire. Même dans cette noble ville de Gênes qui nous intéresse en ce moment, cette monstrueuse sorte d'indifférence n'exista jamais. Il y a une quarantaine d'années, la grandeur religieuse de Colomb y était parfaitement inconnue. Les Génois étaient à peu près sûrs qu'il avait découvert l'Amérique, et ils le tenaient sans doute pour un assez intéressant navigateur, dont ils ne sentaient pas autrement le besoin de s'enorgueillir. D'ailleurs, le lieu de sa naissance n'était pas absolument certain et on pouvait contester encore qu'il eût été, à une époque quelconque de sa vie, citoyen génois. Mais si, au contraire, la sainteté héroïque de cet *enrichisseur* de l'Espagne eût été connue et démontrée, comme elle l'est aujourd'hui, on doit équitablement conjecturer que les Génois se fussent immédiatement passionnés pour ou *contre* lui, malgré l'incertitude apparente de son origine. Au surplus, ce qui se passe en ce moment me dispense de prolonger cette digression.

Voici les faits.

Le Pape Pie IX entrevoit par une intuition supérieure la Sainteté ignorée et méconnue, pendant près de quatre siècles, de Christophe Colomb. Aussi, à peine remis des agitations révolutionnaires du commencement de son Pontificat, il charge le Comte Roselly de Lorgues

---

1. « Dæmones CREDUNT et contremiscunt. » — Jac. 1, 12.

d'écrire la vie de ce grand Serviteur de Dieu, et cette vie est écrite. Les écailles de la légende protestante tombent alors de tous les yeux catholiques et le véritable Colomb est enfin connu. L'Épiscopat s'étonne d'avoir si complètement ignoré le Messager de l'Évangile et adresse de toutes parts, au Saint-Père, de respectueuses requêtes à l'effet d'obtenir l'Introduction de sa Cause devant la Sacrée Congrégation des Rites. Un immense mouvement de l'opinion porte aux pieds du successeur de saint Pierre l'amende honorable de l'univers stupéfait de sa propre ingratitude. L'éminent archevêque de Gênes, Mgr Andrea Charvaz, directement intéressé à cette grande réparation catholique, précise le caractère spécial de la Postulation, en sollicitant la voie exceptionnelle. J'ai déjà donné tout le détail de cette affaire dans l'*Historique* de la Cause.

Sur ces entrefaites, le plus imprévu de tous les obstacles surgit tout à coup. Un chanoine génois, inconnu des hommes, l'abbé Angelo Sanguineti, helléniste peu vérifié et numismate vaticinant, était, depuis quelques années, dans sa ville, en possession de la gloire d'historien de Christophe Colomb. Son petit livre, assez platement venimeux, espèce de castration bibliographique du volumineux ouvrage protestant de Washington Irving, donnait à ses candides concitoyens une telle idée de ce plagiaire, qu'on pouvait être tenté de supposer que la parole du Divin Maître sur les prophètes autochtones avait été, pour la première fois, démentie. Il paraît que le discernement littéraire de la Carthage ligurienne allait jusque-là.

L'apparition inattendue du livre chrétien du Comte Roselly de Lorgues vint troubler à jamais les loisirs de ce Tityre canonical si paisiblement étendu jusqu'à ce jour sous la luxuriante frondaison de ses lauriers *épigraphiques* et roucoulant de si inoffensives pastorales sur les pipeaux archéologiques de sa gloire. L'histoire française de Christophe Colomb produisit l'effet d'un tison dans une poudrière. Le temps des bucoliques passa sans retour. Du fond des entrailles de ce chanoine il s'éleva soudainement comme un flux de rage furibonde contre le nouvel historien, contre Pie IX et contre tous les évêques de la chrétienté. L'abbé Sanguineti, seul contre tous, monte au Capitole de sa propre estime et se prépare à sauver l'Église. Il ne s'agissait de rien moins, en effet, que du salut de la Sainte Église, dangereusement menacée dans la personnalité littéraire du terrible chanoine, à la fois par le livre du Comte Roselly de Lorgues, par le Pape qui l'avait inspiré et par le grand corps épiscopal qui en avait approuvé les conclusions. L'historien catholique, il ne faut pas le cacher plus longtemps, avait eu l'incroyable audace d'éliminer complètement l'abbé Sanguineti. Il avait consigné sa honteuse plaquette à la porte de la critique historique. *Inde iræ.*

Christophe Colomb paya pour tout le monde. L'abréviateur de Washington Irving répandit aussitôt, avec un zèle extrême, un certain nombre de calomnies contre la mémoire du Serviteur de Dieu. Surpassant d'un seul coup les ignobles insinuations de l'École protestante, il l'accusa nettement d'intrigue amoureuse, d'orgueil, d'avidité, d'inhumanité, d'hypocrisie et même de SACRILÈGE ! Une active propagande fut promptement organisée. Sous le commandement suprême de ce belliqueux archéologue, une ligue de chanoines académiciens et de libres penseurs entra en campagne contre la vérité et s'efforça de ruiner, par tous les moyens, la grandissante réputation de sainteté de Christophe Colomb. Le chanoine Sanguineti se battit en duel contre son propre honneur de prêtre et lui passa son épée de Scaramouche au travers du corps, aux yeux de ses concitoyens qui trouvèrent cela héroïque et qui eurent la force de l'applaudir.

En 1857, dans un grossier pamphlet dirigé contre le Comte Roselly de Lorgues, il avait renouvelé toutes les accusations formulées dans son abrégé protestant, ajoutant à ce petit trésor d'ineptes mensonges le riche venin de son pédantisme démasqué. Il voulut imposer de vive force à ses compatriotes et au monde entier le fruit de ces précédents travaux de copiste. Il obtint, de la complaisance de quelques journaux, une sorte d'apologie où il était désigné à la vénération des hommes comme « ayant bien mérité de sa patrie ». A dater de ce jour, les loges et les tripots démagogiques reconnurent en ce digne prêtre un ardent auxiliaire de leurs desseins émancipateurs et s'engagèrent à le soutenir comme une précieuse recrue devant qui s'ouvrait la voie Appienne des plus retentissantes apostasies. Ainsi se forma cette incroyable association entre les libres penseurs de toute l'Italie et une demi-douzaine de prêtres génois, qui a pour but d'empêcher la canonisation de Christophe Colomb. A Gênes, tout membre de l'Académie ou du clergé qui n'admet pas les calomnies du chanoine est frappé d'ostracisme, les amis de la vérité sont regardés comme des ennemis de la science et déclarés appartenir à la *faction Rosellienne*.

Tandis que les gouvernements d'Espagne et d'Italie

honoraient de témoignages écrits et de décorations l'historien de Christophe Colomb, le conseil municipal de Gênes, abominablement trompé par l'abbé Sanguineti, le faisait insulter officiellement dans la magnifique réimpression du *Codice Colombo Américano* publié aux frais de la ville, et les feuilles génoises le bafouaient indignement.

Rien n'égale l'acharnement de cette haine de chanoine. On est obligé d'en chercher la cause ailleurs que dans le monde naturel, car, humainement, c'est tout à fait inexplicable. L'abbé Sanguineti a tout mis en œuvre pour déshonorer le Révélateur du globe et son illustre glorificateur. A Gênes, seulement, il est vrai, des ecclésiastiques, inspirés par lui, osèrent vilipender l'incomparable Serviteur de Dieu. Mais de nombreux amis laïques de cet étonnant séducteur, répandus par toute l'Italie, donnèrent le spectacle inouï d'un dévouement poussé jusqu'au déshonneur volontaire. Par la plume ou par la parole, un dénigrement sans exemple fut excité à Turin, à Pise, à Florence, à Plaisance, à Modène, à Rome même, et jusque dans le palais du Souverain Pontife. L'abbé Sanguineti osa solliciter de la *Civiltà cattolica* le blâme du livre du Comte Roselly de Lorgues. N'ayant pu l'obtenir, il en fit d'amères doléances dans la *Gazette de Gênes*, le 30 mars 1858. Déjà, il s'était plaint douloureusement, dans l'*Apologista* de Turin, de ce que l'illustre P. Ventura avait adressé au clergé d'Italie un manifeste en faveur de ce chef-d'œuvre. Il écrivit à Paris, à Rome et ailleurs, cherchant à soulever l'opinion.

Le Comte Roselly de Lorgues, indigné de ces attaques, mais se souvenant du profond respect que l'Église a le droit d'exiger de tous ses enfants, surtout dans les siècles de peu de foi, souffrait en silence de voir un prêtre catholique sur le tréteau des saltimbanques de la publicité irréligieuse. Il eût ardemment désiré de faire entrer un salutaire mouvement de pudeur dans l'âme de ce pamphlétaire si peu sacerdotal. Il se tut pendant douze ans, se laissant outrager avec la résignation d'une âme vraiment supérieure. Mais, en 1869, ayant lu de nouvelles accusations contre le héros chrétien, révolté de cet acharnement impie, il adressa au directeur du *Giornale degli studiosi* une lettre accablante qui, pour quelque temps, fit rentrer sous sa pierre le hideux crapaud de la calomnie.

Toutefois, sans rien imprimer, celui-ci n'en continua pas moins la diffamation et ne cessa d'agir auprès du clergé. L'occasion lui était propice. Ancien professeur au grand séminaire avec M. l'abbé Magnasco, qui succédait au savant théologien archevêque de Gênes, l'illustre Mgr Andrea Charvaz, lequel n'aurait jamais souffert un pareil débordement de vanité blessée, ses relations étaient d'avance facilitées parmi les ecclésiastiques. Il sut les mettre à profit. Discréditer une histoire publiée par ORDRE du Souverain Pontife, maintenir contre Colomb l'accusation de liaison immorale, susciter le doute, éveiller la défiance dans les esprits et, par l'effusion de la calomnie, empêcher les Évêques italiens d'adhérer à la Postulation rédigée à Rome pendant le Concile, tel fut le but de ses persévérants efforts.

En 1874, le Comte Roselly de Lorgues réunit en un volume, sous ce titre : L'AMBASSADEUR DE DIEU ET LE PAPE PIE IX (1), toutes les preuves des vertus héroïques

---

1. Un volume in-8 ; Paris, Plon, 1874.

et des miracles de Colomb, en suivant l'ordre d'exposition usité à la Sacrée Congrégation des Rites. Ce remarquable livre, assez inaperçu en France pour des raisons qui seront indiquées tout à l'heure, fit grand bruit en Italie et porta à son comble la rage chronique de l'indomptable abbé Sanguineti. La vilaine ligue génoise décrète aussitôt l'urgence et fait imprimer un nouveau pamphlet ironiquement intitulé : *la Canonisation de Christophe Colomb*. Ici, je laisse la parole au défenseur officiel du Serviteur de Dieu, à l'éloquent Postulateur de sa Cause.

III

« Mgr Magnasco, dit le Comte Roselly de Lorgues (1) souvent absorbé par ses fonctions pastorales, n'ayant jamais lu la véritable histoire de Colomb, s'en rapportant au dire de son ancien collègue, s'est laissé circonvenir ; et c'est naïvement qu'il s'oppose à la béatification du Héros. Successeur de Mgr Andrea Charvaz, dont le zèle sollicitait l'introduction de la cause de Christophe Colomb, Mgr Magnasco, par crainte de déplaire au belliqueux chanoine, non seulement n'a pas renouvelé la demande de son éminent prédécesseur, mais s'est refusé à signer la Postulation des Évêques.

« Le sentiment des Princes de l'Église, des patriarches, des Archevêques et Évêques des diverses régions de la terre n'a pu prévaloir dans son esprit sur l'opinion contraire du chanoine Sanguineti. Cependant, parmi eux, figuraient des gloires de l'Épiscopat, des illustrations de premier ordre, ainsi que des Confesseurs de la

---

1. Appendice de la 4ᵉ édition du *Christophe Colomb* de Didier, premier éditeur de ce monument historique. Cette édition a immédiatement précédé la luxueuse publication illustrée de la *Librairie Catholique*.

Foi ; les uns diversement éprouvés par les outrages, la confiscation, les fers, l'exil ; les autres ayant heureusement échappé aux bourreaux ; ceux-ci survivant péniblement aux tortures, ceux-là portant visibles les traces du martyre. Inutilement a-t-on mis sous ses yeux le Bref pontifical du 24 avril 1863, où le Saint-Père solennise la grandeur apostolique de Christophe Colomb ; le chanoine Sanguineti est d'un autre avis ; cela suffit à l'Archevêque de Gênes.

« On reste confondu d'un tel aveuglement ; car Mgr Magnasco, irréprochable dans ses mœurs, sa doctrine, assidu aux cérémonies, ponctuel dans ses exercices de piété, charitable malgré sa brusquerie, est plein de bonnes intentions.

« D'après l'infaillibilité attribuée au chanoine Sanguineti, on s'étonnera moins de ce que l'Archevêché ait accordé son visa au fameux libelle : *la Canonisation de Christophe Colomb* (1), brutale offense à la vérité historique, impudente défiguration des textes, s'aggravant de nouvelles calomnies et d'une étrange irrévérence à l'égard du Pape Pie IX. »

(Je vais, dans quelques instants, offrir au lecteur quelques-unes des fleurs les plus suaves de cette guirlande sacerdotale déposée sur la tombe du saint Pontife.)

« Ce honteux pamphlet circula promptement en Italie par les soins des chanoines génois qui lui procurèrent des échos à peu près partout.

« Nous fûmes alors publiquement sommé de disculper notre héros de ces abominables accusations.

« Nous le fîmes avec éclat dans un volume intitulé :

---

1. *La Canonizzazione di Cristoforo Colombo.* — Genova, 1875.

Satan contre Christophe Colomb, *ou la prétendue Chute du Serviteur de Dieu* (1). Les éloges que les principaux organes du Catholicisme et les journaux du Vatican accordèrent à notre livre, loin de rendre circonspect l'implacable chanoine, ne firent qu'exciter sa plume !

« Il la trempa derechef dans le fiel.

« Le lendemain du jour où l'abbé Sanguineti et son premier complice (2) venaient de lancer contre nous deux nouvelles diatribes, Mgr Magnasco, pour que la feuille ecclésiastique de Gênes, *Il Pensiero Cattolico* (3), ne pût les réfuter, lui fit impérieusement défense de reparler de Colomb. Cette injonction comminatoire était entièrement écrite de sa main. Aussitôt Mgr Alimonda, maintenant revêtu de la pourpre romaine, et Mgr Reggio, aujourd'hui Évêque de Vintimille, se rendirent auprès

---

1. Grand in-8. — Librairie de Victor Palmé. Paris, 1876.
2. Le principal émissaire de Sanguineti est le chanoine Jacques Grassi, académicien. Celui-ci, aussi infatué de sa prétendue érudition variée que Sanguineti l'est de son prétendu *hellénisme*, n'a pas même le mérite de l'impudence. Sanguineti signe effrontément ses attaques, ses calomnies. Grassi, lui, les colporte, y ajoute quelques jets de sa propre bave, mais, sans jamais oser les signer. Grassi est le lieutenant le plus humble et le plus fidèle du *conquistador* triomphant de la calomnie contre Colomb, contre Pie IX et contre sa patrie.

C'est à la libéralité du marquis Brignoles-Sales (parent de saint François de Sales et l'une des plus pures illustrations contemporaines de la ville de Gênes) que ce pied plat doit son savoir et son pain. Le marquis l'avait fait son bibliothécaire. C'est dans sa vaste collection de livres et d'objets d'art que Grassi a étudié et acquis tout ce qu'il sait. Or, son bienfaiteur avait pour Colomb un véritable culte. Il avait commandé sa statue au sculpteur Raggi. Il l'invoquait comme un saint. Et, sans respect pour cette mémoire, Grassi ne respire que pour diffamer le Révélateur du Globe. Il sert de lien aux chanoines membres de l'Académie et maintient le crédit de Sanguineti dans l'esprit du malheureux Archevêque.

3. *Il Pensiero Cattolico*, 16 dicembre 1876.

de lui pour obtenir qu'au moins on pût reproduire les nouveaux documents qui justifiaient Colomb. Ce fut en vain ; l'Archevêque resta inflexible et maintint la prohibition (1).

« Pendant qu'il interdisait au *Pensiero Cattolico* de démasquer l'imposture et de confondre le mensonge, Mgr Magnasco laissait tranquillement la *Semaine religieuse* (2) répéter la calomnie favorite du chanoine, contre les mœurs du Serviteur de Dieu.

« Ainsi, tandis que toute la chrétienté préconise la Sublimité de Colomb, seuls les Catholiques génois sont tenus au silence. En tout pays, il est permis de lui rendre hommage, excepté dans la ville qu'illustre à jamais sa naissance ! N'est-il pas affligeant que, pour ménager la vanité d'un chanoine, l'autorité métropolitaine entretienne l'erreur au cœur des populations de la Ligurie ? L'opposition de la coterie génoise a, d'ailleurs, été fort applaudie des *Vieux Catholiques* de Suisse et d'Outre-Rhin. Leur porte-voix principal, le *Mercure de Souabe* (3), vient joyeusement à l'appui du chanoine, et proteste contre la Béatification du Héros. Les Reinkeins, les Dollinger, les Herzog et autres relaps, paraissent, comme Mgr Magnasco, tenir en assez médiocre estime le premier apôtre de l'Amérique.

« L'ingratitude des Génois envers Christophe Colomb impressionne douloureusement notre âme. La Cité de marbre s'est montrée plus froide que ses murs pour Celui qui est son éternel honneur. Exploitant cette insouciance, les positivistes, les négateurs du surnaturel,

---

1. *Il Pensiero Cattolico*, 20 dicembre 1876.
2. *La Settimana religiosa*, 20 agosto 1876.
3. Imprimé à Bonn ; premier numéro de décembre 1876.

maintenant, veulent faire leur proie de ce nom radieux. Ils l'ont ravalé, le prodiguant à des auberges, à des cafés, à des tavernes, à des tripots. Ils ont osé le prostituer à une loge maçonnique ! Ils l'ont vilipendé jusqu'à placer son image sur le cercueil du hiérophante de l'assassinat politique, l'infernal Mazzini !

« Cette odieuse profanation n'a guère ému Mgr Magnasco ; car l'archevêque de Gênes ne connaît Christophe Colomb que par l'abrégé protestant du chanoine Sanguineti, abrégé que l'Académie génoise déclare « une belle et consciencieuse vie du héros » et sur laquelle son admiration appelle la reconnaissance de la patrie ! ! ! L'opiniâtreté du chanoine n'a pas été peine perdue. Le journal *Il Cittadino*, organe de l'Archevêché, a proclamé l'abbé Sanguineti l'*Honneur du Clergé de Gênes !* En outre, depuis lors, le calomniateur a reçu sa récompense dans la mitre abbatiale de Carignan.

« Si nous sommes, bien malgré nous, descendu à ces mesquins détails, c'est qu'ils servent d'atténuation aux torts du clergé italien envers Christophe Colomb. Les agissements persistants de la coterie génoise l'ont généralement induit en erreur.

« On ne peut se figurer l'abominable zèle de cette coterie, pour retarder la présentation de la Cause, tant en obstruant de ses calomnies les abords de la Sacrée Congrégation des Rites qu'en entourant de défiances et de préventions la Cour de Rome. Elle a mis à empêcher la glorification religieuse de Colomb plus d'ardeur que pour préserver d'un fléau la patrie. Obsessions insidieuses auprès des journaux, écrits anonymes, libelles signés, envois gratuits aux prélats influents de Rome, aux chefs des Ordres religieux, aux Consulteurs des Congrégations, rien n'a été épargné.

« Tandis que le seul courageux défenseur de Colomb parmi ses compatriotes, le généreux M. Joseph Baldi, suppliait le Saint-Père en faveur du Serviteur de Dieu, et que déjà seize cents signatures s'ajoutaient à sa pétition, la coterie, pour l'arrêter tout court, répandit, par l'agence Havas, le bruit du rejet de la Cause ! Malgré les cauteleuses précautions de ces sycophantes, on a su d'où venait le coup. Peu de jours après, la *France nouvelle* faisait cette déclaration : « Le télégramme quoique arrivant de Rome, est de provenance génoise... Chose triste à dire, c'est dans la patrie de Christophe Colomb que se trouvent les plus acharnés détracteurs du grand homme. Sous la protection de leur Archevêque, Mgr Magnasco, certains chanoines de Gênes ne cessent de calomnier le héros chrétien et, depuis plusieurs années, s'opposent, par les plus indignes moyens, à sa glorification catholique (1). »

« Combien de fois de doctes religieux, de hauts personnages de la hiérarchie ecclésiastique ne se sont-ils pas affligés, avec nous, des basses manœuvres du cénacle génois ! Récemment, le vénérable cardinal Donnet, épanchant sa tristesse dans une lettre à S. Exc. Mgr Rocco Cocchia, Délégat apostolique du Saint-Siège, près les Républiques de Santo-Domingo, d'Haïti et de Venezuela, ne pouvait retenir ce douloureux aveu : « Hélas ! le dirai-je ? du sanctuaire lui-même ont surgi dans ces derniers temps les adversaires les plus

---

1. *La France Nouvelle*, 10 octobre 1877.

acharnés de Celui qui a eu la gloire de donner un monde nouveau à l'Église de Jésus-Christ (1) ! »

On le voit, par cette longue citation, l'abbé Sanguineti a quelque sujet d'être content de son personnage. L'Archidiocèse fait silence à son aspect, comme la terre à l'aspect d'Alexandre, et le plus infortuné des Archevêques subsiste devant lui comme s'il ne subsistait pas. Supérieur à toute Vérité, plus grand que la Justice et plus fort que le Destin, infaillible devant les hommes et impeccable devant Dieu, cet invraisemblable chanoine, dont les pieds daignent encore fouler la terre, s'avance majestueusement contre l'Église et contre Pie IX. Il semble dire avec notre communard Vallès : « Le règne infâme de la justice a trop duré ; il est temps enfin que les bons tremblent et que les méchants se rassurent. »

Désapprouvé par presque tous les Évêques de l'univers, implicitement condamné par le bref du Saint Père, en horreur aux âmes généreuses et fidèles, *seul* comme le Diable, dans son enfer d'académiciens et de démagogues, il a cependant le triomphe de retarder l'Honneur de Jésus-Christ et, dans cette lutte incroyable, c'est encore lui qui a l'air d'être le plus fort. A la vérité, il n'y a pas lieu d'espérer que l'empire de la terre prédit

1. Lettre de S. Ém. le Cardinal Donnet, reproduite à Bologne dans l'*Ancora* du 28 décembre 1877. Qu'on se rappelle les effrayantes paroles de Massillon : « Le sel même de la terre s'est affadi ; les lampes de Jacob se sont éteintes ; les pierres du sanctuaire se traînent indignement dans la boue des places publiques et le prêtre est devenu semblable au peuple. O Dieu ! est-ce donc là votre Église et l'assemblée des saints ? Est-ce là cet héritage si chéri, cette vigne bien-aimée, l'objet de vos soins et de vos tendresses ? et qu'offrait de plus coupable à vos yeux Jérusalem, lorsque vous la frappâtes d'une malédiction éternelle ? » (*Sermon sur le petit nombre des élus.*)

aux Doux devienne un jour son partage, mais en attendant qu'il ravisse le ciel promis aux Violents, il règne visiblement sur Gênes qui est à peine une terre et qui, sous un tel régime, ne deviendra sans doute jamais le ciel ! .

Dans des jours antiques et glorieux, la ville de Gênes, dominatrice des mers et rivale de la puissante Venise, avait à sa tête des Doria et des Spinola, des Fieschi et des Grimaldi. Alors, on faisait tout trembler. Le plus grand de ces hommes, André Doria, surnommé le Restaurateur et le Législateur de sa patrie, fut un instant redoutable à la France même. Sous de tels citoyens la moderne Carthage pouvait croire qu'elle allait aux astres. Elle allait simplement à l'invincible Sanguineti qui remplace pour l'instant les Doria et les Spinola, les doges populaires et les doges aristocratiques, et qui réunit sur sa seule tête de chanoine mitré les pouvoirs antiques d'*Abbé du peuple* et de *Capitaine de la liberté*.

Les annales de Gênes n'étaient pas assez glorieuses. Lorsque cette formidable République sans territoire battait les Sarrasins et les Maures, humiliait Venise et contrebalançait en Italie l'infernale domination des deux Frédéric; alors même qu'elle se déchirait ses propres entrailles dans les terribles discordes classiques des Guelfes et des Gibelins, elle se souvenait encore du Vicaire de Jésus-Christ et le secourait, dit l'histoire, de son argent et de ses vaisseaux. Tout cela est bien changé maintenant. Gênes n'a plus besoin d'être fidèle et les fureurs écrivassières de son adoré chanoine suffisent à sa gloire. La patrie de sainte Catherine n'a pas plus besoin désormais de l'autorité du Souverain Pontife que de la sainteté de Christophe Colomb. Le chanoine dictateur a parlé et c'est beaucoup plus que ne pouvaient espérer de simples hommes nés de la poussière et destinés à y retourner. Son infaillibilité et sa sainteté personnelle répondent à tout, suppléent à tout, éclairent tout. S'il lui plaît de jeter au tombereau des immondices populaires la mémoire vénérée du plus grand et du plus chaste de tous ses fils, la Ville de marbre le trouvera très bon et balbutiera peut-être en tremblant qu'elle n'en est pas digne. C'est une très grande faveur qu'il daigne accorder et il n'y a pas mieux à faire que de baiser humblement la trace lumineuse de ses pas. S'il importe à sa vanité de cuistre blessé d'immoler jusqu'à l'honneur de tout un peuple chrétien et de noyer dans une honte immortelle sa propre patrie, il en est bien le maître et les anciens héros ne se lèveront certes pas de leur tombe pour châtier le profanateur.

Heureuse et fière cité ! Combien cela est beau ! combien cela est enivrant et qu'un tel spectacle est bien fait pour nous reposer le cœur des abjections de la Libre-Pensée et des platitudes démagogiques de ce lâche siècle révolutionnaire !

IV

J'ai promis de montrer quelque chose des inconcevables façons polémiques du chanoine pamphlétaire. Il est difficile, je ne le dissimule pas, de concilier l'exactitude d'un pareil examen avec le sentiment d'un profond respect pour la personne de l'auteur. On est prié de croire qu'il ne s'agit point d'une fadeur d'amour. Il faut dire sans cesse : je déteste un peu, je hais beaucoup, je maudis passionnément, je n'aime pas du tout. Et quand l'aimable fleurette littéraire aura perdu son dernier pétale, nous trouverons un affreux insecte dans le milieu de la corolle.

Les intelligences les plus rudimentaires comprendront que ce petit jeu n'a rien d'innocent. Mais il peut nous édifier, nous autres Français, sur la véritable portée d'une querelle bien ridicule, il est vrai, mais où notre honneur est assez directement intéressé pour qu'on s'étonne en Italie, et même ailleurs, d'y surprendre notre indifférence ou de nous la voir ignorer.

Le Comte Roselly de Lorgues fermait l'Introduction de sa magnifique histoire de Christophe Colomb par le mot de Joseph de Maistre : « La vérité a besoin de la

France. » Il paraît que ce mot indigne extrêmement l'abbé Sanguineti. Voici ses propres paroles : « Connaissant les erreurs et les maux qui nous sont venus de la France, nous dirons SUR NOS DEUX PIEDS (1) que de Maistre aurait mieux parlé s'il eût dit que la France a besoin de la vérité. » Cette boutade chorégraphique qui n'annonce assurément pas des vues très conciliantes m'a fort surpris. N'étant pas italien et ne connaissant pas la mystérieuse vertu de cette locution pleine d'élégance, je me suis souvenu d'abord de ces paroles de l'Esprit Saint : « Combien ils sont beaux, les pieds de ceux qui annoncent l'Évangile de paix, de ceux qui annoncent les vrais biens (2) ! » Puis, ce souvenir biblique ne se raccordant pas à l'impression violente que le reste du discours faisait sentir à mon âme, je compris que ce n'était pas cela qu'il fallait entendre. Alors, repassant dans ma mémoire toutes les diverses sortes de pieds que je pouvais avoir aperçus ou imaginés dans la fréquentation des hommes ou dans mes propres rêves, cherchant à pénétrer le sens profondément caché de cette figure, je ne tardai pas à désespérer d'extraire jamais de mon esprit une explication qui me consolât. Que les Œdipes littéraires en décident. Mais je pense que l'abbé sera très sage de ne plus se laisser emporter à ce point par sa dantesque imagination. C'est d'un fort mauvais augure d'invoquer ainsi le témoignage de ses pieds quand on dit du mal de la France et qu'on a l'air de lui

---

1. « Diremmo su due piedi che meglio avrebbe detto il de Maistre se avesse detto che la Francia ha bisogno della verita. » SANGUINETI. *Di una nuova Storia di Christoforo Colombo*, etc., p. 23.

2. *Rom.*, x, 15. — *Isaïe*, LII, 7. — *Nah.*, 1, 15.

déclarer la guerre. Qu'il y prenne garde, au contraire, et qu'il se cramponne solidement par eux à la terre. Qu'il se souvienne de la fâcheuse aventure de Simon le Magicien, auquel il ressemble par certains points qu'il a le malheur d'ignorer, et qu'il se demande où étaient les pieds de cet imposteur quand saint Pierre invoqua le Nom de Jésus-Christ.

L'abbé Sanguineti a une très belle haine contre la France. Pour lui, ce beau pays est uniquement le réceptacle de l'orgueil, de la frivolité, des spontanéités excentriques, « le pays d'où viennent les modes et les ballons volants », car, il est bon que vous le sachiez, l'abbé a horreur des ballons volants, probablement à cause de ceux qu'il lance et qui ne volent pas. En général, il préfère qu'on rampe. Dans ce cas, il n'est pas obligé de lever les yeux au ciel et c'est autant de gagné pour cet aruspice de mensonges. Personne, d'ailleurs, ne trouvera surprenant qu'un académicien, allié des francs-maçons contre le Pape, haïsse la France au point d'en baver de fureur. Mais le fond de cette haine, c'est tout simplement le livre du Comte Roselly de Lorgues.

« Mon entreprise, dit-il, est de prouver que M. le Comte Roselly de Lorgues est un charlatan » (ciarlatano.) —C'est ce que nous appelons en France avoir le cœur sur la main. — « Ces *pauvres* Français qui s'exaltent si facilement ont pris au sérieux chaque assertion et se sont enthousiasmés. Je les plains, et à cause de leur caractère et parce qu'ils n'étaient pas tenus de connaître à fond l'histoire d'un étranger. » Admirez-vous comme voilà un homme qui se dompte ! Il est très évident qu'il nous déteste, et, cependant, la charité, plus forte que tout, surmonte les aspérités de ce grand cœur sacerdotal et élève son âme jusqu'au pardon des injures dont il a la miséricorde de n'accabler qu'un seul d'entre nous. Il nous plaint parce que nous sommes faibles, mais il ne plaint pas « ces prélats qui ont voulu prendre une part active à cette affaire. Ils ne devaient pas s'engouffrer dans cette mer sans en avoir mesuré le fond. » — En effet, tout homme qui s'engouffre dans une mer est inexcusable de n'en avoir pas auparavant mesuré le fond. Cela saute aux yeux. — « C'est une honte pour les Génois d'être allés comme *servum pecus* derrière ce petit Parisien vaniteux, de s'être laissé imposer par ses gasconnades. » — Je ne remarque pas l'équité de ce dernier reproche. Les Génois n'ont pas, que je sache, beaucoup admiré ni suivi, jusqu'à cette heure, le Parisien en question. Ils l'ont encore moins « idolâtré et encensé ». — « En somme, son système (le système du Parisien) est un amas de contradictions, de pastiches. La vanité le poussa, la légèreté le guida, les applaudissements le gonflèrent, les contradictions le firent *tourner en bête* » (dare in bestia). — Combien ce chanoine est galant ! — « Je crains qu'il n'en vienne ouvertement à la folie véritable. » Que cette crainte est donc touchante et qu'il est regrettable qu'une vieille âme si tendre se soit égarée si longtemps à la recherche d'un style noble et délicat ! Après avoir traité le Comte Roselly de Lorgues d'*arrogant* et d'*intrigant*, le chanoine conclut : « Tant que l'Église n'aura pas ANNULÉ l'histoire, je continuerai à avoir le droit de proclamer charlatan, fanatique, imposteur, l'illustrissime Monsieur le Comte ; et ces messieurs ... MARMOUSETS » (bambocci).

Ces *marmousets*, j'en demande pardon, c'est d'abord S. S. le PAPE PIE IX, par ordre de qui l'histoire de

Colomb fut écrite, ensuite la majorité des Évêques signataires de la Postulation, et enfin l'élite des fidèles dans le monde entier.

Mais cela n'est rien, sans doute, puisque l'abbé Sanguineti est approuvé par les francs-maçons et les *Vieux Catholiques*, et que, d'ailleurs, l'Eglise n'a pas encore « annulé l'histoire ». Elle y viendra peut-être un de ces jours, l'insulteur de Pie IX ne craint pas de paraître l'espérer, car il n'a pas été promis que les portes du ciel prévaudraient contre l'insolence des chanoines vaniteux. Le jour où l'Eglise aura annulé l'histoire, il n'y aura plus de charlatans ni de marmousets pour l'abbé Sanguineti. Il n'y aura plus que des libres penseurs pleins de tendresse et de courtoisie. Son langage sera doux et humble et c'est le Comte Roselly de Lorgues qui se verra contraint de l'admirer.

L'*Unità cattolica* ayant publié de très remarquables articles, malheureusement élogieux, sur la nouvelle histoire de Christophe Colomb, l'inflexible chanoine les appelle nettement « un labyrinthe de stupidités et de contradictions ». Il affirme que ceux qui sont si soigneux de l'honneur de Colomb faussent son caractère, pervertissent son histoire, lui enlèvent ses mérites réels pour lui attribuer ceux qui n'existent que dans leur imagination. Ils fabriquent un Colomb idéal et fantastique. « *Pour en faire un saint, ils en font un idiot* (1). »

Je crois que nous tenons enfin le vrai fond de sa pensée, à savoir qu'un Saint, tel que l'Église entend qu'on

1. « Per farne un santo, ne fanno un idiota. » (SANGUINETI. *La Canonizzazione di Cristoforo Colombo*, p. 17.) On ne peut guère, fait observer le Comte Roselly de Lorgues, féliciter M. le chanoine de cette dernière phrase, copiée du journal mazzinien le *Movimento*, le plus irréconciliable ennemi de l'Eglise.

le soit, est nécessairement un idiot. L'*idéal* du chanoine Sanguineti est bien différent de cet idiotisme de la vertu qu'on ose nous montrer dans Christophe Colomb et dans les autres Saints. Le commerce des libres penseurs lui a appris à connaître la véritable grandeur chrétienne, et il ne tient qu'à lui de nous étaler un idéal tout à fait imposant et nullement fantastique. Le vrai caractère, les *mérites réels* de Colomb, il se charge de les rétablir dans la lumière d'une critique transcendante que le zèle dévorant de la Maison de Dieu pouvait seul lui inspirer. Les voici : Christophe Colomb était un concubinaire, un orgueilleux, un avare, un bourreau, un hypocrite et un sacrilège. C'est là ce qu'il faut admirer en lui et quand on vient dire, par exemple, qu'il brûlait de l'amour de Dieu et qu'il était chaste, l'abbé Sanguineti juge qu'on le déshonore et qu'on le souille.

Ces édifiantes manières d'être ayant été attribuées à Colomb, par les historiens protestants, l'abbé Sanguineti ne peut plus contenir son enthousiasme, et son noble cœur déborde de reconnaissance. Le jour où il a lu Washington Irving pour la première fois, il a pu, lui aussi, chanter le *Nunc dimittis* et mettre au défi tout écrivain catholique d'écrire une histoire plus « utile à la cause du catholicisme ». Ses sympathies protestantes se révoltent quand l'*Unità cattolica* dit que, jusqu'au Pontificat de Pie IX, Christophe Colomb fut méconnu et défiguré. Il s'écrie : *impudent et hyperbolique mensonge !* Les généreuses colères de son âme l'emportent tellement du côté du protestantisme qu'il pousse de véritables rugissements quand on ose parler autrement que le premier protestant venu.

En propres termes, il refuse d'admettre qu'un protestant puisse voir moins clair qu'un catholique dans les questions d'histoire et d'archéologie. Il semble même peu éloigné de croire que le catholicisme est une manière d'obscurcissement pour l'esprit et que le vrai point de vue pour juger l'histoire ecclésiastique est le point de vue luthérien, méthodiste ou calviniste. Doctrine admirable et bien digne d'un tel prêtre, laquelle aurait pour conséquence immédiate d'exhumer comme documents historiques les *Centuries de Magdebourg*, par exemple, ou tout autre *factum* de la même provenance et de la même autorité !

Si l'on ne savait pas qu'il est dans la nature de l'esprit humain de reproduire obstinément les mêmes platitudes et les mêmes préjugés, il y aurait lieu de s'étonner de la persistance vraiment exceptionnelle des idées espagnoles ou protestantes sur Christophe Colomb. L'Amérique découverte *par hasard* en cherchant autre chose, les vues intéressées et sordides du grand homme, sa cruauté, sa fourberie, son orgueil, son immoralité et jusqu'à cette sotte légende de l'œuf ; telles sont ces idées à peu près aussi anciennes que la Découverte, enfantées tout d'abord par l'imagination des Espagnols qui ne pardonnèrent jamais au Donateur du nouveau monde leur effroyable ingratitude. Les protestants vinrent ensuite, Washington Irving en tête, qui voulurent bien admirer Colomb, mais à la condition expresse qu'il n'y eût pas en lui un atome de sainteté, et qui recueillirent avec une pieuse équité cet héritage de sottises et de mensonges. Enfin, les rationalistes purs, tout en se gardant bien d'effacer une seule ligne de cette page du Livre d'Or de la calomnie, y ajoutèrent l'appoint désintéressé de leur inductions critiques. L'abbé Sanguineti, uni de cœur et de pensée à toutes ces belles âmes, va jusqu'à soutenir avec le pasteur William Robertson que si Colomb n'avait pas existé, l'Amérique n'en aurait pas moins été découverte, ce qui réduit le Mandataire de Jésus-Christ aux humbles proportions d'un inventeur quelconque qui découvre une force motrice en faisant bouillir son pot-au-feu. Cela n'est pas idéal, sans doute, mais comme ce théologien confond absolument l'idéal avec le surnaturel et même avec le fantastique et que, d'ailleurs, il est infaillible, on ne peut guère espérer qu'il se souviendra du surnaturel quand il a si formellement déclaré la guerre à tout idéal. D'ailleurs, la science moderne, fort peu éprise du surnaturel, est pour lui. Cette science qui ne croit pas plus à la mission divine de Colomb qu'à celle de Jeanne d'Arc ou de Moïse et qui pense qu'on découvre des âmes avec des boussoles, ne doute pas que les progrès de l'art nautique n'eussent amené *infailliblement* la découverte du Nouveau Monde. C'est l'opinion de l'illustre Prussien Humboldt et du grand géographe Babinet, lesquels ont délivré, en bonne forme, un certificat d'ignorance au Révélateur de la Création.

Le premier le déclare « dépourvu de toute culture intellectuelle... dénué d'instruction, étranger à la physique et aux sciences naturelles... peu familier avec les mathématiques (1) ». Le second prend en pitié son ignorance sur les questions cosmographiques; le juge plus arriéré qu'on ne l'était au temps d'Alexandre le Grand, et trouve « Aristote beaucoup plus avancé en géographie que Christophe Colomb (2) ».

---

1. Humboldt. *Cosmos*, t. II, p. 320 et 337.
2. Babinet. *Influence des courants de la mer sur les climats.*

Un maniaque des plus singuliers, — dont la folie consiste à fouiller jusqu'au sang toutes les bibliothèques de l'univers, dans l'espérance d'y découvrir des preuves de la *non-sainteté* de Colomb, — le bibliographe américain, M. Henri Harrisse, homme parfaitement sûr que Dieu n'existe pas, a fixé au 22 avril de l'année 1500, la découverte de l'Amérique, en admettant que Christophe Colomb ne fût jamais né. *Post hoc, propter hoc.*

Un autre faquin scientifique, le Xénophon et le Humboldt des commis voyageurs, le rutilant Jules Verne enfin, dans son histoire populaire des *Grands voyageurs*, a trouvé le moyen d'être encore plus étonnant. « *On peut certifier*, dit-il, que Colomb est mort dans cette croyance qu'il avait atteint les rivages de l'Asie et sans avoir jamais su qu'il eût découvert l'Amérique. La rencontre du nouveau continent ne fut qu'un hasard. » M. Jules Verne qui a tout inventé pour tout enseigner, ignorera éternellement que Christophe Colomb connaissait l'existence d'une mer libre au delà de ce nouveau continent et qu'il n'accomplit son dernier voyage qu'en vue de trouver un passage de l'Atlantique à la mer des Indes. Il conjecturait que ce passage devait être situé vers l'isthme du Darien, précisément à l'endroit où M. Ferdinand de Lesseps entreprend aujourd'hui de le réaliser. Prodige d'intuition attesté par les historiens du temps et mentionné par Washington Irving lui-même, si digne pourtant d'être lu par l'auteur des *Enfants du capitaine Grant* (1).

1. Le même romancier voulant faire du grand aperçu historique ajoute auguralement que « si Vasco de Gama avait précédé Colomb la découverte du Nouveau Monde aurait vraisemblablement été retardée de *plusieurs siècles* », puisqu'alors on aurait cherché les Indes à l'*est* au lieu de les chercher à l'*ouest*. Il est vrai que le Cap de

L'abolition de tout surnaturel historique est le besoin perpétuel de ces écrivains sans Dieu, qui ne peuvent se défendre d'admirer *humainement* l'Amplificateur du monde, mais qui s'impatientent de son Christ et voudraient que cette *Colombe* n'eût jamais porté que le *Hasard* à travers les mers. Tout à l'heure, je nommerai le plus grand de tous, celui devant qui les noms qui précèdent sont comme du vent glacé et de la poussière. On verra alors toute la lamentable puissance du préjugé moderne et l'inexprimable besoin universel de la sanction auguste implorée par l'Épiscopat, puisqu'il a suffi de la gloire lésée de Christophe Colomb pour faire chanceler dans le cloaque des opinions basses et médiocres l'une des âmes les plus lumineuses qu'il nous ait été donné de contempler !

Ce qu'il y a d'étrange, c'est qu'on ne voie pas qu'en dénuant de tout secours scientifique le sublime Navigateur, ils font éclater aux yeux, par le contraste du résultat, l'évidence irrésistible du Mandat divin. Lui-même qui sentait, assurément mieux que personne, l'insuffisance de son savoir, avoue que le raisonnement, les mathématiques et les mappemondes lui ont été d'un faible secours (1).

Bonne Espérance ne fut doublé par le célèbre portugais qu'en 1497, cinq ans *après* la Découverte, mais il l'avait été réellement pour la première fois, *quatre ans* AVANT, en 1488, par Bartholomeu Dias et nommé par lui le cap des Tourmentes. Le nom de cap de Bonne-Espérance fut substitué par le roi Joam II qui comprit que, dès lors, la route des Indes était trouvée. Dias fut disgracié, comme la plupart des grands hommes que l'ingratitude seule est assez riche pour payer et ce fut Vasco de Gama qui devint, pour toute la durée des siècles, le titulaire de sa gloire.

1. « Yo dije que para la esecucion de la impresa de las Indias no me aprovecho razon, ni matematica, ni mapemundos. » — CHRISTOPHE COLOMB, *Libro de las Profecias*, f° IV.

Dans une lettre à la Reine datée du 28 février 1495, l'un des hommes les plus remarquables du temps, l'illustre cosmographe lapidaire de Burgos, don Jaime Ferrer, disait en parlant de Christophe Colomb : « Je crois que, dans ses hauts et mystérieux desseins, la divine Providence l'a choisi comme son Mandataire pour cette œuvre *plutôt divine qu'humaine,* « mas divina que hu- « mana peregrinacion », qui me semble n'être qu'une introduction et une préparation aux choses que cette même divine Providence se réserve de nous découvrir pour sa gloire, le salut et le bonheur du monde. »

Quelques mois plus tard, il écrivait à Colomb lui-même ces paroles extraordinaires :

« Je ne crois point errer en disant, Seigneur, que vous remplissez un office d'Apôtre, d'AMBASSADEUR DE DIEU, envoyé par les décrets divins révéler son saint nom aux régions où la vérité reste inconnue. Il n'eût pas été inférieur aux convenances, à la dignité et à l'importance de votre mission qu'un Pape ou un Cardinal de Rome prît en ces contrées une part de vos glorieux travaux. Mais le poids des grandes affaires retient le Pape ; la sensualité de ses commodes habitudes, le Cardinal ; et les empêchent de suivre un pareil chemin. Pourtant, il est très sûr que, dans un but semblable au vôtre, Seigneur, le Prince de la milice apostolique vint à Rome, et que ses coopérateurs, ces vases d'élection ! s'en allèrent de par le monde s'exténuant, harassés, leurs sandales usées, leurs tuniques trouées, leurs corps amaigris par les dangers, les privations, les fatigues des voyages durant lesquels souvent ils mangèrent un pain d'amertume (1). »

1. « On reconnaît, dit le Comte Roselly de Lorgues, dans cette censure de la mollesse du cardinalat sous le Pontificat d'Alexan-

Ce témoignage d'un contemporain m'a paru à sa place ici, tellement il est considérable et tellement il rapetisse l'ignoble polémique de pédagogue que j'ai le dégoût de raconter.

Pour revenir à l'abbé Sanguineti, que je n'aurai pas l'ironie cruelle d'appeler, un *vase d'élection*, et qui ne s'est probablement jamais informé des fatigues de l'apostolat évangélique, il raille lourdement l'*Unità cattolica* pour avoir parlé des « mystérieuses attenances » qui paraissent unir la résurrection de la gloire de Colomb au Pontificat du premier Pape qui ait visité le continent Américain. Il nous apprend qu'il ne faut pas confondre le Pape Pie IX avec l'abbé Mastaï. C'est seulement l'abbé Mastaï qui a mis le pied dans le Nouveau Monde. Quant au Pape, c'est une autre affaire (1). D'ailleurs, « l'abbé Mastaï, dit-il, demeura deux ans au Chili, terre que le moindre écolier sait n'avoir jamais été touchée ni connue par l'Inventeur de l'Amérique. Donc, ni les temps, ni les lieux ne rapprochent les idées de Colomb et de Pie IX; et les attenances mystérieuses s'évaporent proprement dans le mystère. » Il demande qu'on lui explique ces attenances et déclare n'y voir, pour lui, « autre chose qu'une phrase vide de sens ».

dre VI, la rigidité d'un pur catholique, la liberté frondeuse d'un large esprit, au milieu d'une foi pleine de soumission. On voit aussi que, fort de son attachement à l'Église, le lapidaire de Burgos ne paraissait guère s'inquiéter de l'Inquisition d'Espagne. »

1. *La Canonizzazione di Cristoforo Colombo*, p 16. Cette remarquable distinction entre l'abbé Mastaï et le Pape Pie IX est une assez bonne idée de bouddhiste. Ce dédoublement absolu de la personne humaine, cette présence *essentielle* de deux hommes distincts, montrée pour la première fois dans un seul être humain, nous permet d'espérer quelque *avatar* prochain et tout à fait inattendu de la personne du chanoine. Que pensera-t-il alors de l'abbé Sanguineti ?

Cette demande d'explication étant absolument dénuée d'ingénuité, je ne la lui donnerai pas. Cependant, comme il ne faut pas non plus qu'il nous accuse de tenir la lumière sous le boisseau, je vais m'efforcer de lui montrer et de lui faire, en quelque sorte, toucher au doigt, d'autres *attenances* non moins mystérieuses, mais beaucoup plus à sa portée et c'est par le flambeau de l'analogie qu'il lui sera donné d'éclairer les parties ténébreuses du vaste palais de son intelligence.

V

Ayant à rendre publiques les causes trop peu connues de l'apparente indifférence de la Cour de Rome pour la Cause de Christophe Colomb, je suis malheureusement forcé de parler du triste chanoine Sanguineti beaucoup plus que je ne voudrais et beaucoup plus surtout que ne le comporte l'excessive médiocrité de ce personnage. Mais, comme de tout temps, Dieu s'est servi des enfants et des faibles pour manifester sa puissance et qu'il se plaît à susciter des plus basses régions de ce monde ses apôtres et ses témoins ; de même, l'Esprit du Mensonge, — ce singe perpétuel des œuvres divines, — suscite à son tour, assez ordinairement, des imbéciles et des impuissants qu'il remplit de ses ténèbres et qu'il gonfle de ses fureurs pour combattre la vérité. C'est par là qu'on peut expliquer l'inconcevable fascination exercée par de misérables hommes sur l'immense multitude des intelligences superficielles et l'étonnant pouvoir qu'ils ont quelquefois de s'opposer aux plus beaux effets de la miséricorde de Dieu.

L'abbé Sanguineti, malgré son néant, a le honteux

honneur d'être à cette heure, un réel obstacle à la glorification du Héros chrétien. L'opposition de ce prêtre malfaisant n'est pas sans quelque analogie avec le *petit grain de sable* que Pascal nous montre si malencontreusement logé dans l'*urétère* d'un autre grand homme. Sa petite vanité saignante de Trissotin dédaigné contrebalance les désirs de l'Épiscopat et tient en échec un dessein de la Papauté. Le zèle de sa haine a fructifié comme un apostolat. Inspirés par lui, envoyés par lui, continuellement allaités de ses conseils et fortifiés de ses exemples, des hommes de haine, des ecclésiastiques plus ou moins abusés, ont été porter dans toutes les directions possibles la graine féconde des plus scandaleuses imputations (1). C'est un vaste complot contre la Justice où viennent d'elles-mêmes s'engouffrer et s'absorber toutes les diverses sortes de ressentiment que l'esprit humain croit avoir le droit d'opposer à l'Esprit de Dieu. La ville de Gênes est le foyer toujours incandescent de cette irradiation de haines ferventes et infatigables et c'est sous le patronage immédiat du premier Pasteur que s'élabore en sécurité l'*Œuvre de la Propagation du Mensonge*.

¶ *Naturellement*, cela est inexplicable, surtout en un siècle où l'on ne croit guère aux Saints. Le Comte Roselly

---

1. Il existe à Rome, place Navone, une collégiale de chanoines génois installés dans l'église de Sainte-Agnès, fondée par la famille Doria. C'est le petit cratère romain des éruptions hostiles de l'abbé Sanguineti. On le rencontre ainsi à peu près partout. Le Buloz *religieux* de l'Italie, le docteur B. Veratti de Modène, est son thuriféraire. Ce digne compère s'efforce de répandre l'idée qu'il *importe* à la dignité de l'Église que la Congrégation des Rites s'occupe *seule* de Christophe Colomb. Tactique hypocrite et profonde qui ne tend à rien moins qu'au rejet implicite de la Cause par la négation de son caractère exceptionnel.

de Lorgues, contraint de faire justice une bonne fois et de démasquer tous ces Tartufes d'impartialité historique, accomplit à la fin, en 1876, cette répugnante besogne dans le livre ci-dessus mentionné : *Satan contre Christophe Colomb*, livre définitif et suprême qui clôt pour jamais toutes les discussions et toutes les contradictions imaginées contre la grandeur morale du Héros. Il n'y a plus à revenir sur ces divers chefs d'incrimination désormais aussi parfaitement inondés de lumière qu'ils avaient été précédemment obscurcis par l'insigne déloyauté des contradicteurs. L'illustre historien démontre et met sous nos yeux la généalogie très peu ancienne de l'imposture génoise tendant à établir l'*impureté de mœurs* de Christophe Colomb. Il nous offre le tableau bibliographique de tous les cuistres besogneux ou pervers qui se sont passé laborieusement de main en main, comme des maçons à la chaîne, les matériaux spécieux de cette calomnie de petite race, qui n'eut pas d'ancêtres parmi les contemporains du grand homme et qui n'a pu trouver un peu de crédit au XIX° siècle que dans l'imagination prostituée de quelques ennemis du Catholicisme.

En outre, le Comte Roselly de Lorgues a très clairement justifié son titre, en établissant dans la donnée lumineuse des faits, la vraie provenance de cette honteuse opposition et la cause profonde de cet acharnement invincible, que son livre a bien pu déconcerter une minute, mais qui n'en continue pas moins son affreux travail de termite contre l'Église. Il est incontestable que tous ces gens-là sont directement inspirés du démon. Quand même l'absence évidente de tout mobile *humain* ne fournirait aucune vraisemblance à une aussi grave assertion, le caractère tout à fait spécial de la polémique génoise, la déloyauté héroïque, l'obstination inexpugnable, l'endurcissement ténébreux des calomniateurs et, surtout, leur inqualifiable rage de prosélytisme, suffiraient au moins pour décontenancer la plus sophistique argumentation de l'avocat fangeux qui s'efforcerait de les disculper (1).

Le Diable a des façons d'agir qui lui sont particulières et qui ne permettent pas de méconnaître entièrement son influence dans les choses humaines, quand l'inscrutable sagesse du Dieu de Job les abandonne, pour un temps, à son administration. D'abord, en sa qualité d'esprit, il est *infatigable.* Rien ne le décourage, rien ne le rebute. Antagoniste perpétuellement armé du Père tout-puissant et contradicteur merveilleusement exact de tous ses conseils, il oppose sans relâche à la Miséricorde infinie qui récompense un simple verre d'eau, l'irréprochable sollicitude d'une haine qui s'efforce de déshonorer jusqu'à nos larmes. Il n'oublie rien et ne laisse rien perdre, car il sait l'importance réelle de toutes les actions humaines et leur retentissement interminable dans la béatitude ou dans le désespoir. Par conséquent, il ne dédaigne rien et sait, au besoin, se contenter de ce qui nous paraît peu de chose. Fallût-il obséder pendant des années un pauvre moine pour en obtenir une seule distraction vénielle, il s'estimerait plus victorieux

---

1. Voici les paroles mêmes de Colomb : « Por no dar lugar a las « malas obras de Satanas que deseaba impedir aquel viage como « hasta entonces habia hecho. » *Journal de Colomb, dimanche* 6 *janvier* 1493.

« Satanas ha destorbado todo esto, y con sus fuerzas ha puesto « esto en termino que non haya efecto... por muy cierto se ve que « fue *malicia del enemigo,* y porque non venga a luz tan santo « proposito. » *Carta del Almirante Colon a Su Santidad.*

qu'une soixantaine d'Alexandres. En même temps, il est insatiable, comme il convient qu'il le soit, puisqu'il sait qu'il n'a que quelques misérables siècles pour s'approvisionner de damnés dans son enfer sempiternel. Seconde raison plus pressante pour qu'il ne néglige rien et ne laisse rien à glaner derrière lui à la céleste pitié des anges.

Enfin, il est l'Immonde et, comme tel, il choisit toujours ce qui lui ressemble, c'est-à-dire l'ordure la plus alambiquée et l'infection la plus savante. Le reste n'est nullement méconnu, mais repoussé dans l'accessoire. L'objet de sa parfaite dilection est l'ordure parfaite, l'ordure de l'âme qui tombe dans le domaine du sensible et qui devient matérielle. Le Prince du Mal s'y baigne, il s'y vautre avec délices, elle est sa fille bien-aimée et il s'y complaît infiniment. Aussi la Pureté, ce miroir ardent par lequel il est consumé de sa propre image, lui est-elle en horreur et tous les moyens lui sont bons pour l'obscurcir. L'abbé Sanguineti, le négateur fervent et infatigable de la pureté de Colomb, pourra reconnaître ici, sans aucun effort, quelques-unes de ces *attenances* mystérieuses dont je me proposais de lui donner l'évidence.

Il y en a d'autres encore. Le Diable est surtout un avocat. Tous les mystiques qui en ont parlé nous le montrent plaidant contre nous devant Dieu. Le livre de Job nous dévoile ce rôle de Satan qui doit se prolonger avec les mêmes formules jusqu'à la fin des temps contre tous les justes possibles. Le Diable, en tant qu'avocat, a de grandes prétentions à l'équité historique. Il a ceci de commun avec beaucoup d'autres avocats, qui ne le valent certes pas, qu'il se présente toujours comme le défenseur d'une multitude de veuves et d'orphelins qui, d'ailleurs, n'ont nullement imploré ses services. N'importe. Sa grande finesse consiste à invoquer contre les saints le prétendu témoignage de tous les malheureux que leurs vertus ont scandalisés et qui se trouvent ainsi réduits à l'indigence de leur propre mérite désespéré. Cette façon de plaider, malheureusement dénuée de variété, a, néanmoins, une extrême valeur, sinon aux yeux de Dieu, du moins aux yeux de la plupart des hommes, pour qui la grandeur morale est un outrage direct et personnel et qui ne la pardonnent ordinairement qu'à la condition d'en être les inventeurs ou les titulaires.

Ici encore, l'abbé Sanguineti qui s'est constitué l'avocat du Diable, — ce qui est un moyen d'entrer dans la peau de ce grand plaideur, — discernera sans doute, non plus seulement de mystérieuses attenances, mais quelque chose comme *l'identité* même. Le Comte Roselly de Lorgues lui a déjà fait entrevoir cette grande manière d'être qu'il ne remarque pas assez en lui-même et qui pourrait le relever à ses propres yeux, s'il était jamais tenté de se mépriser. J'y reviens à mon tour en appuyant un peu plus, afin de lui en donner la vision complète. Si cette belle idée pouvait entrer une bonne fois dans les cervelles de ses compatriotes, on verrait enfin avec la dernière évidence combien le chanoine Sanguineti est « l'honneur du clergé de Gênes », et combien son Archevêque, le vénérable Mgr Magnasco, a raison de le patronner dans son diocèse et de lui confier la robe sans tache de son honneur de Pontife !

VI

Laissant une bonne fois en arrière les misérables et ridicules détails de cette polémique sans dignité, j'arrive à la plus considérable de toutes les accusations portées contre l'œuvre du Comte Roselly de Lorgues. Ce grief littéraire ou historique, comme on voudra, n'est pas personnel au chanoine, quoiqu'il l'ait assez impétueusement articulé. Il est commun à toute une école moderne et intéresse au plus haut point tout ce qui pense encore dans notre siècle. Cette école, soi-disant critique, reproche à l'auteur de *Christophe Colomb* d'avoir introduit « le sentiment dans l'histoire ». S'il faut en croire ces Messieurs, c'est la plus détestable et la plus fausse méthode historique qui soit au monde. Selon leur jugement, l'histoire est une analyse patiente, une dissection acharnée des hommes et des faits, absolument exclusive de toute synthèse et de toute vue d'ensemble, d'où le *sentiment*, c'est-à-dire l'âme humaine, doit être bannie, — comme des marbres de l'amphithéâtre, — avec la plus inexorable rigueur. Le Document seul, dans sa parfaite sécheresse, la lettre morte des faits, le renseignement infinitésimal, l'investigation corpusculaire, la perscrutation entomologique des petites causes et des petits effets dans les plus immenses fresques du Passé, voilà ce qui doit désormais apaiser la faim et la soif de l'homme. Quant à cette noble curiosité qui veut contempler dans l'histoire une grandiose Épopée de la Justice de Dieu et qui cherche, à travers le silence des siècles, la respiration des âmes et le battement des cœurs, on ne se met point en peine de la satisfaire et on la méprise tout juste assez pour n'en pas même tenir compte.

Il semble que l'esprit moderne ait horreur de la vie. L'enthousiasme lui paraît une bouffonnerie absolument incompatible avec la gravité scientifique de l'historien. Le positivisme le plus bas et le plus squameux traîne sa bave jusque sur les plus vénérables traditions de l'humanité, et les synthèses du génie le plus intuitif et le plus perçant n'égalent pas en intérêt le plus microscopique *factum* exhumé du fond d'une bibliothèque par quelque fuligineux argonaute de cette Colchide de poussière. Le Document inanimé triomphe comme un César et monte au Capitole gardé par les oies de la retentissante publicité. La sainte Vérité, l'enthousiasme, l'amour, les généreuses indignations, suivent à pied comme des captifs. L'outil se transforme en un reptile affamé et dévore l'ouvrier. Toute hiérarchie intellectuelle est renversée bout par bout et les pyramides pendent la pointe en bas dans le désert historique aussi bien que dans la politique ou dans la littérature. Dans tous les genres possibles, les livres médiocres sont aujourd'hui les livres supérieurs et les livres supérieurs sont les médiocres. M. Zola étouffe Balzac dans ses mains abjectes, un M. Soury ne permet pas qu'on entende les clameurs de l'*Enfant du Tonnerre* et la petite crécelle académique de M. Renan couvre les mugissements lointains du *Bœuf de Sicile*. La suave naïveté des vieux narrateurs chrétiens s'en est allée de ce monde, les yeux en larmes, pour échapper aux ignobles contacts de toutes ces bottes maculantes de critiques et de savantasses.

Dans cette universelle débâcle d'une société jadis chrétienne, quelle magnifique thèse à soutenir s'il se rencontrait un homme d'assez de fierté pour ambitionner d'être impopulaire : la thèse de la vie et du sentiment dans les œuvres de la pensée ! Restituer le pathétique à l'histoire, faire pleurer en la racontant, passionner les âmes pour ce qui n'est plus, souffleter les froides statues avec des traditions et des souvenirs, replanter les racines des nations dans leur vrai sol qui est le Passé, l'invincible Passé, glorieux ou misérable, qu'on ne peut éliminer qu'en s'arrachant le cœur !... celui qui ferait cela ou qui démontrerait la nécessité de le faire donnerait, — en tombant sous l'anathème des morts-vivants qui sont nos juges, — la vraie mesure quelque peu oubliée d'un fier artiste chrétien !

Qu'est-ce, après tout, que l'Histoire, si elle ne nous offre que le stérile tableau des agitations extérieures de l'humanité sans éclairer les profonds abîmes de conscience privée ou de conscience publique, béants au-dessous de chaque fait et remplis de ces témoignages dévorants qui doivent s'en échapper au Jour définitif de la Congrégation des peuples dans la vallée de Josaphat ? Qu'est-ce que cette aride nomenclature d'évènements et d'hommes qui galopent en si grand mystère sur le front des siècles, comme de blêmes cavalcades apocalyptiques ? Qu'est-ce encore que ces incohérentes compilations ethnographiques que n'illumine aucune métaphysique transcendante et qui se désassemblent comme des colliers de verroteries, à la première singularité de nature humaine qui vient à en rompre le fil? Un pareil enseignement historique, réduit à ces proportions d'éphémérides et de synopses chronologiques, est assurément la plus vaine des spéculations, la plus creuse et la plus caverneusement démeublée des inutilités de la pensée. C'est une procession de monstres futiles et de sots fantômes dans le kaléidoscope tournoyant d'une imagination de femme ennuyée. Le froid XIX° siècle s'en contente, néanmoins, et n'exige pas qu'on ait du cœur quand on lui parle de ses ancêtres, mais sa frivolité veut qu'on l'amuse des *aventures* du genre humain et cela s'appelle dans l'Écriture de ce nom spécialement réprobateur : *l'ensorcellement de la bagatelle.*

Les chrétiens qui savent ce que c'est que l'homme doivent exiger davantage. Ils doivent se souvenir que ce monde n'est qu'une figure qui passe et qu'il n'y a de vraiment intéressant que ce qui demeure au fond du creuset du temps, c'est-à-dire l'âme humaine et l'immobile canevas du plan divin. Raconter qu'Annibal enjambait les Alpes n'est qu'une affaire de palette, mais ce vainqueur avait une âme et le Dieu des vainqueurs avait ses desseins, et voilà précisément les deux choses qu'il importe surtout de connaître! Les plus grands livres écrits par des hommes sont des livres d'histoire. On les nomme les Saints Livres et ils furent écrits par des thaumaturges. A soixante mille atmosphères au-dessous d'eux, les historiens d'inspiration purement humaine doivent être, eux aussi, des thaumaturges à leur manière. Il faut absolument qu'ils ressuscitent les morts et qu'ils les fassent marcher devant eux et devant nous. Ils doivent rallumer les lampes éteintes dans les catacombes du passé où ils nous font descendre. Pour accomplir un tel prodige, l'intuition de l'esprit n'est pas assez, il faut l'intuition du cœur. Il faut aimer ce que l'on raconte et l'aimer éperdûment. Il faut vibrer et retentir à toutes ces rumeurs lointaines des trépassés. Il faut les généreuses colères, les compassions déchirantes, les pluies de larmes, les allégresses et les vociférations de l'amour. Il faut se coucher, comme le prophète, sur l'enfant mort, poitrine contre poitrine, bouche contre bouche et lui insuffler sa propre vie. Alors, seulement, l'érudition a le droit d'intervenir. Jusque-là, les documents et les pièces écrites ne sont que les bandelettes égyptiennes qui enfoncent un peu plus les décédés dans la mort. Si cela est vrai pour de pauvres grands hommes comme César ou Constantin, par exemple, que sera-ce pour un saint? Les âmes sont tout dans l'histoire et les âmes des saints sont les aînées parmi les âmes. Tout porte donc sur elles, et les temps où les saints ont vécu n'ont pas d'autre signification historique que la nécessité providentielle de leur vocation. L'orgueil saura cela plus tard, quand les autres mystères de la Rédemption et de la Solidarité humaine lui seront expliqués. Mais, prétendre que l'histoire d'un grand homme ou d'un saint peut être écrite sans que le cœur de l'historien s'en soit mêlé, c'est ajouter l'enfantillage d'une sotte crédulité à la plus révoltante des présomptions.

Lorsque le Comte Roselly de Lorgues a commencé d'écrire son *Christophe Colomb*, il avait déjà l'intuition complète de ce grand homme et de ce grand saint. Il savait où prendre le type de cette destinée exceptionnelle et toute son âme vibrait à ces clartés surnaturelles, comme un être ailé qui s'élève en frémissant dans un rayon de lumière et d'or. Il savait la seule chose que les hommes puissent bien savoir, c'est-à-dire ce que Dieu leur dit de sa bouche au fond du cœur. Antérieurement à toute recherche d'érudition, il avait la préconception assurée de ce qu'il allait découvrir. S'il ne l'avait pas eue, il n'aurait pu rien découvrir et n'aurait pas même cherché. C'est l'identité d'inspiration avec son héros, c'est un autre écho de la même pensée divine retentissant à quatre siècles de distance dans un autre cœur.

En vertu d'une de ces lois d'affinité mystérieuse par lesquelles nous sommes forcés de tout expliquer, Christophe Colomb appelait cet historien et non pas un autre et il l'appelait de cette façon. Dans l'ardeur de sa première jeunesse d'écrivain, le Comte Roselly de Lorgues, livré à d'autres travaux, dut entrevoir des yeux de l'âme, comme un point fixe au centre d'une époque du monde, la gloire de l'homme qu'il était appelé à glorifier. Cette vision devint peu à peu plus précise, grandit dans son cœur, monta dans sa pensée et l'envahit tout entier. L'ordre du Souverain Pontife fut le dernier trait de la Grâce pour l'achèvement de sa destinée. A ce moment, l'historien s'en alla où était son amour et il chercha des matériaux pour lui construire un tabernacle. Que la critique s'informe avec la dernière exactitude de la valeur précise de ces matériaux, si telle est sa fantaisie. Pour moi, je n'ai nul besoin de m'en mettre en peine. Il me suffit de savoir ceci : que le véritable Colomb est *nécessairement* celui-là et qu'on ne peut pas en imaginer un autre qui ne soit impossible, inconcevable et ridicule ; qu'il explique seul, dans le sens métaphysique le plus élevé, le tourbillon de créatures humaines au centre duquel il nous est montré; qu'il vit et palpite sous nos yeux, dans notre main, dans nos cœurs, comme jamais peut-être aucune physionomie de l'histoire n'avait palpité et qu'enfin son historien nous fait partager l'amour qu'il a pour lui et enfonce cet amour dans nos âmes jusqu'à nous faire éclater en pleurs. N'y eût-il que cela, ce serait un peu mieux, on en conviendra, que tout ce que peut produire en nous la vile populace des libres historiens et des Sanguineti de cet univers, livré, dit le Sage, à la contradiction des imbéciles qui sont sans nombre.

VII

J'ai parlé plus haut d'un grand esprit qui n'avait pu s'empêcher de tomber dans l'extrême misère de la médiocrité humaine pour avoir, une seule fois, rencontré la colossale figure de Christophe Colomb. C'est Lamartine, âme poétique, s'il en fût, mais, combien fragile, malgré sa grandeur ! Il fallait le dix-neuvième siècle pour faire naître ce poète exceptionnel, semblable à un lys démesuré sorti de l'infâme fumier du dix-huitième. La France, abrutie de philosophisme et soûle de sang, s'agitait en dormant dans les ténèbres palpables du *moyen âge* révolutionnaire. Lorsque ce chanteur à la voix d'éther commença, il se fit un silence sans pareil. Toutes les voix se turent et les fauves eurent l'air de rentrer dans leurs antres. On crut à la résurrection du spiritualisme chrétien. C'en était le dernier soupir; hélas ! le dernier soupir d'un spiritualisme qui avait mal vécu depuis longtemps, qui s'était étrangement obscurci et dont la mort était pleine de crainte et d'amertume. C'était le spiritualisme du docteur Jean-Jacques, avec le sophisme en moins, il est vrai, et le lyrisme en plus, mais aveugle-né comme lui, sourd à l'Église et, comme lui, trempant dans la ciguë bénigne du *divin* Socrate, la terrifiante et mystérieuse éponge du Golgotha.

L'étonnante cécité religieuse de l'auteur de *Jocelyn* fait penser à celle de ces sublimes oiseaux qui chantent dit-on, jusqu'à en mourir, quand on leur a crevé les yeux. Lamartine ne paraît pas avoir jamais vu la clarté du jour, mais il chantait dans une sorte de pénombre lactée qui ne lui en donnait l'illusion que pour exaspérer son désir. C'est par là qu'il est devenu le père de la grande mélancolie religieuse de cette époque du monde, mélancolie troublée et impure qu'il ne fut donné qu'à lui seul, à cause de son âme extraordinaire, de faire monter jusqu'au sublime. Ses vers semblent tomber sur nous des montagnes du ciel, comme un déluge d'or. Sa poésie a les six ailes des Séraphins d'Isaïe, deux pour voiler la face du Saint des saints, deux pour voiler les pieds et les deux autres pour voler. Poésie d'une si flagrante beauté que la plus forte littérature s'évanouit en la regardant et d'une si délicate essence qu'elle se volatilise au contact des commentateurs ! Notre siècle de manants révoltés a pourtant vu cela, les anges seuls savent pourquoi ! Nous autres, les Croupissants, nous ne le savons guère. Aussi, quelle joie, quel délire, quand ce pauvre aigle à tête blanche, cessant de planer, descendit en tournoyant vers le bourbier politique et y laissa tomber l'extrémité de ses immenses ailes ! Comme l'ignoble cœur démocratique se sentit alors vengé et quels applaudissements n'entendit-on pas dans ce parterre crapuleux de trente-six millions de rois !

Lamartine écrivit une histoire de Christophe Colomb dans ces derniers jours cruels où les triomphes inouïs de sa jeunesse durent être expiés dans les saintes angoisses de l'indigence. Cet homme, au devant de qui les cieux semblaient s'abaisser, et pour qui ce monde lassé et agonisant avait épuisé ses dernières facultés d'admiration, connut enfin l'horrible nécessité d'écrire et fut, après la gloire, le sénile débutant de la misère. Des livres trop nombreux naquirent ainsi, déplorables fruits sans saveur d'un arbre frappé de la foudre et plus qu'aux trois quarts desséché, au-dessus desquels son grand nom qui leur valut un semblant d'existence, produit l'effet d'une flamme vive sur une vile matière se consumant au ras du sol.

On pouvait espérer, cependant, que Christophe Colomb ranimerait son inspiration. Ce fut précisément le contraire qui arriva. Le moyen âge pensait que l'effigie de saint Christophe avait une secrète vertu pour réconforter les âmes et pour écarter tout prochain danger. Le poète de la *Mort de Socrate*, qui n'aurait certes pas cru à cette vertu miraculeuse du simulacre prophétique bien loin de recevoir de la réalité pleinement visible une illumination salutaire, y perdit, à ce qu'il semble, les dernières lueurs de son mourant génie et s'en alla crouler dans les bas lieux de la vulgarité.

Sans doute, il était déjà tombé, ce Lucifer innocent de la poésie et aucun prophète ne se demandait « comment il avait pu tomber ». On le savait trop. Il était tombé pour avoir cru à *l'immaculée conception* du genre humain et l'abîme de Rousseau avait appelé son abîme. Il était tombé tristement, lamentablement, du côté du bavardage socialiste et patriotique, avec l'espérance de sauver le genre humain... Mais, enfin, le poète avait subsisté et on ne pouvait pas conjecturer qu'une histoire capable d'enflammer les plus frigides imaginations serait l'occasion d'une nouvelle chute plus irrémédiable, où le poète lui-même ferait naufrage

Il est parlé de Dieu dans cette histoire ; Colomb y est même nommé une fois « le grand Messager de la Providence ; » mais ce n'est pas le Dieu de Colomb et ce n'est pas non plus sa providence. C'est le Dieu de Lamartine, une sorte de Dieu froid et inaccessible — comme le Dieu de tous les déistes, — et un hasard heureux ou funeste est toute la providence de ce fantôme. Le chantre quasi angélique des *Harmonies* ne put jamais rien comprendre aux *extravagances* divines de la *Folie de la Croix*. « Isabelle était pieuse *sans superstition*, » dit-il, croyant la louer. Hélas ! le sens de cette restriction est bien connu. C'est la dévotion *humaine* et *traitable* dont il est parlé dans *Tartufe*, c'est-à-dire, un heureux tempérament de piété qui nous préserve également du fanatisme et des inconvénients variés d'une indifférence notoire. C'est la piété la plus facile du monde et à la portée de tous les cœurs. Voilà tout à l'heure une vingtaine de siècles qu'on se déchire et qu'on se massacre pour ce prédominant intérêt des âmes qui s'appelle la Foi. La piété *sans superstition* implique évidemment qu'on pouvait s'arranger. Il suffisait d'avoir une dévotion *traitable* et d'accorder du premier coup aux novateurs ce qu'ils demandaient. Quelle pitié ! On conçoit très bien que la bourgeoise multitude des admirateurs de Molière se vautre avec délices dans cette ordure de l'esprit moderne. Mais, que Lamartine soit descendu jusque là, c'est à faire sangloter les neuf chœurs des Anges !...

Dans ce malheureux récit, dont il est bien impossible de rendre compte, le cœur est submergé de tristesse au spectacle de ce grand homme livré à une besogne de copiste et, d'un geste famélique, raturant la sainte vérité par l'insertion d'une imbécile calomnie qu'il eût été pourtant si facile de démasquer ! Lamartine affirme en deux endroits l'irrégularité de mœurs du héros et la bâtardise de son second fils. Il affirme cela avec autorité, comme si toute la lumière de l'histoire était dans sa main, prostituant ainsi le nom du plus noble poète des temps modernes à la plus odieuse des impostures. Enfin, la mission surnaturelle de Christophe Colomb est, non pas niée, mais totalement inaperçue de celui de ses historiens qui devait, à ce qu'il semble, la mieux voir. Malgré le mot de *Messager de la Providence* qui n'est là qu'une formule littéraire sans aucun écho dans la pensée, il prononce ce jugement incroyable : « L'attrait du faux le menait à la vérité. » Ne semble-t-il pas que de telles paroles sortent du sein des ténèbres lamentables où ce grand esprit se laissa tomber avant de mourir et que pourrait-on imaginer de plus mortel à sa gloire que de les rappeler, si l'immense humiliation d'une telle chute laissait encore quelque inquiétude à la basse envie de ses contempteurs ?

N'importe. Son livre subsiste avec le prestige de son nom et c'est là, sans doute, le dernier outrage qui manquât, jusqu'à ce siècle, au grand Calomnié de l'histoire. Il fallait au moins une voix séraphique dans le ténébreux concert. L'extraordinaire pureté d'âme de Lamartine ennoblit l'erreur qu'il a épousée et donne l'authenticité historique au mensonge même. Qu'on se rappelle le mot magnifique de Chateaubriand, parlant d'un autre flambeau humain dont le mauvais souffle d'en bas avait aussi courbé et humilié la flamme : « Les grands génies doivent peser leurs paroles ; elles restent, et c'est une *beauté irréparable.* »

VIII

Et maintenant, voici trois mille marches. Nous allons descendre comme on n'est peut-être jamais descendu. Nous allons descendre de Lamartine à M. Armand de Pontmartin et à la presse catholique française. Le monde s'étonnera peut-être d'apprendre que cette presse a été et continue d'être un des plus fermes *obstacles* à la Béatification de Christophe Colomb, malgré la volonté de Pie IX et l'intérêt évident de l'Église. Il est vrai que cet obstacle est purement négatif, mais c'est justement par là qu'il est formidable. Les journaux catholiques français ne déclarent pas la guerre à Christophe Colomb à la manière de l'abbé Sanguineti. Ils se taisent simplement, — d'une manière absolue. Ils n'ont *jamais* parlé du projet avant le concile du Vatican et ils n'en ont *jamais* parlé depuis. Les diverses publications du Comte Roselly de Lorgues, intéressantes, pour le moins, au point de vue des lettres chrétiennes et à cause du nom célèbre de leur auteur, furent immédiatement ensevelies dans la plus obscure et la plus silencieuse des oubliettes de la malveillance. Ni le vœu bien connu de Pie IX, seul véritable promoteur, ni l'étonnante unanimité des évêques, ni le mouvement universel de l'opinion, rien ne fut capable de déchaîner le renseignement dans ces fiers organes d'information. L'invraisemblable raison de ce mutisme est connue d'un petit nombre et sera peut-être dite quelque jour, pour que la justice soit enfin rendue aux vivants aussi bien qu'aux morts.

En attendant, cette coupable France — que le chanoine Sanguineti n'absoudra jamais d'avoir donné un historien à Christophe Colomb, — est encore, je suis contraint de l'avouer, passablement ignorante de toutes ces choses pour lesquelles on se passionne en Italie et dans les autres pays de race latine (1).

En Amérique, la presse religieuse du Nord des États-Unis, jusqu'à l'extrémité sud du Chili a, d'un commun transport, accueilli l'histoire de Christophe Colomb et glorifié son historien. Le plus grand journal catholique du Nouveau Continent, *le Propagateur*, a publié sous ce titre : *Christophe Colomb et Roselly de Lorgues*, un long travail, où l'enthousiasme s'élève jusqu'au lyrisme.

Les Évêques de cette *Nouvelle Terre*, trempée jusqu'à des profondeurs inconnues du sang des victimes humaines avant la Découverte, ont senti plus fortement que les Européens l'immensité du service rendu à l'humanité et à son Rédempteur, par l'homme sublime qui

---

1. Il s'élève, en effet, depuis quelques années, comme une grandissante clameur unanime pour la gloire catholique de Christophe Colomb, à Milan, Naples, Modène, Venise, Ravenne, Pavie, Sorrente, Pise, Florence et Turin, du côté de l'Italie ; Barcelone, Valence, Compostelle, Séville, Grenade, Burgos, Cordoue, Urgel, Tarragone, Pampelune, et surtout Salamanque, du côté de l'Espagne. En Portugal, le mouvement s'est fait particulièrement sentir à Braga, à Lamego et à Coïmbre, la ville des lettres, la célèbre Université.

porta la Croix sur ce vaste territoire où l'impitoyable Ennemi des enfants de Dieu régnait auparavant sans partage.

A l'exception du groupe des catholiques enthousiastes, éclairci de jour en jour par la contagion de l'indifférence, on ne remarque pas chez nous une bien vive sollicitude pour la gloire du Messager de l'Évangile. Nous avons le bonheur de posséder un journalisme pullulant et ubiquitaire qui nous renseigne avec la dernière exactitude sur la bagatelle passionnante de la politique ou de la cour d'assises et qui nous laisse complètement ignorer les événements les plus considérables. Les livres du Comte Roselly de Lorgues qui ont je suppose, une plus vaste portée que le moins sot discours parlementaire, ont été soigneusement étouffés par toutes les mains criminelles ou lâches de la publicité. J'ai signalé précédemment une seule exception et je ne vois pas, en vérité, le moyen d'en signaler une seconde. Il y a une manière de tuer un livre encore plus habile peut-être que le silence absolu. C'est de le mentionner en passant, au milieu d'une marée d'autres livres. Le lecteur, généralement superficiel, et d'ailleurs, accablé, ne le distingue pas des autres flots littéraires et, par la suite, se dispense, d'autant plus volontiers de le lire qu'il le connaît déjà par le titre dont il enrichit sa mémoire, au milieu d'une foule de titres, et qu'il peut ainsi se croire édifié sur les productions variées de l'esprit humain. L'inventeur ou, du moins, le virtuose le plus encouragé de cette sorte d'habileté, paraît être l'important journaliste que voici :

M. Armand, comte de Pontmartin, aréopagite vanté du bon gout et des bonnes mœurs littéraires, après avoir, dans son feuilleton, parlé d'un livre quelconque, arrive à *Christophe Colomb* et s'exprime ainsi : « Le livre de cet excellent Comte Roselly de Lorgues est un des livres les plus GROTESQUES qui me soient jamais tombés sous la main. C'est avec de telles publications qu'on accrédite chez nous l'indifférence en matière de littérature (1). »

M. Armand de Pontmartin passe pour un critique de grande autorité. L'extrême médiocrité de ce temps l'a ainsi voulu. Ce qu'il écrit a une prise étonnante sur certains esprits tempérés et précieux qui se défient de la magnificence et qui redoutent l'originalité. Le sous-entendu de sa manière insinuante et correcte fait la joie d'une foule de gens aimables ou vertueux, mais dont l'idéal esthétique ne crève pas la voûte du ciel. En tant que journaliste, il donne à peu près le niveau intellectuel de ce qu'on est convenu d'appeler la bonne compagnie. Il peut donc être signalé comme un type exquis de cette médiocrité renseignante et prétentieuse, qui mène aujourd'hui l'opinion d'une partie élevée de la société en sens inverse de toute grandeur. M. Armand de Pontmartin a un mot qui le caractérise, c'est le mot *exagération*. Dans une page éloquente et *vivante* que l'auteur des *Samedis* trouverait excessive, M. Ernest Hello, parlant de la médiocrité, démontre que l'usage habituel de ce mot est un signe infaillible pour reconnaître l'homme médiocre. Il paraît que c'est quelque chose comme le *labarum* de victoire de ceux dont il est écrit dans le saint Livre que leur nombre est « infini ».

Aussitôt qu'un écrivain quelconque s'avise d'être courageux, original ou simplement *animé*, un critique se

---

1. *Gazette de France*, 5 janv. 1879.

dresse pour le railler ou le morigéner et ce critique, c'est M. de Pontmartin.

J'imagine qu'on me saura quelque gré de reproduire ici une page brillante de ce formidable Crétineau-Joly, l'audacieux et impavide tenant de l'Église et de la royauté. L'historien de la *Vendée militaire* et le panégyriste de la Compagnie de Jésus, eut à se plaindre, comme tant d'autres, de M. de Pontmartin et voici le portrait terrible qu'il en fit dans le livre intitulé : *Bonaparte, le Concordat de 1801 et le Cardinal Consalvi* (1).

Je cite sans commentaires :

« M. Armand, comte de Pontmartin, est un gentilhomme qui daigne écrire, comme ce bon M. Jourdain, de Molière, daignait vendre du drap à ses amis et connaissances. Il est né, celui-là, ou du moins, il s'en targue. Je ne sais pas s'il remonte aux Croisades, mais à coup sûr, son zèle et sa foi ne l'y auraient jamais poussé.

« Si vous découvrez sur l'asphalte du boulevard un long roseau qui marche, emmaillotté dans des vêtements d'homme, si vous entendez son aigrelet soprano piailler entre des ossements collés l'un après l'autre, ne détournez pas la tête. Autrement, vous verriez toutes les femmes sourire de pitié ou rougir avec de petits cris de pudeur effarouchée comme si, de loin, elles apercevaient le grand eunuque noir. Ce gentilhomme *fait* dans la littérature industrielle et le roman provençal, le roman qui sent beaucoup l'ail et peu l'huile. Il commerce de tout et ne gagne sur rien ; puis chaque soir, il va déposer sa copie au mur des journaux à images. Il passe du blanc au bleu, du bleu au rouge,

---

1. Paris, Plon, 1869, p. 116 et suiv.

sans savoir si, après avoir fané les lys, il grignotera une crête orléaniste de coq gaulois ou s'il goûtera au miel des abeilles napoléonniennes.

« Évincé du faubourg Saint-Germain (1), tenu en suspicion par le faubourg Saint-Honoré, on le voit flotter dans ses incertitudes politico-religieuses, cherchant partout à placer son fonds de haine ou son reliquat d'encens, puis, ne tombant en arrêt que devant les biceps des autres, objet permanent de son envie. Il n'a qu'un culte, mais il l'a bien. Puisque la production est pour lui le fruit défendu, M. le comte qui a des chevrons, se pose en candidat honteux à l'Institut. Il voudrait *planter ses choux* sous la coupole Mazarine. Avec d'agaçantes caresses prodiguées indistinctement à tout ce qui a voix au chapitre, il gratte fort discrètement à l'huis académique et demande par signes quand il lui sera permis de s'asseoir, côté des ducs, sur le fauteuil traditionnel qui, après tout, n'est qu'une banquette très vulgaire. Durant quinze ans et plus, M. Cuvillier-Fleury et lui ont été condamnés à se faire la courte échelle et à jouer sur tous les modes, l'un dans le *Journal des Débats*, l'autre dans la *Gazette de France* ou ailleurs, la scène de Vadius et de Trissotin. M. le comte n'a jamais su tenir la corde. Leur commerce de minauderies interlopes, mais peu littéraires, amusait les désœuvrés et à chaque coup d'encensoir réciproque dont se saluaient ces deux jurés priseurs de diphtongues, les désœuvrés murmuraient avec le poète satirique :

« Saint-Lambert, froid auteur dont la muse savante
« Fait des vers fort vantés par Voltaire, qu'il vante. »

1. Ceci fut écrit il y a quinze ans.

Cette jolie note d'histoire littéraire pourra sans doute être citée longtemps, car M. de Pontmartin a l'air d'être éternel. Il n'est pas encore académicien et c'est une des anomalies les plus étonnantes de ce siècle. Impuissance totale de l'esprit, éclectisme politique, religiosité douceâtre et clair-obscure, frigidité littéraire à faire éclater le marbre, il a tout pour plaire aux Troglodites quadragésimaux de l'immortalité officielle. Il n'y a pas en lui la plus petite tache de poésie ou de générosité intellectuelle. Pourquoi donc le font-ils si longtemps attendre ?

L'héroïsme, de quelque nature qu'il soit, étant l'objet spécial de la répugnance de M. de Pontmartin, il se devait deux fois à lui-même de ne pas laisser sans outrages un livre tel que le *Christophe Colomb*, puisque ce livre est en même temps, l'histoire d'un héros et un vrai chef-d'œuvre. La prudente niaiserie de certains esprits sans grandeur, dont il est le Calchas folâtre et pour lequel il ouvre les entrailles de ses victimes hebdomadaires, a bien raison de compter sur le zèle clairvoyant de ce champion. Il ne leur offrira jamais que des holocaustes d'agréable odeur, c'est-à-dire tout ce qui aura magnificence et virilité (1). Aussi, a-t-il renouvelé, à diverses

1. M. Barbey d'Aurevilly, par exemple, cinquante fois insulté. Il est peut-être juste de remarquer que M. de Pontmartin, en outre de ses instincts et de ses consignes, a de très grosses injures à venger. M. Barbey d'Aurevilly n'a jamais pu l'apercevoir. L'auteur des *Prophètes du Passé*, critique lui-même, mais d'une autre race, a l'œil conformé de telle sorte qu'il ne peut voir que les objets colorés ou qui tiennent beaucoup de place. Ce *roseau* devait nécessairement lui échapper. Une seule fois, il y a quelque vingt ans, dans le *Réveil*, M. d'Aurevilly laissa miséricordieusement tomber sur cet impondérable une gouttelette de mépris qui le tira du néant pendant une heure. « M. de Pontmartin, disait-il, mixte négatif, qui n'est pas tout à fait Gustave Planche et qui n'est pas tout à fait Janin,

reprises et chaque fois que l'occasion s'en est offerte, sur le livre du Comte Roselly de Lorgues, le même geste de massacre, heureusement inoffensif.

Je me suis vu forcé de relever cette petite chose laide, à cause de l'importance miraculeuse accordée à ce journaliste dans de certains milieux chrétiens. Il est une des bouches les plus oraculaires de la frivolité malveillante et cette manière d'être le rendrait très digne d'admirer le chanoine Sanguineti, si ce dernier n'avait pas l'infortune de lui être tout à fait inconnu. N'existe-t-il pas, en effet, d'évidentes affinités spirituelles entre la Calomnie et la Frivolité, surtout quand la Frivolité est froide et sénile ?...

Le vigilant chanoine avait pensé à beaucoup de choses, mais il n'avait pas pensé au « grotesque ». Il n'avait pas dit que l'histoire de Christophe Colomb fût un livre grotesque. Il fallait M. de Pontmartin pour dire cela, quelque stupéfiant qu'il puisse paraître que telle ou telle chose soit jugée grotesque par lui. Au fond, ce qui paraît grotesque à M. de Pontmartin, c'est, surtout, la personne même de Christophe Colomb. Il y a là un fait de contradiction isolée, moins bruyant

---

composé de deux choses qui sont deux reflets : un peu de rose qui n'est qu'une nuance et beaucoup de gris qui est à peine une couleur... » Et ce fut tout, pour jamais. M. de Pontmartin, un instant porté dans la main et jusque sous les yeux de ce gigantesque entomologiste qui avait eu la curiosité de savoir quelle sorte d'insecte cela pouvait bien être, retomba dans l'inexistence. De loin en loin, il produit d'extraordinaires efforts pour en sortir. Il sifflotte au talon des hommes pour qu'on le ramasse encore une fois. « Battez-moi, mais parlez de moi ! » Telle est l'humble prière exprimée dans son dernier feuilleton sur le grand écrivain qu'il voudrait impatienter. Prière vaine ! M. Barbey d'Aurevilly n'y touche pas et continue sa route lumineuse, sans même prendre garde à ces inoffensifs susurrements de reptile.

sans doute, mais incomparablement plus ahurissant que tous les pamphlets génois. Assurément, on doit tenir un compte équitable et miséricordieux de l'indigence laborieuse d'un feuilletoniste condamné à soutenir éternellement sa réputation de *délicieux critique*; mais, que l'auteur des *Contes d'un Planteur de choux*, vienne se poser en face de ce Planteur de Croix qui fut l'Amplificateur de la Création, et qu'il lui dise : « Tu es un grotesque ! » c'est un de ces traits de la vieille farce diabolique au delà desquels il n'y a plus que le silence d'une stupéfaction immobile et glacée comme les effigies des sépulcres !!!

Eh bien ! ce ruineux vieillard, qui semble avoir été mis sur la grande route des écrivains du XIXe siècle, comme un redoutable avertissement de leurs fins dernières, est quelque chose d'imposant, — je suis forcé de le répéter, tant c'est inouï, — dans un monde qui passe pour élevé et il a un crédit d'homme d'esprit qui ne permet pas, par malheur, qu'on se taise absolument sur son compte. Il est le mandataire implicite d'un grand nombre d'esprits lâches ou venimeux dont il orthographie la pensée et qui, secrètement, exultent de se voir si bien compris. Il est le porte-voix d'un certain groupe que je me contenterai d'appeler les catholiques du *strict nécessaire*, c'est-à-dire les catholiques qui tiennent pour la *lettre* des lois de l'Église et qui admettent d'élégantes atténuations à l'*esprit* des commandements de Dieu. Pour ces catholiques, sagement ennemis de l'*exagération* dans la pratique de leurs vertus, les saints sont toujours des hommes ridicules qui « en font trop », l'*Estote perfecti* du Sermon sur la montagne est un précepte qui ne regarde pas les mondains et M. le comte de Pontmartin, contempteur de tout héroïsme, est l'Apollon du Belvédère du bon sens chrétien. Qu'on se donne la peine de compter ce troupeau de sages. On verra si leur prophète est un insignifiant adversaire et si c'était trop de l'honorer d'un paragraphe entier dans cette étude des obstacles suscités à l'introduction de la cause de Christophe Colomb (1).

1. Dans le cas très probable où je serais accusé d'une rigueur par trop excessive à l'égard de M. de Pontmartin, je déclare formellement n'avoir jamais eu aucun sujet de ressentiment personnel contre ce célèbre personnage. Je suis un nouveau venu dans les lettres, il ignore sans doute jusqu'à mon nom et nous sommes absolument étrangers l'un à l'autre. Si mon livre a quelque mérite, je m'attends à tout son mépris, et, bien loin que je doive en éprouver du ressentiment, je ne me cache pas de désirer anxieusement ce témoignage. Mais, enfin, jusqu'à ce jour, aucune occasion ne m'a été offerte d'exister pour lui. Qu'on l'entende bien, je parle ici en chrétien et en chrétien indigné. Je n'ai voulu montrer l'homme dans sa laideur et dans sa bassesse que pour faire mieux sentir l'énormité de son insolence. Comment, en effet, pourrait on voir sans cette *colère de l'amour* dont parle de Maistre, un écrivain soi-disant catholique se dresser contre le sentiment du Père des fidèles et traiter de GROTESQUE un livre que le Pape Pie IX a publiquement illustré de ses éloges, déclarant « qu'il ne tourne pas moins à l'honneur de la religion qu'à la gloire de l'Italie », et qu'il a qualifié de « très riche histoire »; ouvrage, d'ailleurs, traduit dans les principales langues du catholicisme, placé dans toutes les grandes bibliothèques d'Europe, honoré des souscriptions de plusieurs gouvernements et qui a valu à l'historien de Christophe Colomb deux croix de chevalier, deux croix d'officier et quatre croix de commandeur !
Oui ou non, faut-il nous persuader que M. le comte de Pontmartin qui s'est donné la peine de naître médiocre écrivain, a le droit de juger le jugement d'un pape et d'opposer impudemment sa flagrante sottise à l'élite de la société humaine ?

IX

J'avais décidé de ne plus parler du chanoine Sanguineti. Une bonne histoire que j'allais oublier m'y ramène. Les vrais artistes m'en sauront gré et elle fera mieux comprendre, en le dramatisant: le véritable esprit de l'opposition génoise.

Vers le commencement du Carême de 1879, un orateur chrétien de grande réputation en Italie, Mgr Miglior, vint à Gênes pour la prédication quadragésimale. Son éclatante célébrité, comme sermonnaire et comme écrivain, lui assurait d'avance l'accueil le plus favorable et le plus cordial. S. Exc. l'Archevêque de Gênes, épris de son mérite et de sa personne, ne voulut pas qu'il eût d'autre gîte que son propre palais ni d'autre table que sa propre table. Mgr Miglior, touché de cette paternelle sollicitude, pouvait croire que rien ne serait capable d'en suspendre l'effusion et laissait aller son âme à ce courant de délicieuse sympathie dont les prédicateurs de l'Évangile ont quelquefois un si grand besoin pour se réconforter dans les labeurs ingrats de leur vocation. Sa piété illuminée et profonde vint alors lui suggérer un moyen de manifester sa gratitude et de reconnaître d'une manière exquise l'hospitalité enthousiaste de la ville de Gênes. Se sentant dans la patrie de Christophe Colomb, persuadé de l'admirable sainteté du Héros chrétien, il ne douta pas une minute que ce seul nom prononcé ne fît palpiter des milliers de cœurs et, un jour, tout rempli de cette généreuse inspiration, il annonça dans la chaire, pour le dimanche suivant, le panégyrique du plus grand de tous les Génois.

L'effet fut inouï. L'intrusion soudaine d'un mulot dans une fourmilière peut en donner quelque idée. Le clergé s'inquiète et s'agite ; les chanoines académiciens, inexprimablement affolés, vont et viennent, comme des augures épouvantés par quelque calamiteux présage ; l'indomptable Sanguineti rugit dans l'archevêché ; une députation de ses partisans vient railler l'orateur et s'emporte jusqu'à le menacer ; l'Archevêque lui-même, légèrement éperdu, le supplie de renoncer à un aussi funeste dessein ; tout le monde a la fièvre, tout le monde a le délire, les inquiétudes et les épouvantes planent sur la cité...

Mgr Miglior dut croire à quelque soudain maléfice des puissances ténébreuses. Aucune explication humaine ne pouvait, évidemment, lui paraître suffisante pour un fait aussi extraordinaire. (Par prudence, le journal de l'Archevêché, le *Cittadino* avait refusé d'annoncer le sermon.) Néanmoins, il tint très ferme, se retrancha dans son droit de prédicateur et prononça, sans aucune sorte de balbutiement, le panégyrique annoncé. Le scandale et l'effervescence montèrent à leur comble. La haine infernale des ennemis de Colomb essaya d'imposer silence au panégyriste par voie d'intimidation. Une pluie battante de lettres anonymes le menaça de mille maux, s'il continuait à parler de ce déplorable grand homme. D'autres épîtres, également anonymes, moins nettes, mais plus perfides, lui indiquaient comment il pourrait, tout en rappelant le mérite de ce grand navigateur, avouer ses *faiblesses humaines* et insister sur le *repentir* par lequel il avait pu expier ses fautes (1).

A partir du moment où le panégyrique fut annoncé, l'infortuné Mgr Miglior vit subitement se transformer en un système de sordides persécutions la magnifique hospitalité épiscopale des premiers jours. Tout lui devint ennemi. Les familiers de l'Archevêché l'offensaient sans relâche par les plus révoltants procédés accompagnés d'attitudes et de regards dédaigneux; les chanoines, les secrétaires et jusqu'aux domestiques, le toisaient d'un air insultant. Mgr Magnasco, outré du refus qu'il avait été contraint d'endurer, non content de tolérer ces outrages indignement prodigués à son hôte dans sa propre maison, les encourageait encore en affectant avec lui les airs glacés et les regards distraits de l'indifférence. Pour que la cohabitation devînt supportable, il fallut l'intervention épistolaire de Mgr l'Archevêque de Cagliari dont une lettre eut pour effet de radoucir un peu les manières étonnantes du pontife génois.

Tel est le charmant spectacle dont le clergé de Gênes édifie le monde. On se représente très bien l'effet de dignité et de parfaite décence sacerdotale qui doit en résulter aux yeux vigilants de l'incrédulité qui ne man-

---

1. Ici, on croit reconnaître la main du chanoine Grassi, mentionné plus haut.

quera pas de s'en prévaloir. Si le projet de Béatification est simplement absurde, comme on le prétend, on ne comprend plus rien à toutes ces violences. Il me semble que le ridicule serait assez pour faire justice d'un tel projet s'il n'était qu'absurde. Mais si, au contraire, il est sage, s'il se réalise à la fin, voyez-vous d'avance l'impayable déconfiture de ce diocèse ? Le démon est un usurier de démence. Quand il suggère une folie, c'est pour qu'on ne s'arrête plus d'être insensé et pour qu'on aille, s'il est possible, jusqu'aux dernières extrémités de la fureur. Qui sait, sinon cet Exacteur ténébreux des passions humaines, jusqu'à quels excès nouveaux peut être emporté le malheureux prêtre dont il paraît avoir fait son esclave ?

Seulement, pour l'honneur de l'Épiscopat, on pourrait désirer que Mgr Magnasco qui, après tout, doit avoir le respect de son sacerdoce et l'amour de son troupeau, rencontrât quelqu'un qui lui ouvrît enfin les yeux et lui montrât clairement l'abîme de confusion où l'entraîne une inexplicable faiblesse pour son ancien collègue, le triste chanoine Sanguineti. L'infortuné prélat ne voit-il donc pas les conséquences inévitables de cette inouïe condescendance qui va jusqu'à l'abdication effective et quotidienne de son autorité entre les mains d'un cuistre qui la déshonore ? Je n'imagine rien de plus lamentable que le spectacle d'un vieillard vénérable, pasteur d'un grand nombre d'âmes, se prêtant de bon gré, comme un Géronte épiscopal, — à ce ridicule sans exemple d'être le perpétuel plastron défensif de la vanité extravasée d'un faquin de lettres comme on n'en vit peut-être jamais. Il faut être Génois pour ne pas voir cela, pour ne pas sentir l'énormité de cette atteinte à la dignité ecclésiastique et l'effrayante portée sacrilège de ce désordre.

Mgr Magnasco est tellement dominé par son chanoine, son autorité et sa dignité subissent un tel déchet de cet ascendant de son inférieur ecclésiastique qu'il a été jusqu'à déclarer à une personne qui le provoquait à l'énergie qu'il préférerait *être déchiré par la populace que de le contrarier !* Voilà, on en conviendra, une parole bien forte et bien mystérieuse. Que signifie ce langage inouï dans une bouche d'archevêque et quel peut être le fondement d'une crainte aussi incroyable ?

En attendant que ce mystère s'éclaircisse, la Cause de Christophe Colomb grandit chaque jour dans la préoccupation des hommes. Dans un avenir peut-être très rapproché, la gloire de Dieu va éclater dans son serviteur. Peut-être aussi, un événement que nul ne prévoit est-il sur le point de tout précipiter, car le Seigneur Dieu est avide de l'honneur de ses saints autant qu'il est jaloux de son propre honneur et voici bientôt quatre cents ans qu'il attend pour celui-là. En ce jour, quelle sera, devant toute la chrétienté, l'attitude de l'archevêque de Gênes ? Comment peut-il être assez dénué d'amis véritables pour que personne ne le fasse réfléchir d'avance aux soupçons terribles qui s'élèveront alors dans l'esprit de tous les catholiques de l'Univers, en présence de cette complicité aveugle, obstinée de Son Excellence avec le plus ténébreux et plus vil calomniateur de l'apôtre du Nouveau Monde !

Dieu garde ses élus comme la pupille de son œil et il ne remet pas toujours à l'éternité le châtiment de ceux qui les persécutent. Mgr Magnasco devrait y penser. Il devrait même voir que cela commence déjà. En épousant ou protégeant, comme il le fait, les fureurs démoniaques de son chanoine, ce n'est pas seulement lui qu'il couvre de sa responsabilité suprême, c'est, en même temps, tout ce que ce misérable traîne d'intrigants, de libres penseurs ou de mauvais prêtres... et voilà le châtiment (1).

Je vais finir par une prédiction qui réjouira le cœur de l'abbé Sanguineti. *Son nom ne périra pas*. Il appartient désormais à l'histoire, au même titre que Thersite appartient à l'*Iliade* et Falstaff à l'épopée Shakespearienne. Christophe Colomb emporte bénignement avec lui dans son immortalité tous ces insectes humains acharnés à le diffamer, comme il emportait les coquillages attachés aux flancs de ses vaisseaux quand il s'en allait annoncer la Croix de son Maître aux peuples inconnus de l'Occident. Le fougueux chanoine sera-t-il heureux de passer à la postérité de cette façon ?

Peut-être. L'orgueil n'est pas très fier et c'est même ce qui le distingue essentiellement de l'humilité. Ce pamphlétaire est un de ces hommes pour qui la Parole divine est une ennemie et qui vont d'eux-mêmes au rôle célèbre de Barabbas plutôt que de n'être pas « prophètes dans leur pays ». L'Égérie sacerdotale de l'archevêque de Gênes est prophète dans le sien, au même sens : « DIXERUNT BARABBAM. »

Un jour, au plus épais de leurs discordes civiles, les

---

1. Hélas ! un Banchero, un Belgrano, un académicien Desimoni, un franc-maçon Neri, un Grassi et d'autres espèces de même aloi ! quels acolytes pour un pasteur du troupeau de Jésus-Christ... *Et factus sum illis in parabolam*.

Génois voulurent se donner à la France. Louis XI, qui régnait alors et qui n'était pas tendre pour les républiques turbulentes, leur fit dire de *se donner au diable, s'ils voulaient*. Après trois siècles, ils se sont enfin donnés au Sanguineti et Louis XI, au fond de sa tombe, doit penser que le diable n'y a rien perdu !

7

X

L'auteur de ces pages tient à renouveler ici la déclaration qui ouvre son livre.

Je proteste de mon entière soumission à la doctrine de l'Église, aux règles et décisions du Saint Siège, notamment aux décrets des Souverains Pontifes Urbain VIII et Benoît XIV concernant la canonisation des saints. Je crois que l'Église romaine est l'infaillible Dépositaire de tout ce qu'il y a de vérité divine en ce monde et, qu'en dehors d'Elle, c'est à peine si l'âme humaine peut respirer. Je suis sûr de croire à cela aussi fermement que je crois à ma propre vie et voilà pourquoi j'ose parler à la Sainte Église. Mais mon langage, pour convenir à une telle Mère ne doit être ni d'un avocat ni d'un suppliant. Il faut se tenir devant Elle avec la dignité profondément respectueuse d'un fils qu'Elle a allaité de Ses mamelles sacrées, mais dont il faudra que tous Ses ministres répondent un jour, parce qu'il a été façonné à la ressemblance du Dieu Très-Haut. Il y a même une sorte de violence amoureuse par laquelle Notre-Seigneur nous affirme que les citadelles des cieux sont emportées et dont l'Écriture nous offre cent exemples surprenants.

J'espère n'avoir pas, jusqu'ici, dépassé des bornes que la sollicitude du Père céleste a tellement reculées qu'il semble que nous puissions tout dire à son Église ou à Lui-même, si nous le disons par amour. Les réflexions qui vont suivre pourront paraître audacieuses et je sais que ce n'est point un usage ecclésiastique d'en tolérer qui leur ressemblent. Mais la Cause de Christophe Colomb ne ressemble elle-même à aucune autre. Elle est exceptionnelle en tout et appelle un langage exceptionnel.

Quel a été, jusqu'à ce jour, l'accueil de la Sacrée Congrégation des Rites au projet d'Introduction de la Cause du Révélateur du Globe?

Le Postulateur lui-même va nous répondre :

« La Sacrée Congrégation des Rites ne se doute point de la grandeur de ce projet et, d'ailleurs, n'en a que faire. Que lui importe la mission providentielle? Dès que la Cause ne se présente pas dans la forme ordinaire avec dossier complet, coté, paraphé, timbré d'un sceau épiscopal, on s'indigne, on s'agite pour l'empêcher de se produire. A ses yeux, qu'est-ce donc que ce Christophe Colomb? — Un marin. — Or, s'est-on jamais, à la Congrégation des Rites, occupé de la mer? Que signifie cette prétention nouvelle? Parfois, de la colère on passe à une compassion miséricordieuse envers ces ignorants qui parlent d'exception, et espèrent voir monter à la Congrégation des Rites, autrement que par l'escalier commun, le héros dont le zèle ouvrit à l'Évangile l'autre moitié du Globe. Quoi! pour si peu on ose parler d'exception!.....

« Détournons les yeux de l'intérêt tout personnel que ces bureaucrates peuvent avoir à ce que rien ne soit retranché des formalités ordinaires. Nous préférons croire que des raisons légitimes excitent leur zèle; que le respect de la coutume les guide seul; qu'ils pensent devoir, en bonne conscience, repousser une innovation qui ouvrirait la porte aux abus contre lesquels ont prémuni l'Église les règles si admirablement établies en cette matière, par les vénérables Pontifes Urbain VIII et Benoît XIV.

« Chose singulière! parmi ces opposants, il n'y en a pas un qui osât formuler et signer ses objections contre l'introduction de cette Cause exceptionnelle. Aucun d'entre eux n'a jamais lu l'histoire du grand Serviteur de Dieu, écrite par ordre du chef de l'Église. Aucun n'a daigné s'enquérir de sa vie. Ils s'en tiennent à des brochures anonymes, à de petits abrégés, la plupart tirés du protestant Washington Irving; et ils ne craignent pas de s'établir juges de celui qui, après Moïse, Jean le Précurseur et saint Pierre, reçut le plus vaste mandat du ciel. Grâce à leurs préventions, des suspicions vagues, des idées erronées se sont infiltrées chez d'importants personnages de la Ville Éternelle. De là, résulte à l'égard de Colomb, une indifférence presque inévitable, et Rome se trouve aujourd'hui la cité d'Europe où le Révélateur du Globe est le moins connu...

« Ils croient maintenant triompher, parce qu'en faisant courir le bruit qu'il déplaisait au Pape qu'on s'occupât de Christophe Colomb, ils jettent du doute dans quelques esprits et pensent détourner de la Postulation un assez grand nombre de signatures... Dans leur entêtement, qu'ils estiment pourtant servir Pie IX et l'Église, ces contradicteurs sont les ennemis inconscients de l'Église et de Pie IX. Sans doute, leur droiture d'intention ne les détournera pas, nous l'espérons, de l'étroit chemin du ciel. Mais le mal qu'ils font, le prenant pour un bien, ne doit point nous trouver complaisant envers leur myopie. Ils ne comprennent pas qu'après la Rédemption de l'homme, il n'y eut point d'événement plus considérable que celui qui a doublé l'espace de la Terre ! S'applaudissant de leur prudence et faisant de leur propre sagesse une idole, ces hommes deviennent semblables à elle. Ils ne voient pas et n'entendent point...

« Ils n'entendent pas le concert de gratitude donné au souvenir de Colomb par tous les peuples civilisés. Ils n'entendent pas non plus le blâme qu'ils attirent sur la Papauté ; les accusations qu'ils suscitent contre l'Église. Leur ignorant dédain pour le plus admiré des hommes irrite le fond de la conscience humaine. Ensevelis dans la douce quiétude de leur routine, ils se croient quittes envers le Saint-Siège, envers la vérité, envers les intérêts de l'Église lorsque, pour se délivrer de l'obligation d'étudier cette Cause, ils ont fièrement, du haut de leur suffisance, répondu : « Il est trop tard. »

« Il est trop tard ! » Ce mot de Néron ne sied pas dans la bouche d'un chrétien ; c'est aussi le mot de cette Révolution de Juillet, origine des troubles dont l'Europe, depuis quarante ans n'a cessé de se ressentir. Prenez garde aux effets de ce mot sinistre : « Il est trop tard ! » Qu'en savez-vous, Monseigneur ? Qui vous autorise à le dire ? Vous qui ignorez la vie de cet incomparable disciple de Jésus-Christ ! vous qui ne connaissez ni ses actes, ni ses sentiments, ni ses vertus, ni ses miracles ; vous qui ne savez pas discerner l'opportunité des temps, les coïncidences providentielles et les intérêts généraux du catholicisme ; vous qui n'avez pu comprendre la grandeur de cette Cause, son caractère auguste, *l'éclat qu'elle ajouterait au Pontificat de Pie IX*, comment osez-vous répondre : « Il est trop tard ! » Défiez-vous de ce mot cruel, craignez que le monde ne vous l'applique à son tour. Et quand, sous la pression du sentiment universel, cette Cause aura été, malgré vous, enfin introduite par cette voie exceptionnelle qui lui appartient ; gardez que les hommes ne sachant plus aucun gré d'une justice si lente à venir, maintiennent leur accusation d'ingratitude, et ne répondent à votre exemple : « Il est trop tard. »

« Les bureaucrates et leurs patrons qui, d'une conscience tranquille, travaillent *dans l'ombre* à faire écarter cette Cause, ne conçoivent pas plus sa grandeur que son opportunité. Ils ne voient point que, bien loin d'arriver « trop tard », elle eût été mal venue à se montrer plus tôt, qu'elle se présente au moment choisi, le seul où elle pouvait et devait apparaître. La Cause du grand chrétien, dont la foi nous a valu un monde, est évoquée par l'opinion universelle des catholiques, à l'heure pleine d'effroi et d'anxiétés où un esprit d'erreur passe comme un souffle de mort sur l'Europe, faisant les ténèbres, égarant les peuples avec leurs pasteurs, s'efforçant d'obscurcir les notions du juste et du vrai dans les âmes, d'arracher de nos cœurs les plus chères croyances, d'opposer à la maternelle autorité de l'Église la raison et la déraison individuelles ; à la fixité de la doctrine les vacillations des systèmes aboutissant au désespérant abîme de la négation. Lorsque les enseignements du Sauveur sont repoussés dédaigneusement, et qu'on traite de vieillerie décrépite tout principe d'ordre, de respect, de stabilité, n'est-il pas à propos de solenniser l'homme de la Foi, qui, par elle seule, triomphant de la sagesse purement humaine, accomplit l'œuvre la plus immense de ce globe, la plus féconde pour l'extension du catholicisme ?

« Quand la spoliation du Saint-Siège cauteleusement préparée, puis, brusquement consommée pendant les désastres de la France, impuissante aujourd'hui à punir cet outrage, laisse impassibles les gouvernements catholiques, n'est-il pas opportun de glorifier l'indéfectible attachement du Héros qui aima la Papauté d'une dilection sans pareille, et en donna un exemple unique dans l'histoire ?

« C'est précisément au milieu de ce débordement d'iniquité contre l'Église et d'ingratitude envers son Chef qu'il serait beau de voir le Souverain Pontife, quoique détrôné, dépouillé, indigent et réfugié près du tombeau de l'Apôtre, professer aux nations une haute leçon de justice et de gratitude, en couronnant du nimbe des Saints celui des serviteurs de Dieu qui fut le plus grand bienfaiteur de l'humanité...

« Qu'ils le sachent bien, ces hommes matériels qui assimilent la Cause du Révélateur de la Création à celle d'un Saint ordinaire, la voie exceptionnelle, dont ils s'étonnent et s'irritent, est la voie naturelle de cette Cause, la seule qui soit compatible avec sa grandeur et son caractère propre. Leurs efforts n'aboutiront qu'à la retarder, au détriment de la piété et de l'honneur ecclésiastique ; mais ne pourront l'empêcher de se produire enfin. S'ils parviennent à priver de cette gloire notre bien-aimé Pie IX, assurément un de ses successeurs saura la recueillir et en décorer son règne.

« Ces méticuleux personnages, ennemis, sans le savoir de l'influence du Saint-Siège, ne se doutent pas du reproche qu'ils suscitent contre sa gloire. Ils ne sentent pas que l'accusation d'ingratitude est imminente, que bientôt elle se dressera dans tous les esprits. Plus les résultats de l'œuvre de Colomb seront connus, plus on s'étonnera de l'oubli ou du silence de l'Église qu'il a si prodigieusement agrandie. Faut-il le leur apprendre ? D'abord dirigé contre l'Espagne et l'Italie, le reproche d'ingratitude l'est maintenant contre Rome (1) !... »

Ces généreuses remontrances publiées, il y a dix ans, ont encore aujourd'hui la même justice et la même portée rigoureuse. La Cause de Christophe Colomb a grandi dans l'opinion et le nombre des adhésions épiscopales s'est accru jusqu'à former une écrasante majorité, mais en ce qui concerne la Congrégation des Rites, sur qui porte, en somme, la plus grosse part de responsabilité devant Dieu et devant les peuples, les choses en sont demeurées exactement au même point. Assurément, il ne me convient pas d'ajouter ma voix non autorisée à la voix chaleureuse du Postulateur *officiel* que le Pape Pie IX, en lui confiant son glorieux mandat, a pleinement investi du droit de parler. Mais, après tout, ma qualité d'enfant de l'Église me donne bien quelques droits aussi, et il ne

---

1. *L'Ambassadeur de Dieu et le Pape Pie IX*, par le Comte Roselly de Lorgues, Prolégomènes. — Plon 1874, Paris.
Ce livre fut tellement approuvé par Pie IX qu'il ordonna l'impression, aux frais de la Propagande, de la traduction italienne par le P. Marcellino da Civezza, historiographe de l'Ordre franciscain et consulteur de la dite Congrégation.

m'est pas défendu d'exprimer à ma façon le douloureux étonnement de mon cœur. Et j'ose affirmer que cette plainte n'est pas de moi seul, qui ne suis rien qu'une obscure unité pensante, mais de toute une foule qui la profère par ma plume et qui se réjouira de mon audace. Toutes les âmes ferventes et généreuses, toutes les intelligences ouvertes au grand, tous ceux qui ont faim de justice et qui veulent que l'Église soit magnifique, sont avec moi et approuveront mon impatience. Nous sommes aux pieds du Souverain Pasteur des âmes de qui procède, après Dieu, toute plénitude de consolation et tout rassasiement humain et qui ne possède pas seulement les clefs du ciel, mais encore les verrous et les triples barres qui font captif le Prince du monde, en limitant son pouvoir. Nous demandons humblement à ce Père de vouloir bien user de son Autorité suprême pour établir une Exception en faveur du sublime Apôtre sur qui pèse une injustice dont l'énormité et la durée scandalisent l'univers. La puissance du Pape Léon XIII, pour faire une exception à la règle, n'égale-t-elle pas celle du Pape Benoît XIV pour l'établir? et le Successeur de Saint-Pierre doit-il être contenu par le déplorable zèle de quelques-uns de ses serviteurs qui prétendent limiter ses privilèges?

« Nul plus que nous, dit encore le Comte Roselly de Lorgues, n'honore l'éminente mémoire des papes Urbain VIII et Benoît XIV. Nul plus que nous, n'apprécie la sagesse de leur prévoyance, l'opportunité de leurs décrets ! Nul plus que nous, n'en demande le maintien strict, absolu, l'application rigoureuse et l'immuable stabilité. Mais ces règles ne sauraient prévaloir contre l'élu de la Providence, et priver à jamais des honneurs de l'Église celui qui l'a si prodigieusement amplifiée. Nous sommes même persuadé que ces deux illustres pontifes, observateurs sagaces des signes et du caractère de la sainteté, seraient, aujourd'hui, les premiers protecteurs de cette grande Cause, et qu'ils formuleraient glorieusement pour Christophe Colomb l'Exception actuellement sollicitée près de leur successeur (1). »

1. V. Append. E.

XI

Donc, le Pape, seul, est désormais l'espérance de cette Cause extraordinaire. La Justice, la Piété, la Grandeur de l'Église, la Gloire de Dieu, le pressent, l'implorent et n'espèrent qu'en lui. Il faut avoir le cœur de le dire : Depuis longtemps déjà, la question n'est autre que celle-ci : Qui sera définitivement vainqueur, de Satan ou du Vicaire de Jésus-Christ? — Qui est comme Dieu? — Qui est comme Lucifer? — Le formidable dialogue angélique, perpétuel dans les cœurs humains, recommence ici son grand éclat, et c'est avec une angoisse immense que les chrétiens en vont être les auditeurs.

En 1870, la chrétienté fut à la veille de contempler, en plein concile œcuménique, une scène d'une majesté et d'une splendeur étonnantes, qui eût rappelé, par la simplicité et le grandiose, quelques-uns des plus pathétiques événements de l'histoire des premiers siècles. Sa Gr. l'Archevêque d'Avignon, Mgr Dubreil, admirateur chaleureux de Christophe Colomb, avait décidé de porter la parole au sein de l'Assemblée et, dans un de ces discours enthousiastes où l'orateur, s'inspirant de son propre trouble, submerge de son âme tout son auditoire, il devait faire la motion de proposer au Concile l'introduction de la Cause par acclamation. Le succès de cette généreuse hardiesse était certain. La masse des Évêques américains et la moitié des autres n'eussent fait qu'une seule clameur. Le Pape, qui ne demandait pas mieux, était glorieusement, saintement forcé, et la déclaration de Vénérabilité était prononcée *ipso facto*. Mais, presque en même temps, le Concile fut soudainement dispersé et cette grande chose ne put s'accomplir. Dieu, qui voulait sans doute éprouver jusqu'à la fin certains hommes, n'a pas, jusqu'à présent, permis que cette page rayonnante fût inscrite dans les annales modernes de son Église...

N'importe ! En dépit de l'impassibilité romaine, des signes certains annoncent au dehors une recrudescence d'ardeur et un progrès rapide du désir universel de cette Béatification. A l'heure où j'écris, SIX CENT QUINZE Évêques ont adhéré au *Postulatum* pour l'introduction de la Cause par voie exceptionnelle.

Un grand nombre d'entre eux se sont adressés directement au Chef de l'Église. La plupart, en transmettant leur adhésion au Postulateur, ont éloquemment motivé leur détermination, s'appuyant avec une complaisance paternelle sur le vœu cordial et généralement exprimé de leurs diocésains.

Il est évidemment impossible de donner ici une liste complète des évêques répandus dans l'univers qui ont pris part à ce grand mouvement catholique, et dont l'inertie ou le mauvais vouloir de quelques Scribes paralyse l'unanime effort. Je me bornerai donc à mentionner, pour l'honneur de notre nation, les Prélats français qui ont imploré le Souverain Pontife pour Christophe Colomb. Du fond de sa détresse, la noble France trouve encore le moyen de donner au Révélateur du Globe le splendide suffrage de SEPT Cardinaux, DIX-SEPT Archevêques et SOIXANTE-DEUX Evêques. Quant à ceux qui manquent encore, que leur propre conscience les juge et que la glorieuse Église leur pardonne !

Néanmoins, il convient de le dire humblement ici. Aucun peuple n'est coupable autant que la France du déni de la gloire de Christophe Colomb. L'Espagne elle-même, si criminelle pourtant, ne l'a pas aussi profondément lésée. C'est, en effet, de la France qu'est partie la prodigieuse méprise historique qui a valu à un homme médiocre l'honneur inouï d'imposer son nom à la moitié de la terre (1). Christophe Colomb ayant été si cruellement opprimé et frustré par l'Espagne, jusqu'à la quatrième génération, l'Espagne, cependant, lui laissait son douloureux *Nom* symbolique de Messager et d'Apôtre, se contentant de l'immerger des plus épaisses ténèbres qui puissent transsuder des millions de cœurs d'un peuple ingrat, pendant quatre cents ans. La France a eu le triste privilège de porter la main sur cette chose réservée, sur cette unique chose qu'il semble impossible de ravir au plus malheureux des hommes et, ainsi, elle était parvenue à surpasser l'étonnante ingratitude de l'Espagne, puisqu'elle avait réussi à abolir jusqu'à la trace historique de Christophe Colomb. Je le disais en commençant ce livre, c'est une espèce de miracle que cette *Cité perdue* de l'amour et de l'héroïsme chrétiens se soit retrouvée enfin sous les dunes de l'oubli du monde, après trois siècles d'engloutissement !

1. V. Append. F.

Le fait de la Mission divine de Colomb étant, désormais, sans nul doute aux yeux de tout être pensant, c'était donc un strict devoir pour la France d'en rendre témoignage devant l'Église et devant tous les peuples qu'elle avait trompés. Elle a déjà presque complètement réparé son crime en lui donnant un Historien et le suffrage de presque tous ses Évêques. Pourquoi ne lui donnerait-elle pas encore davantage ?

En raison même des dons extraordinaires qui lui furent départis, la Fille aînée de l'Église est dans cette habitude dangereuse de ne jamais avoir de mesure. On ne sait pas ce qui la pousse, mais elle ne va jamais au médiocre ; ses moindre fautes ressemblent à des attentats ; et on l'a vue, il n'y a pas si longtemps, se reposer d'avoir décapité son aristocratie en conquérant le monde avec sa canaille. Aujourd'hui, elle est tellement descendue dans l'abjection que les autres peuples, penchés sur le même abîme, commencent à ne plus l'apercevoir, et c'est sans doute pour cette raison qu'on parle tant de la fin du monde !

Mais, « la vérité a besoin de la France, » disait de Maistre. Or, sait-on bien ce que c'est que la Vérité ? C'est simplement la Deuxième Personne divine, d'après son propre témoignage, dans l'Évangile de saint Jean. Dieu lui-même a donc besoin de la France, autant que Dieu puisse avoir besoin de sa créature, et nul ne peut connaître ce besoin, qui est à la mesure de ses Desseins sur le monde entier. C'est pourquoi j'ai dit que cette nation privilégiée est hors de *mesure*. Les Pilates de la politique peuvent se demander aujourd'hui ce que c'est que la France, comme l'autre Pilate se demandait ce que pouvait bien être la Vérité. C'est un juste retour de ce scepticisme flagellant dont elle a inondé la terre, aux dépens des Saints du Seigneur. Mais, qu'ils prennent garde à cette Fille dont Dieu a *besoin* et qu'ils se souviennent de la Résurrection du Maître!...

L'Église prononcera bientôt, sans doute, sur Christophe Colomb. En ce jour, la France commencera peut-être à discerner l'honneur infini dont la Miséricorde éternelle accable son indignité. Toute ruisselante qu'elle est de ses abominations, la grande Méprisée des peuples aura, néanmoins, vengé la Justice divine elle-même du mépris de tout l'univers.

Qui donc oserait dire que cela seul ne peut pas suffire? et qui sait si cette Réhabilitation, toute tardive qu'elle soit, du plus sublime Apôtre qu'on ait vu depuis les Compagnons du Fils de l'Homme, n'est pas précisément ce qu'il faut pour « rompre les cieux » et pour faire descendre la Miséricorde sur cette Apostate de la Croix, qui ne sait plus ce qu'elle fait, depuis si longtemps qu'on lui donne à boire le vin terrible de la Désobéissance?...

Voici donc, pour finir, le nom de tous les Prélats français qui viennent de rendre à leur patrie humiliée et coupable l'incomparable service de lui faire accomplir le plus grand acte d'équité humaine et divine dont ce triste siècle puisse espérer d'être le témoin.

CARDINAUX

Le doyen de l'Épiscopat français, l'Éminentissime cardinal Donnet, archevêque de Bordeaux; S. Ém. le cardinal de Bonnechose, archevêque de Rouen; S. Ém. le cardinal Guibert, archevêque de Paris; S. Ém. le cardinal Caverot, archevêque de Lyon ; S. Ém. le cardinal Pie, évêque de Poitiers ; S. Ém. le cardinal Lavigerie, archevêque d'Alger ; S. Ém. le cardinal de Falloux.

ARCHEVÊQUES

S. G. Mgr de la Tour d'Auvergne, archevêque de Bourges; S. G. Mgr Dubreil, archevêque d'Avignon, et son successeur Mgr Hasley ; S. G. Mgr Lyonnet, archevêque d'Albi, et son successeur Mgr Ramadié ; S. G. Mgr Langénieux, archevêque de Reims ; S. G. Mgr Colet, archevêque de Tours ; S. G. Mgr Forcade, archevêque d'Aix ; S. G. Mgr Place, archevêque de Rennes; S. G. Mgr Duquesnay, archevêque de Cambrai ; S. G. Mgr Pichenot, archevêque de Chambéry, et son successeur Mgr Leuillieux ; S. G. Mgr Foulon, archevêque de Besançon; S. G. Mgr Richard, archevêque de Larisse, coadjuteur de Paris ; S. G. Mgr de la Bouillerie, archevêque de Perga ; S. G. Mgr Lecourtier, archevêque de Sébaste ; S. G. Mgr Maret, archevêque de Lépante, Primicier du Chapitre national de Saint-Denis.

ÉVÊQUES

S. G. Mgr Nogret, évêque de Saint-Claude, et son successeur Mgr Marpot; S. G. Mgr Delalle, évêque de Rodez; S. G. Mgr Robert, évêque de Marseille; S. G. Mgr Sola, évêque de Nice, et son successeur, Mgr Balaïn ;

S. G. Mgr Foulquier, évêque de Mende, et son successeur, Mgr Costes; S. G. Mgr de Cabrières, évêque de Montpellier ; S. G. Mgr Guilbert, évêque d'Amiens, maintenant archevêque de Bordeaux; S. G. Mgr Lamazou, évêque de Limoges; S. G. Mgr Jordany, évêque de Fréjus et Toulon, et son successeur Mgr Terris ; S.G. Mgr Plantier, évêque de Nîmes, et son successeur Mgr Besson; S. G. Mgr Billard, évêque de Carcassonne; S. G. Mgr Germain, évêque de Coutances ; S. G. Mgr Ravinet, évêque de Troyes; S. G. Mgr Catteau, évêque de Luçon ; S. G. Mgr Laborde, évêque de Blois ; S. G. Mgr Jourdan, évêque de Tarbes, et son successeur Mgr Billère; S. G. Mgr David, évêque de Saint-Brieuc, et son successeur Mgr Bouché; S. G. Mgr Dabert, évêque de Périgueux; S. G. Mgr Lebreton, évêque du Puy; S. G. Mgr Dennel, évêque de Beauvais; S. G. Mgr Perraud, évêque d'Autun ; S. G. Mgr Thibaudier, évêque de Soissons; S. G. Mgr Goux, évêque de Versailles; S. G. Mgr Boyer, évêque de Clermont-Ferrand; S. G. Mgr de Briey, évêque de Saint-Dié; S. G. Mgr Chaulet-d'Outremont, évêque du Mans ; S. G. Mgr Denéchau, évêque de Tulle ; S G. Mgr Le Hardy du Marais, évêque de Laval; S. G. Mgr Le Coq, évêque de Nantes; S. G. Mgr Grimardias, évêque de Cahors ; S. G. Mgr Ducellier, évêque de Bayonne ; S. G. Mgr Fiard, évêque de Montauban ; S. G. Mgr Sourrieu, évêque de Châlons ; S. G. Mgr Meignan, évêque d'Arras ; S. G. Mgr Cotton, évêque de Valence ; S. G. Mgr Bécel, évêque de Vannes ; S. G. Mgr Bonnet, évêque de Viviers ; S. G. Mgr Thomas, évêque de la Rochelle ; S. G. Mgr Fonteneau, évêque d'Agen ; S. G. Mgr Hugonin, évêque de Bayeux et Lisieux ; S. G. Mgr de Las Cases, évêque de Constantine, et son successeur Mgr Combes; S. G. Mgr Fava, évêque de Grenoble ; S. G. Mgr Lelong, évêque de Nevers ; S. G. Mgr Ardin, évêque d'Oran ; S. G. Mgr Delannoy, évêque d'Aire ; S. G. Mgr Bouange, évêque de Langres ; S. G. Mgr de la Foata, évêque d'Ajaccio ; S. G. Mgr Rougerie, évêque de Pamiers ; S. G. Mgr Tregaro, évêque de Séez ; S. G. Mgr Sebaux, évêque d'Angoulême ; S. G. Mgr Emmanuel de Bricy, coadjuteur de Meaux ; S. G. Mgr Blanger, évêque de la Guadeloupe, aujourd'hui évêque de Limoges ; S. G. Mgr Gay, évêque d'Anthédon ; S. G. Mgr Monnier, évêque de Lydda.

Ce long travail est enfin achevé. Plaise à Dieu qu'il ne soit pas entièrement inutile à la belle Cause catholique que j'ai essayé de défendre !

La plupart des chrétiens ignorent encore la vraie grandeur de ce projet de Pie IX, et d'autres, malheureusement prévenus, en méconnaissent l'extrême importance. Je me suis efforcé de démontrer l'une et l'autre. En réalité, la Béatification de Christophe Colomb peut être considérée comme une clause du testament mystique de ce Pape prédestiné, qui a fixé le dogme de l'Immaculée Conception et dépassé les années de Pierre. En attendant que notre sainte et infaillible Église couronne de cette gloire nouvelle la mémoire vénérée du Pontife, les âmes élevées et religieuses jugeront, sans doute, que de semblables méditations ne sont pas tout à fait indignes de les occuper.

APPENDICES

A

Ligne de Démarcation

(Voir pages 47 et 163.)

« De sa cellule du Monastère de la Rabida, au retour de son premier voyage, Christophe Colomb, écrivant aux Rois Catholiques, indiqua comment, pour éviter des conflits ultérieurs, devait s'opérer la répartition des terres à découvrir entre les deux puissances maritimes qui tentaient, à cette époque, des recherches dans l'Océan.

« A cet effet, Colomb imagine de faire attribuer par le Souverain Pontife, pour les découvertes des Castillans dans l'Ouest, un espace égal à celui qu'auraient les Portugais dans l'Est. Et, afin de déterminer les frontières des deux royaumes sur les plaines illimitées de l'Océan, il propose un moyen d'une simplicité divine.

« Aussi plein d'assurance que s'il tenait étendu sous ses yeux l'espace entier du Globe, dont plus des deux tiers étaient encore ignorés, il fait avec une sublime audace ou plutôt un calme angélique la section de l'Équateur que nul n'avait franchi ; trace à travers l'immensité une démarcation gigantesque ; tire d'un pôle à l'autre une ligne idéale, qui partagera la Terre, en passant à une moyenne distance de cent lieues, prise entre les îles du Cap Vert et celle des Açores. Pour opérer cette étonnante séparation géographique, il choisit précisément le seul point de notre planète que la science choisirait de nos jours (1) : la curieuse région de la Ligne sans déclinaison magnétique, où la transparence des eaux, la suavité de l'air, l'éblouissante limpidité de l'atmosphère, l'abondance de la végétation sous-marine, l'éclat tropical des nuits, la phosphorescence des vagues, indiquent dans le mobile empire des ondes une démarcation mystérieuse du Créateur.

« Cette colossale dimension était la plus hardie conception qui fût jamais sortie du cerveau humain. Jamais proportion si gigantesque n'était entrée dans un calcul de mesure. Néanmoins, Colomb, sans s'étonner, sans hésiter, ne se doutant pas, peut-être, du prodige de son opération, prend tranquillement ses dimensions, et demande avec simplicité qu'on les envoie à Rome.

« Assurément, tout ce qu'il exposait dans ses considérations, pour ce partage des régions inexplorées entre les deux couronnes de Castille et de Portugal était aussi rationnel que hardi ; aussi hardi qu'inconnu du reste des hommes ; et, par cela même, à cause des obstacles qu'éprouve toujours la nouveauté, devait provoquer des objections, des doutes, partant des résistances. Mais le Messager du Salut avait foi dans l'infaillible sagesse de l'Église, dépositaire des vérités du Verbe. Nous verrons, plus loin, combien la Papauté justifia cette noble confiance ». . . . .
. . . .

« Suivant le conseil de Christophe Colomb, les Rois Catholiques avaient supplié le Souverain Pontife de leur octroyer par une Bulle, la donation des terres qu'ils avaient décou-

---

1. Ce qu'offre d'ingénieux, de nouveau, d'important, au point de vue de la physique, de la géographie et de la cosmographie, cette ligne, *raya*, qu'indiquait Colomb, est relevé avec admiration par Humboldt, notamment dans son *Histoire de la géographie du Nouveau Continent* et dans son *Cosmos, Essai d'une description physique du Monde*. Ce fait mérite d'être remarqué.

vertes au couchant et de celles qu'ils espéraient découvrir encore.

« Quelles que pussent être les dispositions personnelles d'Alexandre VI pour la cour d'Espagne, la demande ne pouvait être accordée immédiatement; cette affaire exigeait la plus grande prudence. Déjà le Portugal avait obtenu un privilège pour ses découvertes à l'Orient. Il fallait éviter qu'une faveur actuellement consentie à l'Espagne n'occasionnât des conflits, sous les règnes ou dans les siècles suivants; et que l'œuvre de l'Apostolat n'amenât de sanglantes rivalités entre deux nations chrétiennes. Il était besoin d'assigner une limite entre les deux couronnes catholiques.

« Là naissait la difficulté.

« Où finissait l'Orient? Où commençait l'Occident sur l'espace illimité des mers? Tel était le problème à résoudre.

« Jamais plus épineuse difficulté géographique et politique n'avait été soumise à la Papauté. D'après les traditions de prudence du Saint-Siège et les temporisations ordinaires de la chancellerie romaine, on aurait dû d'abord saisir d'une telle question des Commissions de cosmographes, en Portugal, en Castille et en Italie, afin de délibérer sur leur rapport et asseoir une opinion sûre. C'était un délai de deux ans.

« Mais, évidemment, en formulant leur demande, les Rois avaient joint au dossier la copie des notes qu'avait rédigées Colomb dans sa cellule de la Rabida. Et tel était l'intérêt qu'inspirait à Rome cette entreprise chrétienne, telle était la confiance du Saint-Siège dans la sainteté du but et la pureté des sentiments de Christophe Colomb, que, sans hésitation et sans délai, comme soudainement éclairée sur l'œuvre et sur l'homme de la Découverte, la Papauté accepte, en la proclamant, la vérité de son système cosmographique; reconnaît explicitement la forme sphéroïde de la Terre, sa rotation sur son axe, ayant pour extrémité les deux pôles et maintient toutes les assertions scientifiques de Colomb. Dans l'état contradictoire de la cosmographie, cette affirmation était d'une hardiesse étonnante.

« Alexandre VI ne traite point comme une négociation diplomatique le privilège qu'il va concéder. Il n'obéit ici à aucune propension personnelle ; ce n'est pas un acte de condescendance d'un Pape espagnol envers des rois espagnols. Il n'y a plus ici ni Espagnol ni Souverain ; le Pontife procède uniquement en qualité de Chef de l'Église, avec l'assistance des vénérables cardinaux présents à Rome (1). Car il ne s'agit point d'un intérêt international, d'une affaire à régler pour la Castille ; mais des intérêts vitaux du catholicisme, de la conquête des âmes, de l'extension de la science et du royaume de Jésus-Christ.

« Comme la demande de la Castille est juste, le Souverain Pontife, avec le consentement du Sacré Collège qui l'entoure, accorde le privilège par sa Bulle du 3 mai 1493.

« Le principe posé, il s'agit d'en régler l'application ; de fixer des limites aux expéditions des Castillans ; de partager entre eux et les Portugais les parties inconnues du Globe sur lesquelles ces deux puissances feront porter l'Évangile et la civilisation.

« C'est ici qu'apparaît visiblement la participation de l'Église à la Découverte, et que montre ses effets, la bénédiction intime du pape Innocent VIII sur l'entreprise de son compatriote. Tel qu'il est, son successeur vient d'accepter comme une des obligations pontificales le patronage de la Papauté dans l'invention du Nouveau Monde. Il a foi en Colomb ; lui donne pleine créance en des choses inouïes ; le dispense de toute preuve ; justifie ses calculs invérifiables. C'est uniquement sur Colomb que se fonde, c'est d'après Colomb que s'engage le Souverain Pontife dans le colossal

---

1. Herrera, *Histoire générale des Indes occidentales*. Décade I, liv. II, ch. IV.

partage du Monde inexploré entre les deux couronnes d'Espagne et de Portugal. Tout ce que le Messager du Salut a proposé est accordé de point en point, comme chose indiquée par la Providence. Le chef de l'Église impose les gigantesques proportions de l'opération géométrique tracée par Colomb. Le Saint-Siège prend sous sa responsabilité l'exactitude de cet arpentage de l'inconnu et de l'incommensurable. Pour assigner aux Portugais et aux Espagnols la limite qui les maintiendrait respectivement dans leurs droits, le Souverain Pontife, avec une hardiesse surhumaine, tire sur la carte encore informe du Globe une ligne qui, partant du pôle boréal, passant à une moyenne de cent lieues à l'ouest des Açores et des îles du Cap Vert, va se continuer à travers l'Océan austral jusqu'au pôle Antarctique ; décrivant ainsi toute la longueur de la Terre, ô merveille ! sans rencontrer dans l'immensité de ce trajet, le moindre lieu habitable, d'où pût naître une contestation.

« La miraculeuse précision de cette Ligne avait, en outre, pour effet d'assurer à l'Espagne, en récompense de son zèle, la possession exclusive du Nouveau Continent dans son entier. Quelques protestants ont remarqué que le Saint-Siège, par cette démarcation, s'exposait à mettre les deux nations rivales en présence sur le même point, puisque la Ligne passait sur des parallèles et des longitudes que nulle nef n'avait sillonnés ; et qu'il était présumable que dans un si vaste prolongement la ligne couperait quelque grande terre. Oui, mais cette ligne a passé miraculeusement dans la seule distance où ne se trouvait point de terre. Là est le prodige !

« Remarquez-le :

« La démarcation pontificale, part du pôle Arctique, arrive à cette mystérieuse latitude de la ligne sans déclinaison, à la moyenne de cent lieues, tirée entre l'archipel du Cap Vert et le groupe des Açores, franchit le tropique, coupe l'équateur, avoisine le cap Saint-Roch, sillonne les profondours de l'Atlantique, se rapproche de l'île Clerck, passe entre la terre de Sandwich et le groupe des îles Powel, pénètre enfin dans le cercle Antarctique pour s'aller perdre parmi les glaces éternelles du Pôle.

« Que l'on prenne la carte moderne la plus perfectionnée, celle du Globe Politique, par John Purdy, publiée à Londres, en 1844 (1), ou celle plus récente de Johnston, « le Monde Commercial », admirable planisphère réglé au méridien de Greenwich, édité à Londres, en 1850 (2), qu'on tire la moyenne de cent lieux entre les Açores et le Cap Vert, qu'on suive la ligne mystérieuse solennellement tracée, à travers l'inconnu, par le Souverain Pontife ; et l'on sera confondu de voir qu'au-dessous de l'Europe, cette ligne parcoure toute l'étendue de notre planète, jusqu'au Pôle Antarctique, sans rencontrer une terre.

« Qu'on essaye ensuite de tirer une pareille ligne à tout autre point que celui qu'indiqua le Saint Siège et l'on tombera nécessairement sur quelque île ou sur quelque partie de continent. La ligne tracée par le Saint Siège avec cette précision prodigieuse comporte quelque chose d'auguste qui fait incliner de respect la science et l'imagination.

« Si l'illumination du génie de Colomb, ce regard à portée prophétique, jeté sur la face du globe avec une telle rectitude, nous confondent, on n'est pas moins saisi d'admiration à l'aspect de cette confiance absolue que lui témoigne la Papauté. On se courbe devant cette hardiesse exceptionnelle qui fait authentiquer et sanctionner, comme choses déjà vérifiées, les intuitions de son génie.

« Rome comprenait Colomb.

« Or, comprendre, c'est égaler. Toutes les sympathies du

1. A CHART OF THE WORLD on Mercators projection, by John Purdy. — 1844.
2. Johnston's *Commercial Chart of the World*. — 1850.

Saint Père et du Sacré Collège étaient acquises à Colomb.

« Jamais affaire plus grave, plus délicate, commandant plus de lenteur ne put être soumise au Pontificat; et pourtant, comme le remarque judicieusement Humboldt, « jamais négociation avec la cour de Rome n'avait été terminée avec une rapidité plus grande ». Ce qui surprend ce savant universel, ce sont ces deux Bulles, « littéralement les mêmes dans la première moitié », rendues « dans l'intervalle de vingt-quatre heures (1) ».

« Sa surprise montre combien l'illustre protestant est étranger au caractère de Colomb. C'est précisément cette distinction des deux Bulles quand une seule aurait suffi, qui prouve l'estime de la Papauté pour le Révélateur du Globe, et quelle importance elle attachait à son œuvre. Dans la première Bulle, celle du 3 mai, qui est dite Bulle de Concession, le Saint Siège accorde à l'Espagne les terres découvertes, avec les mêmes privilèges et droits que les Papes ont accordés en 1438 et 1439, aux rois de Portugal. Ceci est la donation faite à l'Espagne sur la demande de ses souverains. Mais, le lendemain, 4 mai, en procédant à la séparation de ces deux héritages, pour marque d'honneur, afin de mieux solenniser cette opération unique, sans précédent, sans analogue, le Souverain Pontife consacre par une Bulle particulière la délimitation qu'il vient de fixer, d'après sa pleine confiance en Colomb. Circonstance caractéristique de la pensée qui fit séparer en deux Bulles cette donation : le Pape, en parlant de Colomb, dans la Bulle de Concession, le 3 mai, s'était borné à le nommer son cher fils, sans le qualifier plus explicitement. Mais, dès le lendemain, dans sa Bulle de Répartition, comme s'il eût senti le devoir de donner un témoignage solennel d'estime à ce Messager de la Bonne Nouvelle, le chef de l'Église

---

1. Humboldt, *Histoire de la géogr. du Nouv. Cont.*, t. III, p. 54.

caractérise officiellement le Héros qui vient d'agrandir le monde. Il ne se borne pas à l'appeler son fils bien-aimé : *Dilectum filium;* il le reconnaît pleinement digne de cette mission : *Virum utique dignum;* certifie qu'il est très recommandable à divers titres : *et plurimum commendandum;* et déclare qu'il était destiné pour une si grande œuvre : *ac tanto negocio aptum.*

« Cette Bulle de Répartition porte évidemment le caractère d'une bénédiction et d'une récompense divine. »

. . . .

« Deux mois avant le départ de Colomb pour son second voyage, le Portugal avait adressé à la Castille une protestation contre les Bulles des 3 et 4 mai 1493 qui, disait-il, portaient atteinte aux droits dont sa couronne avait été précédemment investie.

« La Cour de Castille, craignant de voir s'altérer les bonnes relations existantes avec son allié, voulut examiner attentivement sa réclamation. Le 30 juillet 1494, Isabelle chargea don Guttierre de Tolède, cousin du Roi, professeur à l'université de Salamanque, de lui adresser sans retard, à Ségovie, les maîtres en astronomie et en géographie qu'il jugerait les plus capables, pour conférer avec des pilotes qu'elle avait assemblés. Le grand cardinal d'Espagne, écrivit le 26 août suivant au savant lapidaire de Burgos, Jayme Ferrer, qu'il traitait d'ami, d'arriver en toute hâte avec ses cartes et ses instruments de mathématiques pour une vérification de mesure. Ce lapidaire, homme de foi sincère, naturaliste, voyageur, géographe, fut donc invité à donner son avis sur la contestation élevée entre les deux États.

« Cependant le Portugal, tout en s'adressant à la Castille, faisait agir activement auprès des membres influents de la Cour pontificale. Les dernières ressources de son art diplomatique furent mises en jeu pour obtenir du Saint-Siège sous une forme quelconque, l'infirmation ou le retrait des

Bulles accordées à l'Espagne. Mais, aux observations motivées par les cosmographes portugais, aux instances et aux sollicitations du roi Joam II, le Pape répondit purement et simplement qu'il avait d'avance prévenu toute contestation, en tirant une ligne de démarcation d'un pôle à l'autre, et que sa donation était irrévocable. La cour d'Espagne ayant de son côté dénoncé au Saint-Siège la réclamation du Portugal, le Pape lui fit identiquement la même réponse.

« Le Portugal, néanmoins, ne se tint pas pour battu ; il revint à importuner le Saint-Siège, faisant valoir sa primauté dans les découvertes maritimes, ses intentions pieuses et diverses considérations tirées des sciences géographiques. Tout fut inutile : le Pape resta inébranlable. Le Saint-Siège reposait avec une telle sécurité dans la délimitation fixée d'après les données de Christophe Colomb, qu'il renvoya les ambassadeurs ordinaires et les envoyés extraordinaires des deux couronnes aux Bulles des 3 et 4 mai 1493.

« Une circonstance de ce débat négligée jusqu'à présent par les historiens et qui, pourtant, fait ressortir tout naturellement le caractère providentiel de la Ligne de Démarcation papale, doit trouver ici sa place.

« Il paraît que la reine de Castille elle-même, entrevoyant déjà la possibilité du mariage de l'infante, sa fille aînée, avec l'héritier présomptif de Joam II, pour éviter toute cause de division avec son puissant voisin à qui l'attachaient d'autres liens de parenté, n'était nullement éloignée de consentir à ce que le Saint Père revisât sa Bulle de Répartition et la modifiât dans un sens plus avantageux au Portugal. Isabelle trouvait tout simple que, sur sa propre demande, le Saint-Siège restreignît un privilège uniquement accordé en sa faveur. Elle y comptait si bien qu'en écrivant à Christophe Colomb, le 5 septembre 1493, elle parlait d'un amendement à la Bulle comme d'une chose déjà obtenue.

La reine de Castille joignait ses instances à celles de Joam II. Les deux parties intéressées étant ainsi d'accord s'attendaient à voir rectifier la prétendue erreur de la Bulle.

« Mais, lorsque dans sa Bulle de Répartition, le Saint Père déclarait avoir fait sa Donation par l'impulsion spontanée de sa libéralité propre, sans égard pour aucune instance et agissant en vertu de sa plénitude apostolique, il attestait une vérité non moins formelle qu'imposante. Aussi respectant lui-même cette Donation incomparable, attribuée en dehors de tout mobile humain, et à laquelle il semblait, le premier, reconnaître le caractère d'une bénédiction divine, le Souverain Pontife demeura immuable dans sa détermination. Il écarta les sollicitations tentées et les modifications proposées par l'Espagne, ainsi qu'il avait écarté les opiniâtres réclamations et les supplications obséquieuses du Portugal. Sa décision resta aussi inflexible qu'un decret céleste.

« Le Saint Père avait prononcé en sa qualité de Chef de l'Église; sa parole déjà subsistait dans le temps, irrévocable comme l'accompli et l'indéfectible. Tout ceci est étrange et merveilleux. En telle occurence, le plus grand saint et le plus grand génie s'associant n'eussent pu mieux faire qu'Alexandre VI. Cependant, afin de mettre un terme à ces plaintes, et pour constater l'immutabilité de sa résolution, le Pape donna, le 26 septembre, une Bulle par laquelle, tout en confirmant sa Donation aux rois d'Espagne, il l'étendait au lieu de la restreindre. Cette Bulle prit son titre de son objet et fut appelée en diplomatique : la Bulle d'Extension, *Bula de extension*.

« Dès lors, le débat resta entre les deux couronnes.

« L'obstination du Portugal et la condescendance de l'Espagne, qui tenait à ne pas s'aliéner un allié que de nouveaux liens du sang allaient en rapprocher davantage, firent que, d'un commun accord, après avoir usé toutes les finesses diplomatiques, on décida par un traité signé le 7 juin 1494, dans la ville de Tordésillas, de s'en tenir à la délimitation que fixerait une Commission savante, composée en nombre égal de Castillans et de Portugais, laquelle était chargée de corriger les prétendues erreurs de la Bulle. Cependant, comme si, maintenant, elle eût pressenti le danger de toucher à la décision pontificale, Isabelle ne se détermina que tardivement, le 5 juin, deux jours seulement avant la signature du traité, à nommer ses fondés de pouvoir ; tandis que, dès le 8 mars, le roi de Portugal avait désigné les siens. La reine nomma pour la Castille : l'Intendant général de la couronne, Henrique Henriquez ; le commandeur de Léon, don Guttierre de Cardenas, et le docteur Maldonado de Talavera, l'ancien vice-président de la savante Junte à Salamanque. Le roi Joam II avait nommé pour le Portugal : don Ruy de Souza, seigneur de Sâgres et de Berenguel, son fils, don Joam de Souza et le licencié Arias de Almanada (1).

« Quel fut le résultat de la condescendance de la Castille envers l'ambition ombrageuse du Portugal et qu'advint-il du changement apporté à la décision du Saint-Siège ?

« Ceci mérite d'être constaté.

« Quand il sanctionnait, au palais de Saint Pierre, le calcul opéré par Christophe Colomb dans sa cellule de la Rabida ; quand il faisait la répartition de l'inconnu et du futur attingent, en fixant pour ligne de Démarcation le tracé qu'avait indiqué le Révélateur du Nouveau Monde, le Souverain Pontife, sans le dire, donnait magnifiquement à l'Espagne la moitié de ce Globe, le nouveau continent dans l'intégrité de son étendue !

1. *Capitulacion de la particion del mar Océano, entre los catolicos Reyes D. Fernando y doña Ysabel, y D. Juan Rey de Portugal.* — Coleccion diplomatica, docum. LXXV.

« Ne pouvant croire à cette incomparable immensité de munificence, rapetissant dans son esprit la donation du Saint-Siège, consentant à l'amoindrir encore plutôt que de mécontenter un voisin dont on souhaitait l'alliance, la Castille s'inspira de la pensée du Portugal ; s'aveuglant et méconnaissant le caractère apostolique et providentiel du privilège dont elle était saisie, elle permit à ses Commissaires de redresser par leurs calculs les erreurs supposées de la Bulle. Les savants Portugais avec un orgueil, et les Castillans, avec une sottise exemplaires, sans plus tenir compte du tracé pontifical que s'il n'eût point existé, ne daignant pas même le nommer ou y faire allusion, convinrent de tirer une autre ligne droite (2), allant du pôle arctique au pôle antarctique et passant à 370 lieues au couchant des îles du Cap Vert (3). C'était reculer de 270 lieues la ligne fixée par le Saint Père.

« Or, dans ce reculement de 270 lieues, la projection de la ligne nouvelle au lieu d'arriver au Pôle Sud, comme la Démarcation papale, sans couper aucune terre, allait rencontrer le cap Saint-Augustin et toute la partie du nouveau continent qui s'avance à l'Est dans l'Atlantique.

« Donc :

« Pour avoir méconnu l'apostolat de Christophe Colomb, doué de la science inspirée du Saint-Siège, s'être crue plus équitable que le Souverain Pontife envers les droits du Portugal et avoir osé corriger la Bulle, l'Espagne perdit son privilège exclusif sur le Nouveau Monde ; et le vaste empire du Brésil fut acquis au Portugal.

« Les historiographes royaux d'Espagne ont été surpris de la grandeur de la dotation que lui avait octroyée le Saint

---

2. Herrera, *Hist. gén. des Ind. occid.* déc. I^e, liv. II chap. x.
3. « La cual raya ó linea é señal se haya de dar y de derecha, « como dicho es, à trescientas setenta leguas de las islas de Cabo « Verde, etc. » — *Coleccion diplom.*

Père et déploré cette faiblesse de la Commission qui, sous prétexte de perfectionnement géographique, consentit à ce déplacement de ligne. La plus récente histoire d'Espagne (1) publiée en France reconnaît aussi que pour ne pas s'en être uniquement rapportée au Saint Père, la Castille perdit la magnifique possession du Brésil.

« Les Commissaires pleinement satisfaits de leur science, passant sous un silence dédaigneux la Démarcation papale, avaient tiré leurs mesures avec une étroitesse de vues et une sécheresse de mathématicien. Néanmoins, leurs prétentieux calculs ne reposaient sur aucune donnée cosmographique; tandis, au contraire, que la ligne tracée par le Souverain Pontife précisait un emplacement des plus importants sur la surface du Globe, le plus digne de nos études et de nos investigations. Involontairement frappé de cette merveilleuse précision du Saint-Siège, le grand Humboldt a signalé comme un contraste, l'insignifiance des mesures fixées par la Commission savante qui prétendait faire un partage plus ingénieux ou plus exact que celui d'Alexandre VI. L'illustre protestant dit en parlant des moyens cherchés alors pour déterminer sur terre et sur mer une ligne de Démarcation imaginaire : « L'état de la science et l'imperfection de tous les instruments qui servaient sur mer à mesurer le temps ou l'espace ne permettaient pas encore, en 1493, la solution pratique d'un problème aussi compliqué. Dans cet état de choses, le pape Alexandre VI, en s'arrogeant le droit de partager un hémisphère entre deux puissants empires, rendit, sans le savoir, des services signalés à l'astronomie nautique et à la théorie physique du magnétisme terrestre (2). »

1. Rosseuw-Saint-Hilaire, *Histoire d'Espagne*, t. VI, p. 116.
2. Humboldt, Cosmos, *Essai d'une descrip. phys. du Monde* t. II p. 340.

« Remarquant aussi le dédaigneux silence de la Commission au sujet de la Ligne de Démarcation pontificale, Humboldt dit plus loin : «Les lignes de Démarcations papales méritaient d'être mentionnées exactement, parce qu'elles ont eu une grande influence sur les efforts tentés pour perfectionner l'astronomie nautique et les méthodes de longitude (1). »

« Les ennemis de l'Église, les détracteurs de la Papauté, tout en lui contestant le droit de cette étonnante Donation, sont obligés de confesser la sagesse de son opération et la grandeur de la rémunération accordée au zèle catholique de l'Espagne. Montesquieu lui-même, appréciant au fond, la décision pontificale, parle de « la célèbre Ligne de Démarcation », et suivant son expression de magistrat, trouve qu'ainsi le pape Alexandre VI « jugea un grand procès (2). » Après avoir d'abord essayé de taxer d'imprudence la Délimitation décrétée par le Souverain Pontife, Washington Irving est forcé de rendre enfin hommage « à la ligne de Démarcation d'un pôle à l'autre, si sagement tracée par Sa Sainteté (3) ».

« De quelque croyance qu'on soit, à quelque point de vue qu'on se place, un fait reste acquis pour tous dans le débat : le Saint-Siège montra plus de confiance en Colomb que la cour de Castille. Le Révélateur du Globe fut mieux jugé par l'Église que par le gouvernement auquel il se dévouait. Et, parce qu'elle osa mettre en doute l'infaillibilité apostolique, parce qu'elle préféra la prudence de l'homme, sa prétendue science à l'autorité souveraine qu'elle avait d'abord invoquée, l'Espagne réduisit elle-même l'immensité

1. Humboldt, *Id.*, t. II, p. 571, 572.
2. Montesquieu, *de l'Esprit des lois*, t. II, liv. XXI, ch. XVIII p. 78.
3. Washington Irving. *Hist. de Christ. Colomb.* liv. V. chap. IX p. 370. — Édit de 1828.

de son privilège et diminua, contre son gré, cette admirable dotation. »

(*Christophe Colomb, Histoire de sa Vie et de ses Voyages, d'après les documents authentiques tirés d'Espagne et d'Italie,* par le Comte ROSELLY DE LORGUES. — Édition Didier, Paris, 1859. — Ier vol., pp. 371, 398 et 486.)

B

Publications et œuvres d'art relatives a Colomb sous le Pontificat de Pie IX, de 1846 a 1873

(Voir page 50.)

1846. — Lorenzo Costa fait retentir son poème : *Christophe Colomb.*

Le chevalier Luigi Grillo, ancien aumônier de la marine sarde, imprime l'histoire des Liguriens illustres.

L'abbé Gavotti écrit sa notice sur Colomb.

Vincenzo de Conti reprend la discussion sur la patrie de ce héros.

Constantin Reta publie à Turin son histoire de l'immortel Génois.

1847. — Le compositeur français, Félicien David, crée ses mélodies océaniques sur la découverte de Christophe Colomb.

1848. — Le savant franciscain Maria Fannia da Rignano, maintenant évêque de Potenza et Marsico, publie à Rome ses remarques sur un poème en l'honneur de Christophe Colomb.

1849. — Cette année, stérilisée par la révolution, s'écoule péniblement à travers les commotions de l'Europe entière. Mais l'inventeur du Nouveau Monde n'y est plus oublié.

1850. — Le Pérou ayant voté une statue colossale à Christophe Colomb, charge de son exécution l'excellent sculpteur génois Salvatore Revelli.

1851. — Pie IX daigne nous ordonner d'écrire l'histoire complète de Christophe Colomb. — Notre vénérable ami le marquis Antonio Brignole Sales, ancien ambassadeur de Sardaigne, commande au sculpteur génois Raggi, un groupe représentant Colomb au moment de sa découverte. — Un ligurien éminent, Mgr Stefano Rossi, publie à Rome une monographie sur *l'emprisonnement et la transportation* de Christophe Colomb.

1852. — Un poème collectif dû aux élèves de l'Université de New-York, est édité sous ce titre : *L'Amérique découverte*. — L'excellent ami dont notre cœur porte toujours le deuil, le comte Tullio Dandolo, fait paraître à Milan son ouvrage : *les Siècles de Dante et de Colomb*.

1853. — Lamartine écrit la biographie de Colomb. — Mgr Luigi Colombo, des comtes de Cuccaro, imprime à Rome un volume intitulé : *Patrie et biographie du Grand Amiral*. — Don Ramon Campoamor publie un poème intitulé : *Colomb*. — Un officier supérieur de la marine, le baron de Bonnefoux, imprime son *Histoire de Christophe Colomb*. — Enfin, pour la première fois, le Révélateur du Globe rencontre en France une inspiration digne de sa grandeur, M. l'abbé Louis-Anne Dubreil, depuis lors justement élevé aux honneurs de l'archiépiscopat, et aujourd'hui assis sur le célèbre siège d'Avignon, fait jaillir de son cœur un chant sublime, aux harmonies pleines de majesté. Le lyrisme y déborde, et s'élève dans un élan souverain à des ravissements et des hauteurs qui ne seront pas dépassées. Cette ode, intitulée COLOMB DANS LES FERS (1), efface tout

1. Le Révélateur du Globe a également inspiré à Mgr. Dubreil un autre chant, intitulé *Vision de Colomb*, qui révèle aussi chez son auteur une vision véritablement vaticienne. Il en sort des im-

ce qu'en divers temps et en différentes langues on essaya sur ce noble argument, éternelle tentation de la poésie.

1854. — Le savant archevêque de Gênes, Mgr Andrea Charvaz, prononce publiquement l'éloge de Christophe Colomb, dans un admirable discours dont le Conseil municipal vote l'impression. — La reine Marie-Amélie, son A. R. l'infante doña Maria-Luiza-Fernanda et le duc de Montpensier vont en pélerinage aux ruines du couvent qui abrita Christophe Colomb à son arrivée en Espagne.

1855. — En Amérique, l'éloge de Christophe Colomb est renouvelé plusieurs fois, à propos d'inauguration de monuments ou de statues. — En France, M. le baron Feuillet de Conches met au jour un savant travail sur les portraits de Christophe Colomb. L'illustre Père Ventura de Raulica adresse aux Italiens son manifeste : *Colomb restitué à l'Église*.

1856. — La première histoire complète de ce héros chrétien, rédigée par ordre du Souverain Pontife est éditée à Paris. — S. A. R. Mgr le duc de Montpensier devient le Mécène des poètes espagnols dont il a réveillé le zèle, et l'*Album de la Rabida*, en l'honneur de Colomb paraît à Séville sous ses nobles auspices. — Le savant professeur M. Gaultier de Claubry publie une monographie sur Christophe Colomb. — A Londres, le capitaine Alexandre Becher écrit sur ce héros.

1857. — Impressions et réimpressions des traductions de notre ouvrage à Milan et à Cadix. — Attaques violentes de la part des protestants d'Allemagne, de Genève, de Londres, d'Édimbourg et de Dublin. — Libelle lancé contre nous en

---

pressions d'une grandeur inconnue, et d'imposantes magnificences où l'enthousiasme que soutient l'élévation native du sujet, se revêt constamment d'une facture large, élégante et digne, à laquelle tout lecteur décernerait le prix, si l'Académie des Jeux floraux n'avait couronné, dès l'apparition, cette éminente poésie.

Italie, par l'abbé Sanguineti, obstinément calomniateur du héros génois. — Le jeune poète milanais, Contini, publie une ode en l'honneur de Colomb.

1858. — Hommages rendus à Christophe Colomb par les feuilles catholiques. — La plus célèbre revue d'Italie, la *Civiltà Cattolica*, nous défend contre nos détracteurs et honore notre œuvre de son suffrage.

1859. — La guerre d'Italie absorbe l'attention publique. Mais dès la paix de Villafranca, on reparle de Christophe Colomb.

1860. — Robert Smith publie à Londres son poème : *Colomb et le Nouveau Monde*. — A Turin, le professeur Jean-Baptiste Torre compose son *Histoire populaire de Christophe Colomb*.

1861. — Le Père franciscain Agostino d'Osimo fait sortir des presses d'Ascoli son volume : Christophe Colomb et le père Juan Perez de Marchena. — A Plaisance, paraît sans nom d'auteur, un nouvel ouvrage intitulé : *Recherches historiques sur la véritable patrie du célèbre Christophe Colomb*.

1862. — Au collège de France, M. Philarète Chasles résume les travaux héroïques de Christophe Colomb et les écrits qui en ont traité. Le citoyen Émile Deschanel attaque grossièrement notre plume dans ses conférences, et fabrique un volume contre la grandeur de Colomb.

1863. — A Rome, un excellent écrivain, le Père Marcellino da Civezza, dans son *Histoire générale des Missions franciscaines*, consacre de nombreuses pages à célébrer Christophe Colomb. — A Paris, M. Georges Seigneur publie, en beaux vers, une remarquable trilogie sur l'inventeur du Nouveau Monde.

1864. — Au Chili, M. de Varnhagen, ministre du Brésil, imprime une dissertation sur le lieu précis du premier débarquement de Colomb. — A Madrid, le 22 juin, une loi votée par les Cortès ouvre un crédit de 800.000 réaux pour élever une statue à Christophe Colomb.

1865. — A Paris, M. Lucien de Rosny donne une traduction nouvelle de la première lettre de Christophe Colomb. — Le marquis du Belloy tire de notre ouvrage une *Histoire de Colomb*, illustrée de belles gravures. — Dans son remarquable drame intitulé : *Don Juan converti*, M. Désiré Laverdant esquisse en traits vigoureux le sain caractère de Christophe Colomb.

1866. — L'admirable lettre du Primat d'Aquitaine, S. Ém. le cardinal Donnet, archevêque de Bordeaux, suppliant le Saint-Père de vouloir bien introduire la cause de Christophe Colomb, par *voie exceptionnelle*, acquiert l'importance d'un événement. Elle est imprimée dans deux langues à Bordeaux, à Marseille, et reproduite en partie dans les *Semaines religieuses* de plusieurs diocèses, pendant qu'on la traduit au dehors. — Toute la presse européenne retentit de cette question; et les protestants eux-mêmes avouent que la béatification de Colomb serait un grand acte de justice ecclésiastique. — Presque simultanément, le premier des orateurs, la gloire du barreau français, l'illustre Berryer, et l'un de nos plus grands écrivains catholiques, M. Poujoulat, félicitent et remercient de cette démarche le vénérable cardinal. — La noble initiative de l'éminentissime archevêque s'accompagne de coïncidences qui ont tout l'air de résultats. En effet, dans cette même année 1866, le savant M. Jérôme d'Adda reproduit à Milan, en types magnifiques, pour la bibliothèque Ambrosienne, la *Lettera rarissima* de Christophe Colomb. — En France, à la Sorbonne, M. le professeur Himly établit que la découverte du Nouveau Monde n'avait pu être le fruit du hasard. — Un des plus généreux défenseurs du catholicisme, notre regretté comte Henri de Riancey, dans le neuvième volume de sa grande *Histoire du Monde*, applaudit à l'idée de cette béatification. — En Espagne, l'université de Salamanque dédie à Christophe Colomb un album de poésies, composées en son honneur par les plus renommés de ses anciens élèves. — Aux États-Unis, M. Barlow s'occupe de la béatification proposée et imprime royalement un splendide volume. — M. Henri Harrisse publie à New-York, sous le nom de *Bibliotheca americana vetustissima*, sa curieuse collection des premiers écrits sur l'Amérique. — Au Brésil, M. Manoël Aranjo de Porto-Alegre dédie à l'empereur Pedro II son grand poème sur Christophe Colomb, qu'il déclare l'élu de la Providence. — A Bogota, le congrès des États de la Colombie décide que la statue de Colomb sera érigée dans l'isthme de Panama. — L'opportunité de la lettre adressée au Saint-Père, par l'illustre cardinal Donnet, n'est-elle pas manifeste pour les deux mondes?

1867. — A Paris, M. Gustave Pradelle fait imprimer un beau drame en sept actes sur Christophe Colomb. — De nouvelles éditions de la vie de Colomb, des abrégés, des plagiats, des contrefaçons de notre histoire sont entreprises en divers pays.

1868. — M. Richardt Henry Major publie à Londres la *Collection des lettres* de Christophe Colomb. — M. Borel d'Hauterive, dans son *Monarque de la sagesse*, commémore le zèle catholique de Christophe Colomb.

1869. — Dans trois églises de Paris, des lectures édifiantes de la vie de Christophe Colomb sont faites le soir. — Le nom du Révélateur du globe est enfin connu au Japon, par notre histoire de la Découverte, emportée d'Europe. — A Gênes, M. le commandeur Bruzzo demande que le gouvernement italien réclame du gouvernement espagnol, la restitution des cendres de Christophe Colomb, qui appartiennent à sa patrie. — M. l'abbé Cadoret, chanoine de Saint-Denis, ancien aumônier en chef adjoint de la marine, écrit avec un grand talent littéraire une histoire abrégée de Christophe Colomb, qui obtient le plus flatteur succès.

1870. — Un poème affreux, en idiome génois, paraît sous le titre de *la Colombiade*. — Une vie de *Christophe Colomb, découvreur de l'Amérique*, par Arthur Helps, est éditée à Londres. — Un professeur de l'Université de Gênes, M. le chevalier Gazzino, compose une belle ode sur la sainteté de Colomb. — On réimprime, en Angleterre, le *Choix des lettres de Christophe Colomb*, par R.-H. Major.

1871. — Une nouvelle *Vie de Christophe Colomb* est traduite à Florence. — Un journal se fonde à Savone sous le nom de Christophe Colomb. — A Modène, M. Bernard Pallastrelli, dans un in-folio de luxe, traite du mariage de Christophe Colomb. — De Ferrari prend étrangement Christophe Colomb pour sujet de sa poésie.

1872. — La *Revue des bibliothèques paroissiales* doit à la plume d'un éminent archevêque des considérations de l'ordre le plus élevé sur Christophe Colomb. — Le bibliophile américain, M. Henri Harrisse, publie à Séville un volume sur le second fils de Colomb. — L'abbé Poggi imprime à Turin des poésies en l'honneur de Colomb.

1873. — L'année s'ouvre par un poème italien dont ce héros est l'argument. — M. d'Avezac accroît d'un appendice son *Canevas Chronologique de la vie de Christophe Colomb*. — Une excellente *Histoire de Christophe Colomb* à l'usage de la jeunesse, œuvre du savant docteur ès lettres, Dominique Bertolotti, recteur du séminaire de Saint-Charles à Arona, sort des presses de Turin. — Le professeur Jacques-Marie Ruffino publie une éclatante poésie en l'honneur de Colomb et de l'hospitalité franciscaine. — A Gênes, le chevalier Luigi Grillo parle ouvertement de la sainteté du plus grand des Italiens, et célèbre ses vertus héroïques dans le *Giornale degli Studiosi.* — A Paris, pendant l'Avent, l'église de Sainte-Marie-des-Batignolles entend un éloge de Colomb, équivalent à un panégyrique.

(*L'Ambassadeur de Dieu et le Pape Pie IX*, par le Comte Roselly de Lorgues. — Paris, Plon, 1874. — *Prolégomènes.*)

C

Postulatum pour l'Introduction de la Cause par voie exceptionnelle

(Voir page 53.)

BEATISSIME PATER

Post hominum salutem, ab Incarnato Dei Verbo, Domino Nostro Jesu Christo, feliciter instauratam, nullum profecto eventum extitit aut præclarius, aut utilius incredibili ausu Januensis nautæ Christophori Columbi, qui omnium primus inexplorata horentiaque Oceani æquora pertransiens, ignotum Mundum detexit, et ita porro terrarum mariumque tractus Evangelicæ fidei propagationi duplicavit.

At enim, christianissimo huic summeque de Religione, totaque humanitate bene merito Heroi, condignum nullum præmium dum viveret rélatum est, sed contra multæ calumniæ impactæ, multa opprobria et gravia etiam tormenta irrogata; sic ut Novo Continenti per summam injustitiam Americæ nomen indito, ipsa quoque detecti Novi Orbis gloria, ab inclyto viro, ad alterum ex priscis ejus sectatoribus, prope modum traduceretur.

Sola Apostolica Sedes ut supernam viri missionem agnovit, ita omnibus quibus poterat modis adjuvasse vide

.tur; nam et Legati Apostolici munus eidem detulit, totque alia tamque præclara amoris et grati animi testimonia per tres Pontifices Innocentium VIII, Alexandrum VI, et Julium II ipsi attribuit, quanta nulli unquam paris conditionis homini inveniantur elargita.

Nunc vero, post tria et amplius sæcula ab novo orbe reperto, singulari prorsus divinæ sapientiæ consilio effectum est, ut tu, BEATISSIME PATER, prædictam Apostolicam Sedem conscenderes, primus videlicet inter Beati Petri successores, qui Atlanticum Oceanum olim transieris, magnamque Americæ partem lustraveris, sicque propriis veluti oculis metiri potueris maximum laborem ac molestiarum molem ab eo perlatam, qui cæteris audacissimum iter aperuit, ac melius perspicere quot quantisque divinæ gratiæ auxiliis christianum ejus pectus roborari debuerit, ut tam arduum opus, ad catholicæ Ecclesiæ diffusionem, ac tot animarum salutem perficeret.

Hæc sane animadversio in causa fuit, ut egregius Comes Roselly de Lorgues sub auspicatissimis initiis Pontificatus tui, fidentius vulgaret celebrem illam historiam, in qua Christophori Columbi superna vocatio, ejusque virtutes et præsertim zelus plane catholicus in novo orbe perquirendo, nec non Apostolicæ Sedis favor, et cœlestia signa quibus fuit adjutus, summa diligentia et fide describuntur.

Gloriosa interim Christophori memoria, ex injustæ oblivionis tenebris statim egressa, ubique gentium gratiose personat, et dum Orbis universus grati animi sensus erga apostolicum et bene meritum Heroem certatim exprimit, Christi fideles, recolendo quod opitulante Ecclesia et propter Ecclesiam memorandum facinus incepit, atque complevit, eorum admiratio et pietas veluti sponte sua sese transformant in devotum cultum, nihilque ardentius exoptant, quam ut publici Ecclesiæ honores ab Sancta Sede incomparabili homini decernantur.

Eminentissimus quippe Princeps Cardinalis Donnet, Archiepiscopus Burdigalensis, quatuor ab hinc annis exposuit SANCTITATI TUÆ venerationem fidelium erga servum Dei Christophorum Columbum, enixe deprecans *pro introductione illius causæ exceptionali ordine.*

Faustum vero hujusce petitionis nuntium, brevi dierum spatio, totam replevit gaudio, ac spe Europam, Africam, Asiam et Americam; unde quamplurimi Ecclesiarium Præsules, nec non ex cœtu sæculari spectatissimi viri, gratulatoriis epistolis gratias egerunt prælaudato Cardinali introductionis causæ initiatori. Quinquaginta de hinc supplices libelli ex diversarum Orbis partibus, SANCTITATI TUÆ porrecti fuere, devote pariter exposcentes præfatæ causæ introductionem; ardens hoc desiderium aperte etiam produnt publicæ Ephemerides nonnullarum nationum, et non pauci egregii scriptores, in eorum operibus typis consignatis.

Ast præfatæ causæ introductioni prima fronte aliquibus videntur obstare notissima Ecclesiæ decreta, præsertim quod regulares processus supra Dei servi vitam atque virtutes nec olim confecti fuerint nec nunc temporis adeo feliciter confici queant.

Nihilominus, cum hic agatur de SERVO DEI *plane extraordinario,* tam in vita, quam post mortem, uti documenta jam parata super ejus operibus, virtutibus et prodigiis evidentissime comprobant, etiam sperare licet ut ipsius causa, juris ordine non adeo exacte servato, felicem exitum obtinere possit.

Quapropter, BEATISSIME PATER, infrascripti Catholicæ Ecclesiæ Cardinales, Patriarchæ, Primates, Archiepiscopi, Episcopi, etc., enixe postulant, atque efflagitant ab SANCTITATE TUA, ut digneris signare introductionis causæ præfati servi Dei, cum opportunis dispensationibus.

Confidentes interim hoc totius orbis votum minime frustratum iri, Apostolicam Benedictionem implorant.

D

Miracles de Christophe Colomb pendant sa vie

(Voir page 97.)

I

MIRACLE SUR LA TERRE

« Ne voulant pas anticiper sur les preuves à produire devant la Sacrée Congrégation des Rites, nous rappellerons seulement ici deux événements prodigieux, disons le mot, deux miracles, qui furent accomplis en faveur de Christophe Colomb, l'un sur terre, l'autre sur mer.

« Parlons d'abord du premier en date.

« Il s'agit du fait d'armes le plus extraordinaire que nous ait transmis l'histoire, et qui pourtant semble le moins connu des historiens. Nous allons rappeler la lutte la plus gigantesque, par la disproportion des forces, dont fassent mention les annales des peuples,

« De l'Iliade à l'Énéide, à la Moallaka d'Antar, au Shâh-Nameh de Firdouzi, au Ramayana et à la Lusiade, récits belliqueux des rapsodes, poèmes runiques, chants scandinaves, fabulations persanes, chansons de geste, épopées de l'Indoustan et de l'Araucanie, entreprises des Conquistadores, expéditions de Fernand Cortez, de Pizarre et d'Almagro, n'apportent rien de comparable à cette action inouïe, où en rase campagne deux cent vingt hommes en défirent cent mille.

« Si par des motifs honteux pour la cour d'Espagne, ce triomphe à peine croyable n'eut pas de retentissement en Europe, il fut très célèbre aux Antilles ; il y devint populaire et y reste connu sous le nom de MIRACLE DES FLÈCHES. La preuve en subsiste encore aujourd'hui.

« Ici, nous devons entrer dans quelques détails.

« Après son second voyage d'exploration, Christophe Colomb, tombé en léthargie par suite d'indicibles fatigues, fut ramené inerte à Hispaniola, où, pendant cinq mois, il resta malade d'épuisement. Durant ce temps, quatorze des principaux caciques avaient formé une ligue dans le but de massacrer les Espagnols jusqu'au dernier. Le prince Guacanagari, dévoué à Colomb, vint trouver l'Amiral encore retenu dans son lit. Il lui révéla le complot, en répandant des larmes, tant la situation lui paraissait désespérée. Les Indiens profitant de la maladie du Vice-Roi et de l'état valétudinaire des Espagnols, la plupart rudement éprouvés du climat, avaient juré de les détruire, sans en épargner un seul. Le danger était grand.

« On aurait tort de penser que les brillantes armures d'Espagne, le bruit et l'effet des arquebuses, suffisaient pour épouvanter les Indiens. Quand ils eurent vu mourir des chevaux, puis des Castillans, ils cessèrent de les croire immortels. Tout aussitôt le patriotisme reprit ses droits dans leurs âmes.

« Qu'on ne s'imagine point que les indigènes, pour ne posséder ni armes à feu, ni armures d'acier, ne fussent pas à craindre. Si quelques peuplades de l'intérieur montraient un naturel pacifique, celles du rivage occidental et des côtes méridionales se trouvant exposées aux attaques des anthropophages, avaient contracté des allures guerrières ; elles comptaient des capitaines et des soldats d'élite. La seule tribu des Ciguayens pouvait fournir un contingent de quinze mille guerriers valeureux. Colomb avait déjà pu juger de leur bravoure. Un d'entre eux avait osé venir seul à son bord, se promener fièrement, goûter les provisions, tout examiner en détail et se retirer ensuite, sans manifester ni satisfaction ni crainte.

« Une autre fois, un canot portant quatre insulaires, deux femmes et un enfant, fut surpris par une chaloupe espagnole, que montaient plus de vingt-cinq soldats. Loin de s'intimider, les naturels, hommes et femmes, saisissant aussitôt leurs arcs, commencèrent l'attaque. Ils blessèrent mortellement deux Espagnols. La chaloupe ayant fait chavirer le canot, ils continuèrent à tirer leurs flèches tout en nageant, et s'échappèrent enfin en plongeant très bas (1).

« Le courage, pas plus que la présomption, ne faisait défaut aux indigènes. D'ailleurs, la fierté est de tous les pays, comme de tous les temps. L'Archichronographe royal des Indes en cite, par occasion, un fort curieux exemple. Lorsque sur la côte d'Uraba, le bachelier conquérant Encise, pour se procurer des vivres, sortit de son campement à la tête de cent hommes, « il rencontra trois Indiens qui, par audace, attaquèrent les Castillans, comme s'il n'y en eût eu que deux contre mille Indiens : ils tirèrent leurs flèches si promptement et en blessèrent tant, qu'avant qu'on les pût atteindre, ils avaient vidé leurs carquois, et se mirent à fuir de telle sorte qu'il semblait que le vent les emportât (2). »

« On ne doit pas oublier que près de Veragua, le 6 avril 1503, les indigènes attaquèrent à la fois les Espagnols sur le fleuve et sur le rivage, pénétrèrent dans leur camp, malgré la valeur de l'Adelantado et de Diego Mendez ; massacrèrent

1. Roselly de Lorgues, *Histoire de Christophe Colomb*, 1er vol, p. 433.
2. Herrera, *Histoire générale des voyages et conquêtes des Castillans dans les îles et terre ferme*, liv. VIII, ch. vi.

le capitaine de pavillon de l'Amiral, Diego Tristan, le maître canonnier, Matteo, tous les marins qui montaient le canot de la *Capitane*, le contre-maître du *Galicien*, Alonzo Ramon, en blessèrent beaucoup d'autres et les auraient totalement exterminés, si le feu de deux pièces d'artillerie de marine ne les eût tenus en respect.

« Christophe Colomb jugeait fort exactement la gravité de la situation. Cette conjuration s'inspirant du patriotisme devenait générale, et présentait un caractère sérieusement haineux.

« Forcé, pour éviter l'extermination complète des siens, de prendre en toute hâte l'offensive, le Vice-Roi, quoique très souffrant encore, et ne pouvant mettre en ligne que deux cents fantassins valides, appuyés de vingt cavaliers, quitta l'Isabelle le 24 mars 1495. Après avoir investi du commandement son frère Don Barthélemy, il l'accompagna pourtant, se dirigeant vers la magnifique plaine qu'il avait dédiée à l'Immaculée Conception.

« L'ennemi l'y attendait, formé en cinq corps d'armée, s'élevant ensemble à près de cent mille hommes. Ces forces se trouvaient sous les ordres supérieurs d'un guerrier étranger, Manicatex, borgne, mais vaillant et habile stratégiste, comme l'attestait son plan de bataille. Ses troupes occupaient les diverses issues de la plaine, et n'en laissaient qu'une seule librement accessible aux Espagnols. Après l'entrée de ceux-ci, les cinq corps d'armée devaient, à un signal donné, se porter rapidement de toutes leurs positions sur le centre, et écraser sous l'immensité du nombre cette poignée d'étrangers, que dans leur rapport les éclaireurs avaient dédaigneusement représentés par une poignée de maïs. Le généralissime Manicatex avait choisi cinq mille archers d'élite qui devaient engager l'action. Pendant que leurs flèches pleuvraient de toutes parts sur le groupe des Castillans, les lances, les javelots, les haches de pierre et les massues en bois de fer achèveraient la déroute.

« On ne saurait disconvenir que la situation des Espagnols ne fût périlleuse ; car, en réalité, le feu des arquebuses était moins meurtrier qu'effrayant, à cause de l'intervalle nécessaire entre chaque coup, pour la recharge de l'arme, le maniement du rouet et l'ajustage de la fourche qui assurait la justesse du tir. L'excellente trempe des épées ne servait qu'à portée de longueur, et avant qu'elles fussent tirées du fourreau, les traits innombrables de l'ennemi pouvaient accabler ce petit détachement. On frémit à une telle disproportion de forces. Pour sortir vainqueur de la lutte, chaque Espagnol devait laisser sur la place ou mettre en fuite cinq cents indigènes ! un contre cinq cents ! cela ne s'était jamais encore imaginé.

« Christophe Colomb, en atteignant la plaine de la Conception, ne suivit pas les hommes conduits par son frère ; il n'entra pas dans la Véga, mais gravit un morne élevé d'où son regard embrassait l'étendue de ce magnifique espace.

« Il est naturel de se demander pourquoi le Vice-Roi à peine convalescent, au lieu de rester à l'Isabelle avec les malades, s'était joint à sa petite troupe. Puisqu'il en avait résigné le commandement, c'est évidemment qu'il n'était point venu pour combattre en personne. Celui qui s'appelait LA COLOMBE PORTANT LE CHRIST ne pouvait oublier son message de paix et de bonne nouvelle. Sa présence n'était pas non plus destinée à encourager les Espagnols par ses paroles ou son exemple, car il ne se trouvait pas au milieu d'eux ; elle ne devait servir qu'à intercéder. Du sommet de la montagne, l'AMBASSADEUR DE DIEU priait son Maître, qui tant de fois l'avait secouru sur la mer, de ne pas l'abandonner sur la terre. Il implora aussi cette Vierge immaculée, dont il avait consacré en ce lieu la Conception miraculeuse. Sa prière fut entendue. Et alors se passa un fait sans pareil dans l'histoire des guerres.

Au moment où, sur le signal de Manicatex, les cinq mille

archers d'élite commencèrent à obscurcir l'air de leurs flèches, un vent subit s'éleva qui, les faisant dévier, amortissait leur force d'impulsion, et par sa violence semblait même les renvoyer sur ceux qui les lançaient. Le cri de *Miracle!* fut poussé dans la petite armée espagnole. Les Indiens, consternés et épouvantés du prodige, se débandèrent à l'instant.

« Tandis que l'Adelantado, qui avait divisé sa troupe en deux corps, les chargeait de deux côtés opposés, l'intrépide Ojeda se précipitait furieusement sur eux avec ses vingt chevaux. Des chiens corses qui suivaient les Espagnols, se mettant à la poursuite, complétèrent la déroute.

« Sans doute le courage fut héroïque chez les Espagnols, perdus et comme engloutis au milieu de cette masse de cent mille ennemis armés; néanmoins, en y réfléchissant, on sent que le succès n'était pas humainement possible. Techniquement, il ne s'explique pas.

« Aucun général n'admettra que deux cent vingt soldats, sans artillerie ni armes de précision, en rase campagne, puissent disperser une armée de cent mille hommes, pourvus d'arcs, de javelots, de lances, de massues, combattant pour leurs foyers. Aussi la jactance des hidalgos ne s'est-elle jamais exercée sur ce fait inouï. Les Castillans n'eurent pas la témérité d'attribuer à leur propre valeur ou à la supériorité de leurs armes un triomphe si extraordinaire; ils avouèrent sans fausse honte qu'ils le devaient à un secours miraculeux. C'est pourquoi cette victoire ne tira point son nom du champ de combat, mais de la cause qui l'avait procurée, et s'appela tout franchement le Miracle des flèches.

« Si nous ne savions pas combien, en Espagne, tout ce qui eût servi à glorifier Colomb était soigneusement caché ou amoindri, nous aurions lieu d'être surpris du laconisme et de la réserve des historiographes au sujet d'un tel événement.

« Cependant, malgré leur circonspection, tous s'accordent sur un point : Christophe Colomb assistait au combat sans y prendre part. Il n'y figurait pas comme chef militaire. Son frère, Don Barthélemy, seul, exerçait le commandement. L'archichronographe impérial, Oviedo y Valdez, ne nomme pas même Colomb ; et tous les autres historiens des Indes reconnaissent que l'Adelantado seul dirigea l'action. L'historiographe royal de Castille dit expressément que l'affaire fut conduite par l'Adelantado. Mais dans la crainte de déplaire au suprême conseil des Indes, n'osant rapporter franchement la tradition locale qui était si précise et si claire, Herrera essaye d'expliquer ce succès, à peine croyable, d'une façon moins croyable encore. « L'armée, réunie sous les ordres de Manicatex, dit-il, était composée d'environ cent mille hommes. L'Adelantado les alla attaquer, et les entoura si adroitement avec son infanterie, sa cavalerie et ses chiens, qu'en peu de temps il les mit tous en déroute (1). »

« Entourer l'ennemi, c'est l'envelopper. Comprend-on comment deux cent vingt hommes, adroitement ou non, peuvent en entourer cent mille?... Quelle élasticité de bras et de jambes!... D'après la proportion du nombre, chaque Espagnol aurait dû faire face à cinq cents indigènes environ.

« Il est certain que cette victoire n'est pas explicable militairement. Les vainqueurs ne n'en sont point attribué le mérite. On n'en a pas fait honneur à l'Adelantado. La vanité castillane n'a jamais décrit avec complaisance ce fait d'armes le plus grandiose des annales guerrières. Il n'a été pleinement apprécié, célébré et éternisé que là même où il s'accomplit. Cet événement n'a pas été nommé une *victoire*, mais un *miracle!* et les colons aussi bien que les indigènes

---

1. HERRERA, *Histoire des voyages et conquêtes des Castillans* liv. II, ch. XVII.

n'oublièrent point l'intervention soudaine de la puissance qui préserva les chrétiens d'un véritable massacre.

« Quoique les historiens aient évité de parler de cette affaire, sans doute parce qu'ils auraient été obligés d'y mêler Colomb, nous ne pouvons oublier son rôle dans cette miraculeuse journée. La prière du Serviteur de Dieu sur la montagne, pendant le combat des chrétiens contre les Indiens, nous rappelle involontairement celle de Moïse durant le combat d'Israël contre les Amalécites.

« Moïse était parti avec les troupes, mais sans en prendre le commandement. Il l'avait confié à son lieutenant Josué (1). Au lieu de suivre celui-ci sur le champ de la lutte, il se tenait au sommet de la colline (2). Là, devant le Seigneur, il était debout, les mains élevées; et, par la seule puissance du signe ainsi figuré, obtenait miraculeusement la victoire. Dans sa reconnaissance, Moïse dressa en ce lieu un autel, qu'il appela de ce nom : « Le Seigneur est ma gloire (3). »

« Christophe Colomb, parti aussi avec ses troupes, n'en prit pas le commandement, et le remit à son lieutenant l'Adelantado. Il ne marcha pas non plus sur le terrain du combat, mais se tint au sommet de la colline, priant le Seigneur pour son peuple ; il obtint la victoire. Dans sa gratitude, Colomb fit dresser là un autel, célébrer une messe d'actions de grâce et, pour mémoire de cette journée éleva une Croix.

« Ensuite près de là, du côté opposé à la Croix, en signe de la paix conclue, il fit planter l'arbre qui en est le symbole. LA COLOMBE PORTANT LE CHRIST avait apporté son

---

1. « Dixitque Moyses ad Josue : Elige viros, et egressus, pugna « contra Amalec. » — EXODI, cap. XVII, ⁋ 9.
2. « Moyses autem Aaron et Hur ascenderunt super verticem « collis. » — EXODI, cap. XVII, ⁋ 10.
3. « Ædificavitque Moyses altare. Et vocavit nomen ejus, Do-« minus exaltatio mea » — EXODI, cap. XVII, ⁋ 15.

rameau d'olivier. Et cet olivier, unique dans cette région, existait encore au commencement de ce siècle. Il était du double plus grand que ceux d'Europe, mais ne donnait point de fruit.

« Tandis que l'Espagne semblait ignorer cette victoire qui surpasse toute épopée, aux Antilles, une tradition constante et invariable dans sa transmission perpétua le souvenir du MIRACLE. Là où déjà s'oublie le nom de l'Adelantado, les habitants se rappellent le prodigieux événement. La renommée du MIRACLE DES FLÈCHES s'est maintenue vivace dans l'île d'Haïti. Écoutons un témoignage que personne ne suspectera; c'est celui d'un commissaire de la République française, obligé, en germinal an VI, de traverser cet ancien champ de bataille. « C'est dans ce lieu, dit-il, et à l'ombre d'un sapotillier qui existe encore, que Christophe Colomb, après une bataille décisive contre les naturels, se retira pour rendre grâces à Dieu. Il y fit célébrer une messe, et planter une Croix (1). » Avant lui, un savant créole, membre du gouvernement colonial, député de la Martinique, Moreau de Saint-Méry, avait aussi parlé du MIRACLE DES FLÈCHES (2), dans sa description de la partie espagnole de Saint-Domingue.

« Les habitants, restés étrangers aux influences de Cour, informés par la voix publique de ce fait miraculeux, reconnaissaient son importance, et le classaient parmi les faveurs dont la Providence avait comblé la nation espagnole. La réimpression de l'*Histoire générale des faits des Castillans dans les Indes*, par Antonio de Herrera, faite à Madrid, en 1730, chez Nicolas Rodriguez Franco, et dédiée

---

1. DORVO-SOULASTRE, ex-commissaire du gouvernement de Saint-Domingue, *Voyage par terre de Santo-Domingo, capitale de la partie espagnole de Saint-Domingue*, p. 69, 70.
2. MOREAU DE SAINT-MÉRY, *description de la partie espagnole de Saint-Domingue*, t. I, p. 132.

au roi Philippe V, portait, gravés dans son frontispice, les principaux événements accomplis dans le Nouveau-Monde. On y voyait nettement représenté le MIRACLE DES FLÈCHES. D'un simple geste, Notre-Dame de l'Immaculée-Conception renvoyait vers les Indiens les flèches lancées contre les Castillans. Le burin réparait ainsi, d'une manière presque officielle, l'oubli de l'historiographe royal.

« Aux Antilles, les lieux témoins de cette miraculeuse intervention en ont fidèlement gardé mémoire. Ce souvenir a survécu au renversement et au dépeuplement de la ville, qui fut autrefois la Conception. A quelque distance de l'ermitage de Santo-Cerro, vers le sommet de la colline, derrière la Croix qu'éleva Colomb, se trouve une assez belle église, dont les murs intérieurs sont couverts de peintures fort anciennes, et en triste état; à droite se remarque la description d'une grande bataille livrée aux Indiens. Vis-à-vis on voit Colomb, rendant des actions de grâces à Dieu. « Au fond, dit la relation du commissaire de la République, est représenté le MIRACLE DES FLÈCHES repoussées par la Vierge sur les Indiens qui les lançaient. Ce MIRACLE est encore représenté à l'entrée de l'église et au-dessus de l'autel. Il tient le premier rang parmi les faits extraordinaires qui accompagnèrent la Découverte (1) ».

La *Légende dorée* et les Bollandistes, rapportent, comme une chose certaine, que saint Christophe, avant de consommer son martyre par la décapitation, fut condamné à être percé de flèches, mais que les flèches restaient en l'air et qu'aucune ne put l'atteindre. Ils ajoutent que l'une de ces flèches *se retournant* contre le tyran vint lui crever un œil. Ce fait est consigné dans tous les récits anciens du martyre de saint Christophe et, particulièrement dans le

---

1. DORVO-SOULASTRE, ex-commissaire du gouvernement de Saint-Domingue. *Voyage par terre de Santo-Domingo, capitale de la partie espagnole de Saint-Domingue*, etc.; p. 71

missel de saint Ambroise, à la préface de la messe du Porte-Christ.

« Dans la collection des plombs historiés de M. Forgeais, dit Pessemesse (*Archéologie populaire*, citée par M. Péladan, de Nîmes, dans la brochure signalée plus haut, page 105), nous trouvons plusieurs méreaux qui nous aident à compléter l'iconographie de saint Christophe. Ces méreaux, comme on le sait, servaient de jetons aux corporations. Plusieurs corporations étaient placées sous le patronage de saint Christophe; aussi on possède un assez grand nombre de plombs frappés à son effigie. Les arbalétriers l'avaient pris pour patron, parce que, disent les actes de son martyre, les flèches que tiraient contre lui les soldats de Dagnon, épargnèrent son corps et se retournèrent contre ses bourreaux; une, entre autres, perça l'œil du roi. Cette particularité de la passion du saint était figurée par *plusieurs flèches retournées à ses pieds*. On trouve ce motif sur la châsse qui renferme ses reliques, à Arba, en Dalmatie. »

Cette circonstance, rapprochée du *miracle des flèches* dont on vient de lire le récit, confirme singulièrement les remarques contenues au chapitre III de la seconde partie de ce livre, touchant l'accomplissement mystérieux de la légende symbolique du Christophore.

II

MIRACLE SUR LA MER

« Parmi les quatre caravelles que l'ordonnateur de la marine avait livrées à Christophe Colomb pour son dernier voyage de découvertes, se trouvait un navire, nommé *le*

Galicien, épais, mauvais marcheur, si défectueux dans sa mâture qu'une ronde brise le mettait en péril. D'ailleurs, à tout instant l'escadrille était obligée de diminuer de voiles pour ne pas le perdre de vue. Il y avait urgence de s'en débarrasser.

« Le 29 juin, l'escadrille, étant arrivée devant Saint-Domingue, jeta l'ancre à une lieue du port. Colomb envoya le capitaine du *Galicien,* Pierre de Terreros, exposer lui-même au gouverneur Ovando la nécessité de se procurer un autre navire, et le prier de lui céder une des caravelles qui allaient partir ou de lui en fournir une autre que l'Amiral payerait de ses deniers. Il devait aussi demander, de la part de son chef, licence d'entrer dans le port avec ses quatre navires, pour se mettre à l'abri d'une violente tempête qu'il prévoyait devoir éclater prochainement.

« Ovando aurait pu accorder la permission de descendre; mais il craignait de déplaire au roi Ferdinand, et surtout de s'aliéner les bureaux de la marine, s'il accédait à la demande de l'Amiral. Peut-être aussi n'était-il pas convaincu de la nécessité de remplacer un navire mis en mer depuis deux mois à peine. Quant au besoin d'échapper à la tempête, la sérénité du ciel, la splendeur du soleil, le calme azuré des flots lui donnaient en ce moment l'air d'une plaisanterie. Non seulement il n'accorda pas à l'amiral de prendre un autre navire, mais il lui « défendit de descendre et même d'aborder ».

« Tout ce que demandait l'Amiral étant refusé, le capitaine du *Galicien* revint à bord de la *Capitane* rendre compte à son chef de l'insuccès de sa démarche. Il put, en passant au milieu de leurs amarres, compter dans le mouillage trente-quatre navires avec pavillon de partance. C'était la flotte que devait ramener Torrez, à laquelle s'étaient réunies deux caravelles achetées par un ancien notaire amateur de navigation, Rodrigo de Bastidas.

« Il est plus aisé de se figurer que de rendre l'indignation dont fut saisi le grand homme en se voyant repoussé « d'une terre et des ports que, par la volonté de Dieu, il avait gagnés à l'Espagne en suant le sang (1) », ne pouvant ni se réparer ni s'abriter dans une île dont il était le Vice-Roi et le Gouverneur perpétuel, contraint par conséquent de s'offrir comme une proie à la tempête, et de continuer son voyage avec un navire hors d'état de naviguer ! Ce refus si contraire aux lois de l'humanité et aux usages de la mer répandit la consternation dans les équipages.

« Mais, quelque profonde que fût l'indignation de l'Amiral, son humanité, sa charité chrétienne l'emportèrent sur son ressentiment. Il renvoya de nouveau vers le gouverneur pour lui dire que, puisqu'il lui refusait un asile, malgré la nécessité de se réparer et au moment même d'un péril imminent, rigidité qu'il ne pensait pas être conforme à l'intention des Rois, qu'au moins il retînt encore la flotte près de partir, et qu'il ne la laissât pas aller avant huit jours (2), parce que l'ouragan s'étendrait jusqu'en de lointains parages ; quant à lui, il allait sans retard chercher un abri.

« Comme Ovando n'entendait rien à la navigation, et que sa prudence le portait à ne pas négliger un avis utile, il prit conseil des pilotes et du capitaine général, Antonio de Torrez. Il faut bien le reconnaître, aucune apparence atmosphérique ne semblait justifier la prévision de l'Amiral ; il fut donc décidé que l'on partirait ainsi qu'il était convenu. Les pilotes, en regardant le ciel, raillèrent gaillardement la sinistre annonce du vieil amiral, qui fut traité d'esprit morose, de « faux prophète (1) », et peut-être de radoteur.

1. Paroles de Christophe Colomb : « ... La tierra y los puertos « que yo por la voluntad de Dios, gané á España sudando sangre. » — *Lettre aux Rois Catholiques*, datée de la Jamaïque, le 7 juillet 1530.
2. Fernando Colombo, *Vita dell' Ammiraglio*, cap. LXXXVIII.
3. Herrera. *Histoire générale des voyages et conquêtes des Castillans dans les Indes occidentales*. décade Ire, liv. V, ch. II.

« Colomb, fort embarrassé de l'état du *Galicien*, ne vit pas d'autre expédient que de donner au plus mauvais navire le meilleur capitaine. Il fit passer à son bord comme commandant en premier, son frère don Barthélemy, homme fécond en ressources, et immédiatement chercha un abri le long de la côte voisine. A quelques lieues de là, l'on trouva une petite anse assez fermée, qu'il appela « le port caché », *puerto escondido*. Il s'y assura de son mieux, et aussitôt fit toutes ses dispositions pour recevoir l'ouragan, avec autant de hâte que s'il l'eût vu venir.

« Cependant le bon état de la mer, l'éclat du ciel, la douceur des brises, souriaient à ceux qui devaient partir. Après un séjour assez long, loin de leur famille et de leurs habitudes, il leur tardait de revoir la patrie. Conformément aux ordres de la Reine, Ovando avait signifié un congé de retour à tous les rebelles connus. La plupart ne demandaient pas mieux, puisque leur fortune était faite. D'ailleurs ils emportaient chacun des quantités d'or capables d'adoucir leurs juges.

« On les avait répartis, au nombre de plus de cinq cents, sur diverses caravelles. Bobadilla, le gouverneur destitué et qui se consolait de sa disgrâce avec ses monceaux d'or, avait pris place sur la *Capitane*. Il emportait un trésor qu'on estimait à plus de cent cinquante mille ducats, outre des quantités de morceaux d'or qu'il destinait à la Reine (1). Roldan, destitué comme lui et appelé à rendre compte de sa rébellion, avait entassé dans ce vaisseau des masses d'or rapinées sous toutes les formes, jusqu'à la violence, pendant sa révolte. Sur cette caravelle, on avait embarqué cent mille pesos provenant des droits royaux. On y avait aussi transporté, au grand regret de toute la ville, le plus énorme morceau d'or massif dont il ait jamais été parlé

1. BENZONI, *la Historia del Nuovo Mondo*, lib. I, fogl. xxv.

dans l'histoire. Cette pépite, que plus de mille hommes avaient touchée de leurs mains (1) avec admiration et convoitée, s'élevait, d'après un témoignage authentique, au poids de « trois mille six cents pesants d'or ». Les rebelles avaient aussi placé sur ce navire la somme de cent mille pesants d'or fondu et marqué, et quantité de gros grains d'or natif, pour les montrer ainsi en Espagne. Jamais une telle quantité d'or n'avait été vue à la fois.

« D'autres richesses, également acquises au mépris de la justice et de l'humanité, payées du sang et de la vie de tant de malheureux Indiens, étaient entassées sur chacune des caravelles. D'après Benzoni, il y avait là plus de quatre cents Espagnols, tous riches, *tutti richi*.

« Le temps étant superbe, on mit fin aux adieux. Le capitaine général donna le signal du départ. La flotte, ouvrant ses voiles, s'éloigna majestueusement des rives de l'Ozama. Elle gouverna directement au sud-est, pour aller doubler le cap de l'Épée, au-dessus de l'île Saona, et gagner la haute mer.

« Tout allait à souhait. On arriva par un souffle propice à la hauteur du cap Raphaël, à une distance d'environ huit lieues, quand tout à coup la brise mollit ; puis en peu d'instants des signes inquiétants se manifestèrent. La transparence du ciel s'épaissit, l'éclat du jour décrut rapidement. L'Océan se tenait calme et morne ; l'air était lourd et suffocant. Pour des pilotes exercés, il n'y avait pas à s'y méprendre : c'était l'annonce de la tempête.

« Quoiqu'on fût en vue de la terre, on ne pouvait y chercher un refuge. Aucun souffle ne soulevait les voiles, qui pendaient flasques le long des mâts. L'Atlantique, devenu terne et glauque, demeurait immobile comme un cercueil

---

1. « Globum eum mille amplius homines viderunt atque attractaverunt » — Petri Martyri, Anglerii, *Oceanæ Decadis primæ*, liber decimus, fol. 24, § D.

de plomb. Il n'était plus possible ni de retourner au port, ni de fuir le danger des côtes en affrontant la haute mer. Sans doute tel marin qui avait raillé l'Amiral aurait en ce moment voulu, suivant le conseil de sa vieille expérience, n'avoir pas quitté le mouillage ; mais il était trop tard. Aucun art ne pouvait rien maintenant.

« L'effet suivit de près la menace.

« Un vaste balancement rompit la plaine unie des eaux ; les vagues, après quelques larges oscillations, se gonflèrent noircissant ; leurs cimes en bouillonnant s'élevèrent blanchissantes. Bientôt le fond de la mer sembla se soulever ; le souffle strident de la tempête grinça dans les mâtures, ballotant comme un jouet, parmi les masses d'écume, cette superbe flotte. Les vergues frappaient l'eau ; l'avant et l'arrière plongeaient tour à tour sous les lames. Les trésors accumulés dans les navires furent rudement secoués. La fureur des vagues fit s'entre-choquer plusieurs caravelles. Quelques-unes s'entr'ouvrirent et sombrèrent à l'instant ; d'autres luttèrent par d'impuissantes manœuvres. Un épais embrun s'ajoutait à l'affreuse obscurité du ciel. On ne se voyait point ; on entendait à peine les commandements inutiles du porte-voix et les cris désespérés de l'horreur.

« La *Capitane*, si merveilleusement encombrée d'or, malgré ses solides charpentes, fut saisie par l'ouragan, fracassée, ouverte aux flancs, dépecée, puis engloutie sans rémission dans l'abîme. De tout ce qu'elle portait, hommes et trésors, rien ne reparut. Plus de vingt-six caravelles, toutes chargées d'or, dépouilles des malheureux Indiens, furent brisées et ensevelies dans les gouffres des vagues ; d'autres, emportées dans les sillons écumeux de l'Océan, furent entraînées sous des parallèles inconnus, et sombrèrent plus loin, après avoir ressenti plus longtemps les angoisses du désespoir.

« De toute cette superbe flotte, il ne revint à Hispaniola que deux ou trois navires fracassés, à demi noyés ; tandis qu'un seul, le plus mauvais, le plus petit de tous, nommé l'*Aiguille* « el Aguja », continuait sa route vers l'Europe. « Il portait tout le bien de l'Amiral, qui consistait en quatre mille pesos ; et ce fut le premier qui arriva en Castille comme par la permision de Dieu (1) ». Les navires maltraités qui revinrent se réparer à l'Espagnole portaient les gens les plus pauvres, les plus obscurs de ce convoi ; il n'y avait parmi eux qu'un seul hidalgo, le notaire navigateur Rodrigo de Bastidas : « C'était un fort honnête homme (2) », que Bobadilla avait aussi persécuté inhumainement.

« Dans cette terrible journée périrent, sans en excepter un seul, les traîtres, les calomniateurs, les ennemis jurés de Colomb. « Là, dit un historiographe royal, a pris fin François Bobadilla, celui qui avait envoyé l'Amiral et ses frères, les fers aux pieds, sans l'accuser, ni lui donner lieu de se défendre ; là prit fin aussi le rebelle François Roldan et quantité de ses complices qui s'étaient soulevés contre les Rois, contre l'Amiral, dont ils avaient mangé le pain, et qui avaient tyrannisé les Indiens. Là périt aussi le Cacique Guarionex (qui avait opiniâtrement refusé l'Évangile) ; les deux mille pesos furent submergés avec ce grain d'or de grandeur prodigieuse (3). » Tout fut perdu ; la mer engloutit à la fois avec ces richesses iniques leurs iniques possesseurs, « au nombre de plus de cinq cents hommes (4) ».

« Or, pendant que s'accomplissait ce désastre, l'Amiral,

---

1. Herrera, *Histoire générale des voyages et conquêtes des Castillans dans les Indes occidentales*. décade Ire, liv. V. ch. II, p. 337.

2. « Bastidas, hombre bueno y piedoso con Indios. » — Rafael Maria Baralt, *Resúmen de historia de Venezuela*, t. I, cap. VII, p. 132.

3. Herrera, *Histoire générale des voyages et conquêtes des Castillans dans les Indes occidentales*, décade Ire, liv. V, ch. II.

4. Oviedo y Valdez, *Histoire naturelle et générale des Indes* liv. III, ch. IX.

retiré dans « le port caché », *puerto escondido*, laissait gronder l'ouragan, et se confiait à Dieu.

« Durant le jour, les quatre caravelles, parant de leur mieux aux coups de vent et de mer, tinrent bon. Mais « la tempête fut terrible pendant cette nuit-là, et elle désempara les vaisseaux ». Au milieu de l'obscurité, trois navires furent arrachés du port, où la *Capitane* resta seule. Chacun d'eux fut emporté de son côté (1), sans conserver d'autre espoir que la mort. Chacun croyait les autres irrémissiblement perdus. Ils durent s'abandonner à la violence des flots. Le *Galicien*, sur lequel se trouvait heureusement l'Adelantado, perdit sa chaloupe, et, pour la ravoir, le bâtiment faillit périr. Il dut y renoncer. On s'efforça de gagner la haute mer. Les trois caravelles furent fort maltraitées, perdirent une partie de leurs agrès et de leurs provisions. Le navire de l'Amiral, quoique horriblement fatigué, ne reçut aucune avarie. Il dit lui-même : « Notre Seigneur sauva celui dans lequel je me trouvais, en telle sorte que, quoique étrangement assailli, il n'éprouva pas le moindre dommage (2). » Après avoir été battues de la tempête durant plusieurs jours, les quatre caravelles se rejoignirent au port d'Azua le dimanche (3), comme afin de célébrer ensemble ce saint jour, et remercier Dieu de sa protection manifeste. Les circonstances de cette réunion inespérée paraissent avoir frappé l'Amiral, si habitué aux bontés de sa Haute Majesté.

« Ce désastre n'a point été considéré comme un simple sinistre de mer ; tous les contemporains y ont vu un châtiment providentiel. L'action de la justice divine fut ici telle-

---

1. « La notte con grandissima oscurità si partirono tre navigli « della sua compagnia, ciascun per lo suo camino. » — FERNANDO COLOMBO, *Vita dell'Ammiraglio*, cap. LXXXVIII.

« 2. En el que yo iba, abalumado á maravilla, Nuestro Señor le salvó que no hubo daño de una paja. » — *Lettre aux Rois Catholiques datée de la Jamaïque, le 7 juillet* 1503.

3. FERNANDO COLOMBO, *Vita dell' Ammiraglio*, cap LXXXVIII.

ment transparente que, sans exception, tous les historiens de cette époque s'en montrèrent saisis de respect et d'effroi.

« Si le discernement de la tempête, qui épargne le juste et sévit contre les coupables, balaye de son souffle leurs espérances, emporte leurs supplications, verse au gouffre de l'Océan les richesses accumulées au prix de leur âme ; si le sauf-conduit donné parmi les abîmes au petit trésor de l'Amiral, qu'on a placé méchamment sur la plus fragile des nefs, et qui l'amène seule à travers l'Atlantique dans le port destiné, nous frappent d'étonnement, cet étonnement se changera en stupeur, à l'aspect de la protection qui, durant ce même instant, couvre la personne et l'escadre de l'Amiral dans la mer des Antilles. Ses quatre caravelles sont également préservées et sur la côte et sur la pleine mer. Le *Galicien*, ce navire mis en danger par la seule houle, résiste à l'impétuosité des flots ; la *Capitane* ne perd ni un homme ni une ancre, ni un câble, ni une planche, ne reçoit aucune avarie.

« Le caractère vraiment surnaturel de cet événement impressiona profondément l'Espagne. L'étrangeté de ces circonstances, l'immensité de la perte, le deuil de plus de cinq cents familles, donnèrent aux détails de ce fait une authenticité lugubre et mémorable.

« La Reine fit au gouverneur Ovando un double grief, de son double refus d'obtempérer à l'avertissement de l'Amiral et de lui accorder un refuge dans une si pressante nécessité (1). Le Roi regretta l'or fondu et marqué, surtout ce pain

1. Les Rois eurent un grand ressentiment de la flotte, car ils le firent paraître ouvertement... Ils mandèrent à Nicolas de Ovando, qu'ils n'avaient pas pour agréable le refus qu'il avait fait à l'Amiral de se retirer dans le port par la pressante nécessité où il était, et de n'avoir pas voulu suivre suivre son conseil en retenant la flotte quelques jours davantage. » — HERRERA, *Histoire générale des voyages et conquêtes, etc., dans les Indes occidentales*, décade Ire, liv. V, ch. XII.

d'or massif dont aucun travail des mines n'a jamais offert le pendant. Longtemps la mémoire de ce terrible fait se conserva vivace dans l'île. L'archichronographe impérial Oviedo, qui y résida et s'en entretint avec des témoins oculaires, fut, frappé de son caractère prodigieux. Dans trois passages de son *Histoire naturelle des Indes occidentales*, il revient sur cette flotte perdue pour avoir négligé le conseil de l'Amiral (1). Le Milanais Girolamo Benzoni, qui habitait Hispaniola quarante ans après l'exécution de ce jugement, et dut y entendre encore quelques témoins oculaires, n'a pu se défendre de voir ici la sentence d'un arrêt céleste (2). Le châtiment des rebelles, l'anéantissement de leur inique trésor, lui paraît un exemple salutaire donné au monde et une haute leçon de philosophie historique.

« La prédiction de Colomb, son terrible accomplissement, l'immunité accordée au petit trésor du messager de la Croix sur l'Atlantique, et la conservation de ses quatre navires dans la mer Caraïbe, sa caravelle seule exemptée de toute fatigue et de toute avarie pendant l'effroyable tumulte des flots, faits qu'attestent des témoins oculaires, des pièces officielles, des documents authentiques et l'unanimité des historiens, ne sauraient aujourd'hui être mis en doute.

« Chose à remarquer : personne n'a jamais osé attribuer un tel enchaînement de circonstances au Hasard, ce patron complaisant du difficile, qu'on se plaît à charger de l'imprévu et de l'extraordinaire dès que notre raison n'en trouve pas une explication qui la satisfasse.

---

1. « ... Qui furent perdus pour ne point avoir cru ne prins conseil de l'Amiral. » — Oviedo y Valdez, *Histoire naturelle et générale des Indes*, traduction de Jean Poleur.

2. Benzoni : « Qui é da notare quanto la giustizia di Dio permette per castigare la malignita de gli nomini e considerare che tutti i nostri tesori e le nostre richezze nell' quali tanta fidanza abbiamo, tutte sono sogni e ombre false, etc. » — *La Historia del Nuovo Mondo*, lib. I, fogl. xxiv. (Venezia, 1572).

« En vain tenterait-on d'expliquer naturellement cet événement formidable ! Qu'on n'essaye pas de l'attribuer à l'habileté consommée, à l'expérience lumineuse de l'Amiral. Un tel genre de prédiction est au-dessus des faits de l'observation et de la pratique. Interrogez les hommes spéciaux, les officiers de mer : mieux que tous autres, ils vous apprendront l'impossibilité d'une telle prophétie, d'après les données de la science nautique. Le savant Arago ne croyait point à la possibilité de présager une tempête, et encore moins de la deviner avant l'arrivée des signes précurseurs de l'ouragan. Voici ce que dit, au sujet de la prédiction de Colomb, un officier supérieur de la marine, ancien directeur d'école navale, auteur du *Manœuvrier complet* et du *Dictionnaire de marine à voiles et à vapeur*, le baron de Bonnefoux :

« Nous nous croyons fondé à n'admettre l'infaillibilité absolue d'aucun homme, d'aucun instrument météorologique, d'aucune donnée préalable, d'aucun signe précurseur, en ce qui concerne toute prédiction ou toute annonce sur le temps qu'il fera, non-seulement deux jours, mais même deux heures à l'avance. Que Colomb, par exemple, en cette occasion, ait remarqué que les nuages des régions supérieures avaient une marche assez prononcée à l'encontre de celle des nuages plus voisins de la terre ; qu'il ait observé que les vents alisés faiblissaient ; que, par intervalles, les brises de l'ouest prenaient de l'ascendant ou toute autre indication pratique, et qu'il ait jugé prudent de prendre ses précautions et de se mettre à l'abri, nous le concevons facilement, d'autant qu'en marin consommé, Colomb avait l'habitude, qui est celle de tous les chefs prudents, d'avoir toujours la pensée préoccupée de sa route, de son navire, de l'état du ciel et des probabilités du moment ! Mais quant à déclarer publiquement qu'une tempête devait éclater dans deux jours, nous croyons que c'est au-dessus des facultés humaines, et que ni Colomb, ni personne au monde n'a jamais pu le prédire avec certitude (1). »

« Nous aussi nous sommes persuadé qu'une telle prédiction « est au-dessus des facultés humaines » : c'est précisément pour cela que l'annonce officielle de Colomb au gouverneur Ovando, le conseil de ne point laisser partir la flotte, donné avec insistance, deux jours avant la tempête, nous semblent présenter un caractère prodigieux, assorti au drame prodigieux de ce châtiment de la Providence.

« Les circonstances positives des faits ne laissent aucune prétention au Hasard. Humboldt et Washington Irving (2), les écrivains rationalistes, les contempteurs de l'ordre surnaturel, n'ont pas osé faire intervenir ici le Hasard, et risquer une interprétation, selon leur système, de cet événement formidable.

« Quelle sagacité ne montra pas la tempête en laissant continuer sa route au plus frêle navire, chargé des droits de l'Amiral, et en se contentant d'avarier les bâtiments de Rodrigo de Bastidas, tandis qu'elle engloutissait inexorablement, après les avoir fracassées, les solides caravelles de la flotte, chargées d'hommes pervers et de richesses homicides! Quelle sûreté de tact dans l'ouragan, qui respecte la *Capitane*, où flotte le pavillon du Messager de la Croix, la laisse sur ses amarres dans le port, pendant qu'il arrache de leur

---

1. BONNEFOUX, *Vie de Christophe Colomb*, p. 363, 364.
2. Humboldt a simplement essayé, dans une note, quelque dénigrement sur l'opinion pieuse de Las Casas et de Fernando Colomb. De son côté Washington Irving prétend que si les coupables furent punis, l'innocent cacique Guarionex partagea leur sort : qu'ainsi l'innocent et le coupable furent confondus. Nous ferons remarquer d'abord qu'au point de vue catholique, cette objection est sans valeur ; ensuite, qu'en fait, Guarionex, fils d'une femme perverse, opiniâtrement sourd à la parole évangélique, plusieurs fois pardonné par Colomb et l'Adelantado, ingrat envers eux, instigateur d'assassinat et complice des révoltés, ne saurait, même aux yeux des hommes, paraître innocent.

ancrage, emporte et ballotte dans la haute mer les trois autres navires, les tient en péril, comme pour marquer, par cette différence de sort, la différence de leur destination, et mieux faire ressortir une protection toute spéciale!

« Et que penser du beau temps qu'on dirait d'accord avec la tempête, afin de ramener à Colomb, le dimanche, au même lieu, les caravelles dispersées au large et disparues dans l'espace, comme pour leur permettre de solenniser ce jour, conformément aux pieuses habitudes de l'Amiral?

« Ces étonnantes prévoyances sont-elles l'œuvre du Hasard? En ce cas du moins, ce Hasard est tellement ingénieux dans ses combinaisons, transcendant dans ses calculs, il s'éloigne si fort de l'accidentel, de l'imprévu, qu'on ne peut guère le reconnaître; et si c'est réellement lui, avouons qu'il est bien changé; il ne ressemble pas à lui-même.

« Les ennemis de Colomb, frappés de l'immunité qui préservait son bien et ses équipages, et voyant de quelle façon, en une seule fois, il avait été vengé de ses persécuteurs, attribuaient à son pouvoir magique cette terrible journée (1).

« Quand, en se rappelant la haute piété de Colomb, inventeur et donateur de cette terre où il avait planté la Croix, on rapproche par la pensée ses gigantesques travaux, ses droits sacrés, ses intentions si pures, de l'attentat commis contre lui par les ingrats, les rebelles, le mandataire d'un pouvoir trompé, arrachant à son gouvernement, jetant en prison chargé de fers et bannissant de l'île le messager du Salut, on sent le cœur, d'accord avec la raison, reconnaître ici une grande leçon donnée au monde. Ainsi que la sagesse du Créateur se révèle par les merveilles de ses œuvres,

---

1. « Por cuyo motivo podian culparle los que le aborrecian de que havia tramado aquella borrasca por arte magia, para vengarse de Bobadilla y de los demás enemigos suyos que iban en su compañia. » — HERNANDO COLON, *Historia del Almirante don Cristobal Colon*, cap. LXXXVIII.

l'éternel gouvernement de la Providence devient visible pour nous dans un tel acte. On ne doit pas oublier l'évangélique générosité du conseil de Colomb. Après le refus durement exprimé d'Ovando, l'Amiral renvoya auprès de lui, n'espérant plus le ramener à de meilleurs sentiments envers sa personne, mais voulant détourner de ses ennemis le danger auquel ils l'exposaient lui-même, et préserver la flotte d'une destruction imminente.

« Il semble que, dans sa miséricorde, la Providence eût ménagé aux coupables cet avertissement, comme une dernière épreuve de leur dureté de cœur.

« Mais ces hommes cupides, maintenant surchargés de richesses, étaient impatients de revoir la patrie. Il leur tardait d'aller jouir oisivement en Castille du fruit de leurs rapines. Leur passé était d'avance légitimé par leur or ; et ils espéraient recevoir sans doute les faveurs dont le crédit de Juan de Fonseca récompenserait leur haine contre l'Amiral. Ils renvoyèrent avec dédain le conseil du patriarche de l'Océan ; répondirent par la dérision et le mépris à cet acte de chrétienne magnanimité. Après l'avoir abreuvé d'amertumes, de calomnies, quand il régnait sur eux, ils voyaient avec joie ses navires repoussés de la terre qu'il avait découverte. La présence du juste aurait troublé leurs illusions coupables. Ne voulant rien de lui, pas même un conseil, ils rejetèrent son avertissement, ainsi que sa personne était déjà rejetée de l'île, dont il était le Vice-Roi. Ils dirent au Serviteur de Dieu, comme l'impie des anciens jours au Seigneur lui-même : « Éloignez-vous de moi (1). »

« Cette ingratitude mit le comble à leur iniquité. Le Très-Haut aveugla ces superbes.

« L'ange du Seigneur donna ses ordres à la tempête, et le châtiment s'accomplit.

1. « Recede a nobis, scientiam viarum tuarum nolumus. » — Job, cap. XXI, ⅴ 14.

« Cet acte de divine justice, exécuté dans la seconde année de l'ère de la Renaissance, pendant l'essor de l'imprimerie, le développement littéraire de l'Espagne, la clairvoyance de la critique, semble venir prouver aux plus obstinés incrédules les miracles de l'Ancien Testament ; démontrer irréfragablement l'intervention, parfois tangible, du Souverain des cieux dans les choses de la terre ; et donner crédit aux châtiments temporels des peuples, sous l'ancienne Loi, rapportés par les Livres saints, constatés par les plus hautes traditions de l'Orient, et dont l'antiquité profane elle-même conserva la mémoire.

« Ni aux temps des patriarches, ni après la sortie d'Égypte, sous les Juges, les Rois, jamais dans l'héritage d'Israël n'éclata signe plus évident que celui par lequel, en ce jour-là, se manifesta la colère de Dieu au sein de l'Atlantique.

« Cet événement qui défie à la fois les explications de la science et les prétentions du hasard, laisse dans un cruel embarras les libres penseurs, les positivistes, adversaires naturels du surnaturel.

« Le fait est là patent, aussi indubitable que l'existence de Charles-Quint et de François Ier. On ne saurait donc le nier ; mais comment l'expliquer, en dehors de la Providence ? Le hasard n'a pas le moindre prétexte pour se présenter ici ; personne d'ailleurs n'ose l'y convier, et alors que dire ?

« Ce fait est un miracle ; et ce miracle reste le plus étonnant qui se soit produit depuis les temps du Sauveur. Il porte un caractère formidable et terrifiant. L'air, la mer, la terre se mirent en courroux contre les ennemis de l'envoyé de Dieu. Ceux qui partirent, ceux qui restèrent furent également frappés, chacun dans la proportion de ses fautes ou de ses forfaits. Ce fut une véritable exécution, ordonnée par la Justice divine. Les contemporains de la Découverte le reconnurent, et l'appelèrent du nom de châtiment. Les historiographes eurent beau abréger les détails du désastre, ne point s'appesantir sur ses effets, ni remonter franchement à sa cause, l'opinion publique jugea cet événement et avoua qu'il était une punition.

« Ce châtiment comprit à la fois tous les ennemis du Serviteur de Dieu à Hispaniola : ceux qui avaient entravé son administration, les ingrats qui s'étaient soulevés contre lui, l'homme assez brutalement impie pour l'avoir osé jeter dans les fers, les arrogants hidalgos, cadets enrichis aux dépens de la vie des malheureux Indiens, les officiers de mer, la plupart ses élèves, qui avaient dédaigné son avertissement, les habitants dont l'approbation fut complice de la dureté du gouverneur Ovando. Espagnols, indigènes, marins, soldats, colons et colonie, tous subirent les conséquences de leur aveuglement.

« Christophe Colomb est préservé d'une façon doublement étonnante ; car, contrairement aux usages de la nautique, il se tient près de terre, au lieu de gagner le large. Son mouillage est si peu sûr que les trois autres caravelles sont arrachées de leur ancrage et dispersées dans l'immensité des eaux. Elles souffrent de graves avaries. Son navire reste seul respecté de l'ouragan et, suivant l'expression de l'Amiral, « n'est pas endommagé d'une paille (1) ».

« La graduation dans le châtiment porte une évidence accablante pour les incrédules.

« Toutes les caravelles encombrées de richesses iniques sont détruites sans rémission. Il n'est fait grâce à aucune.

« Quant aux navires de Rodrigo de Bastidas, portant les gens les plus pauvres et les moins coupables, ils perdent simplement leurs agrès ; les membrures ne sont pas défoncées ; les équipages ont la vie sauve. Ces nefs peuvent rentrer à Saint-Domingue et s'y réparer.

« De tous les bâtiments de la flotte, il n'est permis qu'à

1. « No hubo daño de una paja. » — *Lettre aux Rois Catholiques écrite de la Jamaïque, le 7 juillet* 1503.

un seul de continuer sa route et d'arriver en Espagne. C'est précisément le plus chétif, le plus petit, le plus frêle, le plus usé des navires. On l'appelle l'*Aiguille*, tant il est étroit; mais il porte le peu d'effets qui appartiennent à Colomb; et dès lors une mystérieuse immunité l'assure contre la fureur des tempêtes.

« Quel fécond sujet de réflexions pour le philosophe chrétien, et quel profit en peut tirer l'École catholique!

« Le miracle est là, précis, indubitable. La désolation et le deuil de cinq cents familles nobles, l'affliction de la Reine, la déception du Roi, la perte du trésor, la mort de tant d'officiers et de matelots, le complet anéantissement de la flotte des Indes, ont donné jadis à la prophétie de Colomb un retentissement égal à l'énormité du désastre. Pendant que nous traçons ces lignes, deux témoins de ce châtiment providentiel subsistent encore. Ils élèvent à l'unisson leur voix de pierre; ce sont à la fois les ruines de l'ancienne cité de Saint-Domingue, et les constructions de la nouvelle capitale de ce nom, sur l'autre rive de l'Ozama. « *Si hi tacuerint, lapides clamabunt!* »

« L'ancienne ville créée par le commandement de Colomb, élevée dans un site admirable et souvent admiré, réunissant les conditions les plus rares de salubrité, de force, d'agrément et d'agrandissement, promise à un avenir prospère, l'ancienne ville ingrate envers son fondateur, ayant partagé l'incrédulité railleuse des officiers de mer, devait être punie à son tour.

« L'ouragan dont elle avait ri, le croyant imaginaire, quand il était prophétisé par un temps serein, annonça sa venue par des tressaillements affreux. Les secousses du sol répondaient à celles des airs. L'impétuosité des vents arracha les toitures, leurs tourbillons renversèrent les maisons bâties en charpente, ébranlèrent les meilleurs édifices, firent lézarder les plus solides constructions. Tels furent les ravages exercés sur la ville que ce lieu sembla frappé de la malédiction divine, et que le gouverneur intérimaire, le commandeur Ovando, résolut de transporter sa résidence de l'autre côté de l'Ozama, où la nouvelle cité perdit tous les avantages que lui assurait son premier établissement. Elle n'avait plus le même prospect, les mêmes ombrages, la même commodité. Elle manquait d'eau potable, celle de l'Ozama étant salée encore à plusieurs lieues de son embouchure.

« Ainsi, par la destruction sur les flots et la destruction sur la terre s'accomplit la prophétie, à courte échéance, qu'avait adressée le Serviteur de Dieu au chef de la population incrédule.

« Le caractère hautement instructif de ce terrible drame a frappé d'étonnement protestants et philosophes. Certains historiens ennemis de Colomb ont essayé de le défigurer en l'écourtant, ainsi, Lopez de Gomara, qui n'ignorait aucun détail de ce désastre, ne parle point de l'avis envoyé par Colomb à Ovando. Il se borne à dire que sur le refus du gouverneur, l'Amiral alla chercher un port où il fût en sûreté (1). Alvarez de Colmenar, tout en parlant de la destruction de la flotte et de la ruine de Saint-Domingue, ne dit mot du charitable avertissement de Colomb(2). Mais devant la concordance des historiographes à ce sujet, le protestantisme ne peut garder le silence. Voici ce que dit Robertson :

« Ses avis salutaires furent regardés comme les songes d'un visionnaire qui avait l'arrogance de faire le prophète, en annonçant d'avance un événement hors de la portée de la prévision humaine...

« Tous les historiens, voyant dans cet événement une distinction si marquée et si juste de l'innocent d'avec le

---

1. Lopez de Gomara. *Histoire des Indes*, liv. I, ch. xxiv.
2. Alvarez de Colmenar, *Annales d'Espagne et de Portugal*, t. I, p. 452.

coupable, et une dispensation équitable de la peine et de la récompense, ont cru y reconnaître l'action immédiate de la Providence divine qui vengeait les injures d'un homme de bien persécuté et punissait les oppresseurs d'un peuple innocent (1). »

« Les indigènes considérèrent aussi cet événement comme un acte de la justice de Dieu et ils s'en réjouirent, disant entre eux : « Au moins ceux-ci (les morts) ne nous feront plus descendre dans les mines d'or et vivre dans les transes comme nous faisions (2). »

« Le pasteur allemand, Campe, dit de son côté : « Ce qu'il y eut de plus remarquable dans cet événement c'est que le seul vaisseau de la flotte qui ne reçut aucun dommage et qui put continuer sa route pour l'Espagne, fut précisément celui à bord duquel on avait mis les débris de la fortune de Colomb, et que l'on n'avait choisi pour ce service que parce qu'il était le plus mauvais de tous (3).. »

« L'historien de Saint-Domingue, le P. Charlevoix, écrit : « Mais ce qui fit surtout juger que ce grand malheur était un effet de la justice divine, c'est que les navires que la tourmente épargna étaient les plus faibles, les plus mal équipés de la flotte, et que le plus mauvais de tous sur lequel on avait chargé tout le bien de l'Amiral, fut le premier qui arriva en Espagne. On remarqua aussi que la seule personne de distinction qui se sauva fut un nommé Rodrigue de Bastidas ; c'était un fort honnête homme, riche et habile navigateur (4). »

« En voyant tous les ennemis de Colomb atteints à la fois,

---

1. ROBERTSON, *Histoire de l'Amérique*, t I, liv. II, p. 211.
2. GIROLAMO BENZONI : « Ne fecero molta allegrezza con dire tra loro, questi non ci faranno piu stentare alle mine dell' oro, ne vivere in tanto stratio quanto facevano. » — *La Historia de Mondo nuovo*, p. 25.
3. CAMPE, *Découverte de l'Amérique*, t. I, p. 204.
4. CHARLEVOIX, *Histoire de Saint-Domingue*, t. I, liv. III, p. 214.

suivant leur degré de culpabilité, les contemporains de la Découverte cherchèrent une explication à ce sinistre si épouvantable dans l'ensemble et si intelligent dans les détails. Mais en général, les préventions semées contre le révélateur du Globe empêchaient de reconnaître le caractère pourtant si expressif de ce désastre. Au lieu d'y voir un jugement de Dieu, les calomniateurs de l'Amiral répandirent le bruit que par sa puissance ténébreuse et ses incantations infernales, ce méchant homme avait soulevé cette tempête, afin de se venger de ses ennemis. Le vulgaire fut persuadé que Colomb s'était servi d'un pouvoir surnaturel pour combiner tous ces malheurs dont il avait exempté uniquement le mauvais petit navire qui portait tout son bien.

« Une esquisse de la vie de Christophe Colomb, extraite de l'histoire de Robertson et publiée à Venise en 1778, l'établit positivement (1).

« Le pasteur allemand Campe, ajoute : « Cet événement remarquable fit sur les esprits bruts et superstitieux de ce temps-là une impression tout fait inconséquente. Au lieu d'adorer la justice avec laquelle la main du Tout-Puissant conduit les hommes, ils s'imaginèrent sottement que Colomb était un sorcier, et qu'avec le secours de puissants esprits à ses ordres, il avait excité cette tempête pour se venger de ses ennemis. Car autrement, disaient-ils, pourquoi n'y aurait-il eu d'épargné précisément que le vaisseau qui avait à bord ses propres biens (2) ? » Sans recueillir de plus nombreux témoignages, nous nous arrêterons à cette remarque :

---

1. « Crederono coloro che Colombo possedesse un potere sopra naturale e s'immaginarono ch' egli [medesimo avesse combinato quel terribile temporale per arte magica e per forza d'incanti. » — *Vita di Cristoforo Colombo*, p. 130.

2. Campe, *Découverte de l'Amérique*, t. I, p. 204.

« La justice distributive fut ici tellement apparente, le châtiment des ennemis du Juste eut une si claire signification, qu'aux Antilles chacun médita sur ce lamentable désastre. Au sujet de sa cause et de son objet, les avis se partagèrent. Les uns l'attribuaient à la Providence, les autres à l'enfer. Mais personne n'eut l'ineptie d'en vouloir faire honneur à l'aveugle hasard.

« Quiconque a compulsé les œuvres des hagiographes, pour chercher à recueillir dans la vie des Saints des faits de l'ordre surnaturel, en a-t-il jamais rencontré qu'on puisse dire supérieurs aux deux miracles que nous venons de rapporter ? Quel prodige l'emporte sur la bataille gagnée par *deux cent vingt* Espagnols contre CENT MILLE indigènes, pendant la prière de Christophe Colomb ? Dans aucune de ses pages l'histoire nous offre-t-elle un événement qui égale en désastre la destruction de la flotte des Indes, pour avoir rejeté l'avertissement du Serviteur de Dieu ?

« De tels faits se suffisent.

« Ces miracles parlent assez haut pour nous dispenser de tout commentaire. Aussi nous bornerons-nous à rappeler ces actes de la puissance divine. Ne déclarent-ils pas, implicitement, les vertus transcendantes du chrétien qui les mérita ? »

Miracles de Christophe Colomb après sa mort

I

Christophe Colomb étant déjà méconnu de son vivant, comment aurait-on après sa mort imploré son intercession? Un saint ne fait pas de miracles quand on ne l'en sollicite pas; comme aussi nul ne songe à invoquer un saint dont il n'a jamais ouï célébrer les vertus.

« Mais tandis que les hommes oubliaient complètement le Révélateur du Globe, la Mère de divine grâce rendait féconde en merveilles une Croix de bois, seul hommage qu'eût pu lui offrir son zélé serviteur, dépouillé de ses biens, de ses droits, de ses honneurs, même de la gloire de ses découvertes.

« Au lieu des églises, des chaires de théologie, de l'hôpital, des fondations pieuses qu'il avait projetés, Christophe Colomb fut réduit, par sa pauvreté, à cette unique offrande. Mais la Vierge l'agréa; et cet humble bois reçut une puissance exceptionnelle, en rapport avec l'exceptionnelle grandeur du mandat que l'Ambassadeur de Dieu avait rempli sur la terre. Un nom exceptionnel aussi lui fut donné par cette voix des peuples qu'on appelle la voix de Dieu:

Vox populi, vox Dei. Ce nom rappelait le tombeau du Sauveur et sa croix qu'on reconnut à ses miracles.

« La Croix qu'avait érigée Colomb fut nommée LA VRAIE CROIX, à cause de la multitude de ses miracles (1). Aucune relique n'attira jamais un concours de fidèles plus incessant que ce rustique monument d'une piété apostolique. Des grâces innombrables étaient journellement obtenues par ce bois, sans que le nom de celui qui l'avait élevé s'offrît à l'esprit de personne. S'il vint à la pensée de quelques catholiques, ceux-ci le turent par prudence. Qui croyait alors à Christophe Colomb, dans le monde?

« Cependant la VRAIE CROIX de la Conception fut célèbre dans les Antilles, en Espagne et dans le nouveau continent. On lui rendit une sorte de culte; et ce culte, interrompu par force majeure, n'est jamais pourtant tombé en désuétude. Il a été repris dès que les circonstances l'ont permis; et au commencement du siècle actuel, on allait encore en pèlerinage au lieu où se conserve un fragment considérable de la VRAIE CROIX de la Conception, que les Français confondaient avec la vraie Croix de notre Sauveur, retrouvée par la sainte impératrice Hélène.

« Nous n'éprouvons aucun embarras à parler devant les libres penseurs, les positivistes, de LA VRAIE CROIX de la Conception et de ses miracles. Le fait subsiste inattaquable, parfaitement éclairci, officiellement consigné dans les chroniques des Indes et de la Castille, écrit et certifié par les ennemis mêmes de l'Amiral. On ne saurait nier l'existence de cette Croix, les miracles qu'elle opéra, la dévotion qu'elle inspira. Seulement, aujourd'hui comme à l'époque de cette ferveur, personne n'a remarqué une corrélation entre ce prodige et l'homme qui en fut l'occasion ou la cause.

« Nous avons le devoir de réparer cet oubli, et de rappeler

---

1. LOPEZ DE GOMARA: « Que llamaron por esso de la vera Cruz. » — *La Historia general de las Indias*, cap. XXXIV, p. 27; in-12, 1554.

les rapports existant entre l'Ambassadeur de Dieu et la Croix qu'il éleva en l'honneur de la Vierge conçue sans péché.

II

« En plaçant sous l'invocation de l'Immaculée Conception la magnifique plaine d'Haïti, qu'il avait découverte à son second voyage, Christophe Colomb, pour souvenir de sa dédicace, fit dresser au sommet de la colline la plus élevée une très grande Croix, afin qu'on pût la voir de loin, et que l'emblème du Verbe fait chair parût présider à cet admirable déploiement de la végétation intertropicale.

« Ce fut sous les auspices de cette Croix, sous sa sauvegarde, *por su amparo* (1), et comme à ses pieds qu'il voulut édifier la ville épiscopale de la Conception. Cette cité prit un accroissement si rapide, que huit ans après, on y fondait jusqu'à 240.000 écus d'or, produit annuel des mines de Cibao. En 1508, la ville reçut des armoiries, surmontées d'une couronne de Notre-Dame (2).

Mais pendant sa construction, et avant l'achèvement de la cathédrale, l'Ambassadeur de Dieu venait assidûment méditer près de cette Croix. C'est là qu'il faisait matin et soir publiquement sa prière, à laquelle assistaient les soldats, les ouvriers et les futurs habitants. A ce profond admirateur des beautés de la création, ce site offrait un at-

---

1. Herrera: « Para que desde muy lexos se pudiese devisar, y por tener aquella santissima insinia por su amparo... » — Decad. I, lib. X, cap. xii.

2. Moreau de Saint-Méry, *Description de la partie espagnole de l'île de Saint-Domingue*, t. I, p. 223.

trait indicible. Espagnols et indigènes savaient que c'était son lieu de prédilection. Il y trouvait aussi de grandes consolations spirituelles. Il avait épanché là son cœur devant l'auguste Trinité. De grandes vérités s'étaient révélées à son âme et il avait résolu, en mémoire de ces faveurs incommunicables, d'élever sur cette place une splendide chapelle, où chaque jour se dirait une messe en l'honneur de la Très Sainte Trinité, et une messe en l'honneur de l'Immaculée-Conception. Le laconisme de ses expressions testamentaires (1) montre combien ce lieu était connu de tous. Il l'affectionnait à ce point qu'après sa découverte du nouveau continent, il y était revenu pour y rafraîchir son âme, se délasser de ses fatigues, de ses tribulations. Il s'y trouvait encore lorsque le Père franciscain Juan de Trasiera vint lui apprendre sa disgrâce, bientôt suivie de l'emprisonnement.

« On avait eu beau arracher de l'île le Révélateur du Globe, le destituer, le calomnier et l'oublier, lorsque le Tout-Puissant eut rappelé à lui son serviteur, cette Croix, qu'il avait avec tant d'amour dédiée à l'Immaculée-Conception, couvrit de ses bénédictions ceux qui continuèrent de la vénérer.

« Un jour, un malade implorant la bonté divine, en embrassant le pied de cette Croix, fut guéri. D'autres fiévreux vinrent également y prier et s'en retournèrent guéris. On accourut des divers points de l'île. Tous ceux qui recouraient à la Croix n'étaient pas déchargés de leurs maux ; sa vertu n'agissait pas indistinctement sur chacun. Ceux-là seuls que le Seigneur en jugeait dignes éprouvaient les effets de ce bois miraculeux. Mais les guérisons étaient si fréquentes et l'affluence si considérable, que la célébrité de

---

1. *Testamento y codicilo del Almirante D. Cristobal Colon.* — COLECC. DIPLOM., n° CLVIII.

ces miracles dissémina promptement dans l'ancien et dans le nouveau monde le renom de LA VRAIE CROIX.

« Notre histoire de Christophe Colomb contient à ce sujet des détails si précis, rapporte des témoignages si accrédités, que nous nous bornerons à certifier ici qu'aucun fait de l'époque présente n'est mieux prouvé ni plus solidement établi que l'existence et l'efficacité de cette Croix miraculeuse.

« Elle a été l'objet d'une dévotion ardente. On venait en foule l'implorer, comme on va aujourd'hui aux sanctuaires de Lourdes et de la Salette. Il a fallu que ses miracles fussent bien avérés et bien nombreux pour que la voix du peuple lui ait donné le nom de la VRAIE CROIX. A cause de la multitude de guérisons qu'elle opérait, cette Croix faillit disparaître par l'excès de la vénération qu'elle inspirait aux fidèles. Chacun voulait en posséder une parcelle. On en dérobait des fragments, qui étaient mis dans des reliquaires. On en enlevait des morceaux assez considérables; et, circonstance attestée par les historiens, ces pieux larcins ne diminuaient point son volume, car le vide se remplissait aussitôt.

« Les Indigènes idolâtres, étonnés du prodige, croyant que la présence seule de cette Croix faisait la force des étrangers et assurait leur domination, essayèrent de la détruire. Pendant la nuit, ayant d'abord creusé très bas autour du pied de la Croix, ils s'efforcèrent de la renverser. Plusieurs centaines de bras la tiraient avec des cordes de liane. Malgré leur nombre, ils ne lui purent imprimer le moindre mouvement. Alors, usant d'un autre moyen, ils tentèrent d'y mettre le feu. Ils amoncelèrent tout autour d'énormes quantités de broussailles sèches. Les flammes s'élevèrent très haut, enveloppèrent la Croix ; mais quand la fumée fut dissipée et le feu consumé, les Indiens virent la Croix exempte d'atteinte. Seulement, vers le pied, se trouvait une marque noire comme si l'on eût trop approché une chandelle. Quand ils voulurent recommencer, ils aperçurent, dirent-ils, « une Dame d'un port et d'un regard pleins de majesté, assise sur un des bras de la Croix, qui rendait tous leurs efforts inutiles (1) ». Dès lors saisis d'effroi et de respect, ils ne passaient plus devant la Croix sans s'incliner humblement (2).

« La célébrité de cette Croix était alors si grande, qu'aux Antilles et dans le nouveau continent son nom fut donné à deux villes. Au Mexique, Fernando Cortez fit construire la Vera-Cruz, tandis qu'à Hispaniola, où le souvenir de la Conception était inséparable de LA VRAIE CROIX se fonda, près du lac de Xaragua, la ville de Sainte-Marie de la Vraie Croix (3).

« Cependant la ferveur des chrétiens continuait d'enlever des morceaux de ce bois vénéré, sans qu'il diminuât jamais quand, à la suite de quelque horrible profanation, les miracles cessèrent tout à coup. Le bois enlevé ne se remplit plus. Quoique cessant de se manifester au dehors par des guérisons quotidiennes, la vertu miraculeuse de cette Croix demeurait en elle, invisiblement. Plus tard de terribles circonstances vinrent le prouver. Et comme l'affluence des pèlerins était toujours la même, que l'on continuait de soustraire des fragments de la Croix, à ce point que les deux bras avaient presque disparu, tant ils étaient ré-

1. Le P. CHARLEVOIX *Histoire de Saint-Domingue*, liv. IV, p. 479.
2. OVIEDO Y VALDEZ : « ... La miravan con acatamiento y respecto y se humillavan a ella de ay adelante. » — *Coronica de las Indias*, lib. III, cap. v.
3. Dans la suite, cette ville étant, par sa proximité du port, le premier point de la province où l'on dirigeait les marchandises, fut peu à peu appelée de préférence « Sainte-Marie du Port », *Sancta Maria del Puerto*. Plus tard les Français, étrangers à la cause de son premier nom, l'ont appelée Léogane. — ADRIEN DES SALLES, *Histoire générale des Antilles*, t. I, p. 278.

duits, l'Évêque de la Conception, pour arrêter ces mutilations qui la menaçaient maintenant d'une destruction prochaine, vint processionnellement avec son clergé l'enlever, et la fit placer dans une chapelle de sa cathédrale. Ce qui restait de LA VRAIE CROIX, et qu'on peut évaluer à un tiers de sa hauteur, fut enfermé dans une châsse de cuivre doré, munie de trois serrures.

« L'immense notoriété des miracles passés attirait toujours une foule nombreuse autour de LA VRAIE CROIX. L'empereur Charles-Quint prenait un vif intérêt aux récits faits sur ce bois miraculeux. Il sut que certains ecclésiastiques, préposés à sa garde, détournaient à leur profit une partie des offrandes que lui destinaient les pèlerins et les malades. Il fit enjoindre au trésorier de l'Évêque d'employer désormais ces fonds conformément à l'intention des donateurs. Dans l'année 1525, lui-même, en témoignage de vénération à LA TRÈS SAINTE CROIX, *la santissima Cruz*, voulut contribuer pour une somme de quatre-vingt mille maravédis à l'ornement de sa chapelle,

« Frappé du retentissement de ces miracles, et voyant s'établir un commencement de culte, l'Empereur supplia le Saint-Père de vouloir bien accorder des indulgences aux pèlerins qui viendraient honorer cette Croix et feraient quelque offrande à son intention.

« Pendant les trente-neuf ans qui suivirent, le concours des fidèles près de LA VRAIE CROIX ne diminua point. Mais dans le cours de l'année 1564, un affreux tremblement de terre épouvanta l'île de Saint-Domingue, bouleversa le district de la Vega et détruisit de fond en comble la cité de la Conception. Le sol se couvrit de ruines. La campagne désolée fut abandonnée de ses habitants. Le château de la Conception, la solide forteresse elle-même, gisaient méconnaissables en blocs épars. De cette jeune ville il ne resta debout, au milieu des décombres, que deux parties d'édifices, où se gardaient deux fragments considérables de LA VRAIE CROIX.

« Cette calamité ne servit qu'à mieux démontrer la puissance du bois miraculeux qu'avait planté Colomb. Ce qui a été conservé de ce bois va conserver le lieu qui l'abrite et tous ceux que leur respect ou leur dévotion ont muni de ses parcelles. A travers ces formidables convulsions de la nature, la Croix, image de celui qui a vaincu le monde, triomphe de la violence des airs et des secousses de la terre. Elle garde à son tour ceux qui la gardaient. Le bouleversement, la ruine, la désolation se déchaînant, peuvent frapper les biens, les propriétés des adorateurs de la Croix, mais il semble défendu de toucher à leur vie comme il le fut au démon d'attenter à celle de Job. Le fait de cette merveilleuse exemption est authentiquement certifié par l'unanimité des historiographes.

Durant l'écroulement total des maisons, et l'écrasement de leurs malheureux habitants, aucun de ceux qui avaient sur eux ou chez eux quelques fragments de LA VRAIE CROIX ne reçut la moindre atteinte. Les Franciscains, ces fidèles amis de Colomb, possédaient une partie considérable de LA VRAIE CROIX. Le moment du désastre les surprit réunis au chœur pour l'office. Précipités sur le sol, presque ensevelis sous les décombres d'une partie de la voûte, à demi étouffés et meurtris, ils se relevèrent pourtant sans blessures (1). Chose étrange ! Après la cessation du fléau, la seule construction qui fût encore debout, était leur couvent. On en voit même aujourd'hui les restes. La cathédrale bâtie en pierres de tailles s'était entièrement effondrée sous la violence des secousses. Une seule chapelle avait résisté au

1. « Los que tenian esta santa reliquia no se descalabraron ni morieron, como entre otros fueron los frayles franciscos cuyo monasterio se cayó. » — HERRERA, Decada I, lib. X, cap. XII.

terrible phénomène ; c'était celle où l'on avait conservé LA VRAIE CROIX (1).

« L'immunité singulière accordée pendant cette épouvantable destruction à ceux qui honoraient LA VRAIE CROIX, accrut l'admiration et la ferveur qu'inspiraient déjà ses miracles. Ces faits extraordinaires furent communiqués officiellement au gouvernement espagnol.

« Héritier de la vénération que son père montrait pour ce saint bois, le roi Philippe II ordonna de le transporter à ses frais (2) dans la cathédrale de Saint-Domingue. Ce fut une mémorable mais difficultueuse procession de vingt-deux lieues par des chemins souvent peu praticables. LA VRAIE CROIX, remise à l'Évêque, eût alors une châsse en argent massif, ornée d'un beau travail en filigrane, et fermée par trois serrures dont le doyen du chapitre métropolitain, le plus ancien chanoine et le plus ancien prébendier reçurent chacun une clef. Cette précaution contre la négligence ou la faiblesse dit assez quel prix mettait le roi catholique à la conservation d'une relique si renommée. Peu d'années avant la Révolution française, un historien de Saint-Domingue a pu la voir encore.

« La célébrité de LA VRAIE CROIX de la Conception survécut aux ruines de cette cité. La dévastation et l'abandon de la Véga ne purent décourager le zèle des pèlerins et les empêcher de venir s'agenouiller pieusement au lieu qui le premier fut témoin de tant de miracles. La haute éminence sur laquelle Colomb avait élevé la Croix s'appela la SAINTE-COLLINE, *Santo Cerro*. Elle porte encore aujourd'hui cette désignation. Le concours des fidèles, quoique bien réduit

---

1. « Se cayó, y la yglesìa collegial que era muy grande e fuerte de canteria, salvó la parte adonde estava la Cruz. » — HERRERA, *loc. cit.*

2. MOREAU DE SAINT-MÉRY, *Description de la partie espagnole de Saint-Domingue*, t. I, p. 132.

par le dépeuplement de la contrée, continua néanmoins d'être assez considérable pour occasionner l'établissement d'un bel ermitage près de cet emplacement.

III

« Toutes les fois qu'il s'agit de miracles, on ne saurait trop se mettre en garde contre la crédulité vulgaire, et s'assurer du discernement des témoins autant que de la sincérité des témoignages. Aussi ferons-nous d'abord remarquer avec quelle unanimité les historiographes des Indes, les chroniqueurs officiels, les écrivains indépendants, séculiers ou ecclésiastiques, rapportent ces faits notoirement connus de leurs contemporains, et qu'ils avaient pu d'ailleurs contrôler eux-mêmes. Ils sont les premiers convaincus de la réalité de ces miracles. Leur respect se révèle dans leurs expressions. Rarement ils appellent cette Croix thaumaturge simplement : la Croix. Ordinairement ils la nomment : la Très-Sainte-Croix de la Conception, — le Saint Bois de la Conception, — la Sainte vraie Croix de la ville de la Conception de la Véga, — la Très-Sainte-Enseigne. — Ils la qualifient ouvertement de Sainte Relique.

« L'accord des historiens est unanime sur le lieu, la date, l'auteur et le motif de cette érection de Croix. Tous reconnaissent que la Sainte vraie Croix de la Conception fut dédiée par Christophe Colomb, lors de son second voyage. Il y a mieux : l'Archichronographe impérial des Indes connaissait personnellement l'officier qui avait commandé le piquet de charpentiers et matelots chargés d'abattre l'arbre dont fut formée la Croix. Cet officier, Alonzo de Valencia habitait encore Saint-Domingue au moment où Oviedo y Valdez rédigeait son *Histoire naturelle des Indes*. En sa qualité de voyageur et de naturaliste, l'Archichronographe impérial signale un prodige particulier, moins éclatant que les guérisons, mais tout aussi remarquable : c'est la longue conservation de ce bois, exposé en plein air, sans être protégé d'aucun enduit, et qui, dans ce pays, où les alternatives de chaleur et d'humidité putréfient si promptement tout bois mort, avait résisté aux vicissitudes de l'atmosphère, n'était ni déjeté, ni pourri, ni tombé, malgré les pluies torrentielles, les bourrasques, les ouragans qui, dans le cours des années, avaient brisé ou déraciné tous les arbres d'alentour (1).

« L'Archichronographe rappelle les vaines tentatives des indigènes pour détruire la Croix, et leur vénération mêlée de crainte, quand ils eurent expérimenté par eux-mêmes sa puissance miraculeuse. Le manuscrit d'Oviedo y Valdez est soumis à l'examen du Suprême Conseil des Indes, composé principalement des ennemis de Colomb, dont les familles s'enrichissaient au détriment de sa postérité. Ces faits sont publiés avec l'autorisation de ces hauts fonctionnaires. Le livre est dédié à un prince de l'Église : « Don Garcia Jofre de Loaysa, évêque de Siguenza, cardinal-prêtre du titre de Sainte-Suzanne, confesseur de la Césarée majesté, président du Conseil royal de l'empire occidental des Indes, îles et terre ferme de la mer Océane. » Les miracles que rapporte l'auteur ont donc reçu doublement, par cette approbation et cette dédicace, un certificat d'authenticité officielle.

1. « Y es tanta la devocion que los cristianos en ella tienen que furtan muchos pedaços y astillas della, assi por llevar á España como á otras partes, y es tenida en mucho veneracion, assi por sus miraglos como porque en tanto tiempo como stuvo descubierta, jamas se pudrio ni cayo por ninguna tormenta de agua ni viento ; ni jamas la pudieron mover... » — OVIEDO Y VALDEZ, *la Historia general y natural de las Indias*, lib. III, cap. v.

« Postérieurement, l'historiographe royal de Castille, Antonio de Herrera, parle de ces miracles d'une manière plus étendue. Il a eu le temps de recueillir des faits plus nombreux. Quoique Herrera fût bien jeune à l'époque du tremblement de terre qui détruisit la Conception de la Vega, il avait pu connaître des témoins des miracles de LA VRAIE CROIX, et acquérir les preuves de la dévotion qu'elle inspirait encore. Pendant qu'il écrivait, LA VRAIE CROIX, déposée dans la cathédrale de Saint-Domingue, jouissait d'une célébrité populaire. Après en avoir parlé dans sa « Description des îles et terre ferme de la mer Océane », écrite par ordre du Suprême Conseil des Indes et sous ses yeux, il en parle avec détails dans son grand ouvrage divisé en Décades. Il rappelle que le bois de LA VRAIE CROIX était un souverain remède pour guérir les fièvres ; qu'on le donnait en infusion et en poudre aux infirmes, et qu'on avait vu par sa vertu guérir des malades sans espoir, abandonnés des médecins (1).

« Telle fut la notoriété des miracles de LA VRAIE CROIX de la Conception qu'ils prirent rang parmi les grâces que la Providence accordait à la nation espagnole, et eurent leur place au frontispice de l'*Histoire générale des faits des Castillans dans les Indes*, publiée sous les auspices du roi Philippe III. Ainsi semblait justifiée la devise que venait d'inaugurer une des plus importantes cités espagnoles du nouveau continent : *Non fecit taliter omni nationi.*

« C'est aussi à la miraculeuse fécondité de LA VRAIE CROIX que fait poétiquement allusion Lopez de Vega dans l'image de ce simple bois planté par Colomb, et qui, prenant racine, porte des fleurs et des fruits.

« Peu d'années avant la cession de Saint-Domingue à la

1. HERRERA « Y para calenturas es cosa muy aprovada dandola á bever en polvos á los enfermos, porque se ha visto sanar hombres desauciados de os medicos. » — Decada I, lib. X, cap. XII.

France, la cathédrale possédait encore cette précieuse relique de LA VRAIE CROIX. Nous savons positivement qu'en 1785, on l'y conservait dans sa châsse d'argent massif, fermée à trois clefs, sous la garde du chapitre métropolitain dont était alors doyen « Don José Nuñez de Caserez, docteur en la sacrée théologie de la pontificale et royale Université de saint Thomas d'Aquin (1) ».

« Qu'est devenue cette relique pendant les bouleversements et les révolutions qui, depuis lors, ont ensanglanté Haïti ? Il ne nous est point possible de répondre aujourd'hui même d'une façon satisfaisante à cette question. L'Archevêque de Port-au-Prince, arrivé à Rome pour le Concile œcuménique, avec l'intention d'y parler de Christophe Colomb, devait ordonner des recherches relativement à LA VRAIE CROIX. La fin si prématurée de Mgr du Cosquer, survenue avant l'ouverture de la session, nous a privé de son bienveillant concours. Néanmoins, nous espérons être bientôt en mesure de renseigner sur ce point la sacrée Congrégation des Rites.

« Quoi qu'il en soit, dès maintenant nous possédons la preuve que, malgré les dissensions politiques et les révolutions qui se sont succédé à Haïti, le culte de LA VRAIE CROIX de la Conception s'est perpétué près du lieu où il prit naissance.

« Dans les premières années du siècle actuel, durant l'expédition française de 1802 à Saint-Domingue, nonobstant la pénurie et les alertes, suite de l'état de guerre, on continuait de se diriger en pèlerinage vers la partie presque inhabitée de l'île, pour aller vénérer LA VRAIE CROIX. Ce bois précieux était alors placé dans une châsse au-dessus du maître-autel de l'église de la Vega, où des peintures mu-

1. MOREAU DE SAINT-MÉRY, *Description de la partie espagnole de Saint-Domingue*, t. I, p. 132.

rales rappellent encore le miracle des flèches ainsi que l'apparition de Notre-Dame-de-la-Conception sur la SAINTE COLLINE, à l'heure où les Indiens s'efforçaient d'abattre la CROIX que lui avait dédiée son fidèle serviteur, Christophe Colomb.

« On ne saurait, dit le commissaire de la République française, Dorvo Soulastre, se faire une idée de la ferveur des habitants... Ils viennent en grand nombre, de fort loin et à grands frais, déposer dans cette église de riches présents, en échange desquels ils obtiennent de petites portions de ce bois qui ne s'épuise point, quelque grande qu'en ait été et que soit encore la distribution qui s'en fait (1). « L'affluence des pèlerins a permis d'élever là un monastère de Franciscains pour le service religieux. Le couvent est attenant à l'église. Sa cour forme une belle terrasse d'où l'on découvre la belle plaine de la Véga, à laquelle on a donné par excellence, et sans doute en raison de son étendue, le surnom de Royale... Nous remontâmes à cheval... Enfin, au moment de rejoindre notre route, nous rencontrâmes une troupe de pèlerins et de pèlerines de tout âge et de toute couleur, qui allaient faire leurs dévotions à l'ermitage (2). »

« On le voit:

« Au commencement de ce siècle, le culte de LA VRAIE CROIX plantée par Colomb se perpétuait encore parmi les populations d'Hispaniola. Le temps, les bouleversements du sol et des hommes n'avaient pu l'effacer du cœur des habitants.

1. DORVO-SOULASTRE, *Voyage par terre de Santo-Domingo, capitale de la partie espagnole de Saint-Domingue, au cap Français*, p. 61.

2. DORVO SOULASTRE, *Voyage par terre de Santo-Domingo, capitale de la partie espagnole de Saint-Domingue, au cap Français*, p. 73.

Et pourtant, les miracles de LA VRAIE CROIX de la Conception sont restés presque ignorés de l'histoire, ainsi que la Sainteté de Colomb l'a été des historiens, jusqu'au règne de l'immortel Pie IX. »

(*Extrait de* L'AMBASSADEUR DE DIEU ET LE PAPE PIE IX, *par le Comte Roselly de Lorgues, Paris, Plon, 1874. Seconde partie, chap.* IX *et* XI.)

E

La voie d'exception

I

« Christophe Colomb se présente non moins exceptionnel dans l'hagiographie que ne le fut son rôle dans l'humanité. De l'étude de son histoire, naît irrésistiblement la conviction que cet homme doit être un *saint*. La sainteté semble la condition naturelle de son mandat, ainsi qu'elle est l'inévitable conclusion de sa biographie. La logique lui délivre un certificat de Sainteté, en attendant que l'Église le vise, l'approuve et le sanctionne par sa proclamation solennelle.

« Dieu a mis dans une telle évidence son serviteur si longtemps méconnu, que le signe de l'Exception marque sa Cause avant d'avoir marqué sa vie. Par la grandeur de ses travaux apostoliques on ne peut lui comparer aucun saint; et il est comparable à tous par la pratique de leurs vertus. Il est de leur parenté, de leur génération, il a leur splendeur immortelle.

« Nul esprit sérieux ne méconnaît l'importance de cette Cause. Qui vient donc l'arrêter au seuil de la Sacrée Congrégation des Rites?

« L'impossibilité de satisfaire aux décrets des Papes Urbain VIII et Benoît XIV.

« Mais est-ce que devant la justice ecclésiastique une pure question de forme pourrait l'emporter sur le fond? Christophe Colomb n'est-il pas l'éternel honneur du Catholicisme, son triomphe, sa poésie? La puissance de la Foi se manifesta-t-elle jamais d'une manière plus féconde que par la conquête d'un Monde? Oublie-t-on que son vœu d'étendre le règne du Christ a doublé notre Terre?

« Dans le temps présent, au milieu des malheurs de l'Église, les résultats de la Découverte se font apprécier encore davantage. L'œuvre de Colomb montre plus directement ses effets au Saint-Siège. C'est de ce Nouveau Monde qu'arrivent fréquemment des consolations, des hommages et des offrandes au Souverain Pontife, dépouillé, menacé, et délaissé des gouvernements de l'Europe.

« Comment! pour un simple défaut de forme, le Légat de la Providence serait repoussé du Saint-Siège qu'il glorifia si magnifiquement? Et, en retour d'un dévouement sans exemple à la Papauté, en récompense de la moitié du Globe donnée à l'Église, inexorablement, l'Église proscrirait de ses diptyques son nom admirable? Cela semble impossible. La Sacrée Congrégation des Rites dira-t-elle à ce Messager du Salut : — « Allez! il est trop tard maintenant. Que ne vous présentiez-vous trois siècles plus tôt? » — Nous ne pouvons le croire. Cette rigueur ne révolterait pas moins la piété que la reconnaissance.

« Évidemment, une telle Cause ne saurait s'introduire dans la forme habituelle; c'est pourquoi la Postulation sollicite de Sa Sainteté une Exception, parce qu'il s'agit d'un Serviteur de Dieu vraiment exceptionnel. « *Cum hic agatur de servo Dei plane extraordinario.* »

« En effet :

« Colomb est Exceptionnel, puisque son existence se lie

au plus grand événement des races humaines. Il est Exceptionnel par le caractère de sa prédestination, la sublimité de son Ambassade, la grandeur de son but, et sa personnalité majestueuse, laquelle avant tout examen, toute information sur ses vertus et ses miracles, nous apparaît revêtue des signes de la Sainteté.

« Il est exceptionnel à ce point, que l'admission de sa Cause à la Sacrée Congrégation des Rites, au lieu de le grandir dans l'opinion, comme il arrive d'ordinaire, la rehausse elle-même. Elle s'illustre à son contact. Ne le dissimulons pas : quelque respectable que soit ce haut tribunal, ses jugements touchent peu les hommes du monde. Ils le laissent fonctionner à sa guise, sans se préoccuper de ses décisions. Mais cette fois, à l'indifférence succèdent la déférence et l'étonnement. Combien n'apparaît-il pas imposant, cet Aréopage Romain, qui cite à comparaître devant lui le plus grand des humains, celui que l'Éternel choisit pour instrument de sa providence?

« Ce Serviteur de Dieu étant exceptionnel, sa Cause peut-elle être d'une autre nature que sa personne? Ne se trouve-t-elle pas Exceptionnelle nécessairement?

« Regardez :

« C'est la première fois que des laïques ont déféré au jugement de la Papauté un personnage historique oublié pendant des siècles.

« C'est la première fois que l'incrédulité, le matérialisme, ont osé disputer au Saint-Siège le droit d'évoquer une Cause de Béatification, et protester d'avance contre le jugement de Rome.

« C'est aussi la première fois que dans un but tout opposé, les ennemis de l'Église ont si bien calomnié un Serviteur de Dieu, que l'*avocat du Diable* se trouvera supplanté dans son rôle, et n'aura plus aucune accusation nouvelle à fournir.

« Également, c'est la première fois que des Princes de l'Église et des Évêques des nations les plus éloignées demandent qu'une Exception soit faite dans une Cause de Béatification.

« L'Exception constituant essentiellement le caractère de cette Cause, l'éminentissime Cardinal Donnet s'est franchement appuyé sur son caractère Exceptionnel pour demander une Exception. L'Exception était reconnue indispensable par son illustre collègue S. Ém. Fernand de la Puente, Archevêque de Burgos, premier Cardinal d'Espagne qui se soit occupé de Colomb.

« C'est pareillement sur l'Exception que s'est fondé le pieux et docte Mgr Charvaz, Archevêque de Gênes, en sollicitant de Sa Sainteté l'introduction de cette grande Cause. Et, parce que l'Exception est inhérente à la personnalité de Christophe Colomb, généralement les Évêques qui ont exprimé le même désir au Saint-Siège ont aussi invoqué le même moyen. C'est, qu'en effet, la voie d'Exception s'ouvre seule praticable, seule conforme à la grandeur de cette Cause.

« D'ailleurs, ici, l'Exception n'a rien que de simple, de naturel et de logique. Elle s'impose par la nécessité, loi supérieure à la volonté des hommes. Et, chose unique, cette Exception ne dérogerait point, pour l'avenir, aux décrets du Pape Benoît XIV. Elle n'aurait aucun inconvénient, car on ne saurait s'en prévaloir. Elle ne créerait pas un précédent. Nul n'aurait le droit de l'invoquer, puisque nul, dans la série des âges, ne pourra répéter l'œuvre de Christophe Colomb.

II

« Quelques dignitaires ecclésiastiques ont pensé qu'il était « trop tard » pour solliciter l'introduction de cette cause. Ils objectent le long temps écoulé, l'absence des témoignages requis, de culte immémorial, et surtout le manque d'un *Évêque du lieu* qui pût faire régulièrement une enquête.

« On n'a pas à se préoccuper des trois premières difficultés; la Providence y a pourvu. Les plus amples justifications seront faites devant la juridiction compétente. Quant à l'objection touchant l'*Évêque du lieu* elle subsiste, insurmontable en apparence; car ni l'*Évêque du lieu* de la naissance, ni celui *du lieu* de la mort de Christophe Colomb, ne peuvent informer. Il quitta Gênes à l'âge de quatorze ans. Il mourut en voyage à Valladolid. Ses restes furent ensuite transportés ailleurs. Sa demeure civile était Cordoue où il ne parut jamais. Sa résidence officielle était Saint-Domingue, d'où il fut presque toujours absent. Aucun évêque n'a donc eu réellement qualité pour commencer sur lui une information.

« Il n'appartenait pas à l'Ordinaire d'ouvrir une enquête sur ce héros. Pour Colomb, il n'y a pas, il n'y a jamais eu un *Évêque du lieu*. Tandis que pour tout chrétien mort en odeur de sainteté, il se trouve toujours, même sur un point des régions les plus lointaines, des pays idolâtres, grâce aux circonscriptions des Vicariats apostoliques, un *Évêque du lieu,* pouvant informer sur ses vertus et ses miracles, aucun évêque n'est en droit d'informer sur Christophe Colomb. A son égard, l'*Évêque du lieu* n'existe pas. Son vrai domicile avait été la mer. Or, l'Océan qui est à tous et qui n'appartient à personne, l'Océan qui couvre plus des deux tiers du globe, est le grand Diocèse *Nullius*. La juridiction de la Mer relève uniquement du Chef de la Chrétienté. Seul, le Saint-Père, directement ou par délégation, peut légitimement connaître d'une existence passée presque entière sur l'empire mobile des eaux.

« Cette fois la grandeur de la cause est assortie à la grandeur du Juge. On dirait qu'indiquant elle-même la nécessité de l'Exception, la Providence n'a pas voulu permettre que son Ambassadeur relevât en premier ressort, de la puissance épiscopale, afin que le successeur de saint Pierre, Évêque de la mer comme de la terre, Évêque *du lieu* en tous lieux, par sa qualité d'Évêque des Évêques, s'adjugeât obligatoirement cette cause, trop grande pour la compétence d'une autorité diocésaine, et digne seulement de l'autorité universelle du Vicaire de Dieu.

« Il nous paraît rationnel que cette Cause étant Exceptionnelle par le fond, le soit aussi par la forme : qu'elle ne tombe sous aucune juridiction épiscopale, et ne puisse appartenir directement qu'au seul Chef de la Chrétienté. Mais s'il n'est de la compétence d'aucun Évêque d'informer sur les vertus et les miracles de Christophe Colomb, il entre dans le droit de tous d'élever la voix à sa louange; de rappeler des services sans pareils et de les recommander à la justice du Père des fidèles. Personne n'a besoin de se constituer, d'avance, Examinateur de la Cause. Il suffit de supplier Sa Sainteté de vouloir bien l'introduire par voie d'Exception.

« Quant aux formes à suivre dans ce cas unique, on n'a pas à s'en inquiéter; leur détermination appartient exclusivement au Souverain Pontife. La puissance du pape

Pie IX, pour faire l'Exception, n'égale-t-elle pas celle qu'avait le pape Benoît XIV pour établir la règle?

« Telle est l'opinion que nous ont exprimée, à Rome, le premier avocat des Causes des Saints, et les plus éminents Consulteurs. A leur appui, se joint la déclaration du savant Mgr Dominique Bartolini, secrétaire de la Sacrée Congrégation des Rites. Nous ne pourrions citer une autorité plus compétente. Le docte prélat reconnaît, qu'en cette matière le Pape étant suprême juge et législateur, à lui seul appartient d'ordonner ce qui doit se faire dans ce cas nouveau :

« *At quoniam de hisce negotiis unus est et supremus legislator et judex Summus Pontifex, ideo ad eum tantum pertinet quod agendum sit in casu edicere* (1).

« Pour adopter une forme nouvelle, et, dans ce cas nouveau, user de son autorité apostolique, le Saint-Père a besoin d'avoir la claire manifestation du sentiment des fidèles. Or seuls les Évêques sont les organes légitimes et autorisés de sa transmission. De plus, leur témoignage serait à la fois un appui pour la Cause et une force pour son suprême juge.

« Le résumé de notre consultation dit en propres termes :

« Il n'est pas douteux, d'après les faits rapportés dans son histoire, que l'on ne puisse fournir (quoique dans une forme exceptionnelle) les preuves exigées par les Papes Urbain VIII et Benoît XIV. Mais au défaut de témoins *de visu* et de témoins *de auditu*, premiers éléments de toute procédure régulière, il est absolument besoin comme point de départ du témoignage actuel de l'opinion et de la claire manifestation du sentiment catholique;

« Pour cela, il suffit de suivre la voie tracée par l'éminentissime Archevêque de Bordeaux.

---

1. Réponse de Mgr D. Bartolini, secrétaire de la Sacrée Congrégation des Rites, à S. Em. le Cardinal Donnet, archevêque de Bordeaux, en date du 25 août 1866.

« Les illustrissimes Évêques ne sont point obligés de s'établir chacun en particulier examinateurs de la Cause, et de faire d'avance le travail de la Congrégation des Rites; mais les Evêques, en général, comme représentants de l'opinion Catholique, ont le droit de prier le Chef de l'Église de daigner ordonner l'introduction de cette Cause, véritablement unique (1).

« Le point essentiel est que la demande d'introduction ait l'appui d'une grande partie de l'Épiscopat. »

« Donc :

« Considérant l'apport incomparable fait à l'Église par son messager, Christophe Colomb, les hommages unanimes rendus à ses vertus, le renom de sainteté inséparable de son histoire, l'intérêt immense qui se manifeste pour lui dans la catholicité, l'Exception faite en sa faveur par le Saint-Siège, du vivant de cet Apôtre, et continuée après sa mort, en acceptant la dédicace d'ouvrages où il était parlé de son rôle apostolique et de son esprit divin ; en permettant qu'il fût traité de messager du ciel, d'envoyé de Dieu ; qu'on le dit annoncé dans les prophéties ;

« Remarquant principalement les témoignages accordés par la Papauté à sa mission providentielle, dans la bulle du 4 mai 1493 ; et à son but évangélique, dans les brefs des 10 décembre 1851 et 24 avril 1863, ainsi que le vœu exprimé par le Concile provincial de Poitiers, dans sa session de janvier 1868 ;

---

1. N'ayant pas ici le texte original du Résumé, nous le restituons d'après la version qu'en a faite à Rome un Espagnol d'élite, revenant de Jérusalem, M. le Comte del Valle, bien convaincu de la sainteté de Colomb : « Los illustrissimos Obispos no estan obligados en particular á constituirse en examinadores de la Causa, y en hacer de ante mano el trabajo de la Congregacion de Ritos. Pero los Obispos en général, como representantes de la opinion catolica, tienen el derecho de rogar al Gefe de la Yglesia se digne ordenar la introduccion de esta Causa verdaderamente única. »

« Les premiers Pasteurs des Diocèses ont toute liberté d'action pour prier Sa Sainteté de vouloir bien, en vertu de son autorité souveraine, ordonner d'introduire la Cause devant la Sacrée Congrégation des Rites.

« Assurément, le Pape est l'unique arbitre de cette Cause et le juge suprême de l'Exception. Mais qui ne sait la profonde humilité de Pie IX ? Son complet désintéressement des choses contingentes à sa personne ? C'est précisément parce que son voyage dans le Nouveau Monde a produit des effets si prodigieux, et eu de telles conséquences pour la gloire de Colomb, que Sa Sainteté ne voudra pas prendre une initiative à laquelle sembleraient participer ses sympathies particulières.

« Le Saint-Père ayant, humainement, le mérite d'avoir ressuscité cette grande renommée, pour la rendre à l'Église, craindrait de suivre trop facilement l'inclination naturelle de sa piété vers le Serviteur de Dieu, par qui la Grâce a opéré de si merveilleux changements sur la face du Globe. Il faut que les vœux, les instances de l'Épiscopat fassent une respectueuse violence à sa modestie, et que leur multiplicité oblige en quelque sorte le Souverain Pontife à se prononcer.

« Un grand nombre de pieux fidèles et de fervents admirateurs de Pie IX vivent dans cette attente.

« Ces demandes des Pasteurs des Diocèses, au successeur du Prince des Apôtres, n'auraient pas seulement pour effet d'exprimer le désir général des catholiques, elles constitueraient au profit de la Cause, un point de départ qui serait de haute importance devant la Congrégation des Rites. »

(*Extrait de* L'AMBASSADEUR DE DIEU ET LE PAPE PIE IX. — *Seconde partie, Chap. 14.*)

Origine du nom d'"Amérique".

« Amerigo Vespucci, Florentin lettré et mathématicien, ayant été d'abord premier commis dans l'importante maison d'expédition maritime qu'avait fondée à Séville l'armateur Juanoto Berardi, son compatriote, et par cela établi nécessairement en rapport assidu avec Christophe Colomb, puisa dans ses conversations le goût de la cosmographie et la curiosité des merveilles lointaines. Amerigo quitta le comptoir pour l'astrolabe et le sextant et accomplit plusieurs voyages après lesquels il devint Pilote-Major. On le mit plus tard à la tête du Conseil Hydrographique. Dans sa jeunesse, son oncle, Georges Antoine Vespucci, docte religieux de Saint-Marc, chargé de l'éducation de plusieurs enfants de sang illustre, l'avait associé à leurs études. Doué d'un style abondant et gracieux, Amerigo continua, après ses classes, de correspondre avec plusieurs de ses anciens condisciples haut placés en Europe. La description des voyages qu'il avait accomplis dans ces pays nouveaux, par lui adressée au duc René de Lorraine, à Lorenzo de Pier Francesco de Médicis et au gonfalonier de Florence, Pietro Soderini, eut un grand retentissement. Dans l'une de ses Quatre Relations, quelques termes vagues et ambigus laissaient facultatif de croire qu'il avait, le premier, vu la Terre Ferme. Il semblait avoir donné à ces contrées inconnues le nom de Nouveau Monde.

« Toutefois, personne jusqu'alors n'avait imposé un nom au continent découvert par Colomb. La Découverte ayant été faite sous les auspices de la Croix et pour le triomphe de la Croix, cette terre nouvelle était généralement indiquée sur les cartes par le signe et le nom de la Croix. Ce continent nouveau s'appela d'abord : TERRE DE LA SAINTE CROIX ou *Nouveau Monde*. La célèbre édition de la *Géographie de Ptolémée*, faite à Rome, dans l'imprimerie d'Evangelista Tosino, par Marc de Bénévent et Jean Cotta de Vérone, en 1608, reproduisait une mappemonde de Ruysch, où le nouveau Continent était désigné par ces mots : TERRA SANCTÆ CRUCIS, *sive Mundus Novus*. Mais, pendant ce temps, déjà la Relation d'Amerigo Vespucci, imprimée à Vicence, l'année précédente, était réimprimée à Milan, et, sans le vouloir, la France venait d'enlever pour jamais à Colomb l'honneur de doter de son nom ce Nouveau Monde dont il était l'inventeur.

« Un géographe lorrain, habitant Saint-Dié, dans les Vosges, avait publié, sous le pseudonyme de Martinus Hylacomilus, un ouvrage de cosmographie, suivi des Quatre Relations de voyages d'Amerigo Vespucci. Cet écrit, intitulé : INTRODUCTION A LA COSMOGRAPHIE, rédigé à Saint-Dié, imprimé d'abord dans cette ville en 1507, et réimprimé à Strasbourg en 1509, était dédié à l'empereur Maximilien (1). L'auteur, Martin Waldsemüller, n'y nommait pas une seule fois Christophe Colomb, et paraissait ne pas même soupçonner son existence. Il attribuait ouvertement la découverte du Nouveau Continent au génie d'Amerigo Vespucci. Dans son admira-

---

1. Le titre complet de l'ouvrage est celui-ci : *Cosmographiæ introductio, cum quibusdam geometriæ ac astronomiæ principiis ad eam rem necessariis, insuper quatuor Americi navigationes.*

tion pour la sagacité d'Améric, le cosmographe de Saint-Dié déclarait qu'il ne voyait pas quel droit défendait de donner à ce monde nouveau le nom d'Améric qui l'avait découvert, et de l'appeler Amérique, puisque l'usage a rendu féminins les noms de l'Europe et de l'Asie (1). La haute destination de cet écrit facilita l'adoption du nom proposé par Martin Waldsemüller. On voit dans l'édition de Jean Gruniger, en 1509, que la première copie de la relation des Quatre Voyages de Vespucci, d'abord écrite en espagnol, puis traduite en portugais, fut mise en italien, d'où elle se trouva ensuite traduite en français, et bientôt, du français reproduite en latin, ce qui la rendit européenne. Cette grande notoriété préparait l'acquiescement du public à l'injuste dénomination que proposait si candidement le géographe de Saint-Dié.

« Nous sommes encore obligé d'avouer, hélas ! que la France inscrivit la première ce nom d'AMÉRIQUE sur ses cartes de géographie. Les plus anciennes cartes imprimées à Lyon portèrent le nom d'*Amérique*, comme désignation du Nouveau Monde. Telle était la carte de 1522, gravée sur bois, qui fut jointe à la réimpression du Ptolémée dans les ateliers de Melchior et Gaspard Trechsel (2). Telle était aussi celle que publia en 1541 l'éditeur Hugues de Portes.

« Les presses protestantes de l'Allemagne multiplièrent à l'envi cette aveugle usurpation. Le moine apostat Sébastien Munster, auteur de l'*Introduction à la table de Cosmographie*, répandit ce nom d'*Amérique* par l'imprimerie de Bâle. D'un autre côté, Joachim Vadianus, dans sa *Cosmographie universelle*, imprimée à Zurich en 1548, propageait

---

1. « Non video cur quis jure vetet ab Americo inventore sagacis ingenii viro *Amerigem* quasi Americi terram, sive *Americam* dicendam, cùm et Europa et Asia a mulieribus sua sortitæ sint nomina. » — *Cosmographiæ introductio*, cap. IX.

2. Sous ce titre : « *Orbis typus universalis juxta hydrographorum traditionem exactissime depicta.* »(1522).

le nom d'*Amérique*. Florence accueillit avec empressement une dénomination dont s'enorgueillissait son patriotisme, et l'Italie fut dupe de ces assertions vaniteuses. Après avoir été inscrit d'abord dans un ouvrage de cosmographie, puis gravé sur des planisphères, le nom d'*Amérique* se trouva pour la première fois, en 1570, buriné sur un globe en relief. Ce globe de composition métallique, richement damasquiné d'or et d'argent, était l'œuvre du Milanais Francisco Basso.

« A cette date, le nom d'AMÉRIQUE était accepté sans conteste. Depuis longtemps, on ne songeait plus à Colomb. Sa postérité était déjà éteinte dans la ligne masculine qui eût fait revivre son nom. En formant son recueil de voyages en 1507, Fracanzo de Montalbodo ne s'était point enquis de la mort de Christophe Colomb, et ignorait même sa dernière expédition maritime. Dans la traduction latine dont la préface paraît signée par Madrignano, le 1ᵉʳ juin 1508, il était dit que « jusqu'à ce jour, Christophe Colomb et son « frère, délivrés de leurs fers, vivaient en honneur à la cour « d'Espagne ». Le continuateur de la célèbre Chronique des Rois Catholiques par Hernando del Pulgar, maître Vallès, attribue la découverte du Nouveau Monde, non pas à un homme, mais à une caravelle (1); il fait allusion à la fable du pilote mort chez Colomb. Cette insouciance qui était la conséquence naturelle de tant d'erreurs, découlait naturellement du profond décri dans lequel s'était terminée la carrière du grand Amiral de l'Océan. On peut juger de l'indifférence du public pour sa gloire, puisqu'un contemporain de la Découverte, chapelain du Roi Catholique, esprit élégant, Lucio Marineo, attiré de Sicile en Castille

---

1. « El primero que las descubrio, fue aquella caravella llevado por viento contrario en levante, y tan contrario que vinó á en tierras no conocidas, etc. » — Vallès, *Breve y compendiosa adicion a la Chronica de los catolicos y esclarecidos reyes*, etc., cap. I, fol. CIIII.

afin d'y propager le goût des lettres latines, en écrivant son *Histoire des choses mémorables d'Espagne*, faisait déjà confusion au sujet de la découverte du Nouveau Monde, défigurait le nom merveilleusement symbolique de Christophe Colomb, et ne rougissait pas de l'appeler PIERRE COLOMB! Il se rendait ainsi le complice du médecin allemand, Jobst Ruchamer qui, dans le premier livre germanique où l'on ait parlé du Nouveau Monde, ne prononce pas une fois le nom de Colomb et s'obstine à l'appeler *Christoffel Dawber*, ce qui signifie en français : CHRISTOPHE PIGEON MALE.

« Ces hommes ne se doutaient pas de l'énormité de leur profanation.

« Après son troisième voyage, Christophe Colomb était tombé si bas dans l'opinion publique qu'on ne daignait pas même s'occuper de lui. Pour beaucoup, il n'était déjà plus de ce monde. D'autres, n'attachant aucune importance à ce qui le touchait, ne prenaient pas la peine de vérifier les dates. Nous voyons que cette dépréciation de sa gloire était générale, à l'époque où parurent les trois premières Décades Océaniques de Pierre Martyr, à Alcala de Hénarès, en 1516, dix ans avant la première édition des premiers livres de l'histoire des Indes par Oviedo, publiée à Tolède, et quand le Vénitien Ramusio avait déjà entrepris sa Collection de voyages. La preuve en ressort de leurs écrits. Tous ont à disculper Colomb des accusations que la malveillance continue de répandre contre lui, depuis sa mort. Toutefois, le sentiment des historiens espagnols était impuissant à réformer l'opinion publique. D'abord, parce leurs ouvrages, comportant une assez grande étude, n'étaient pas destinés à devenir populaires; ensuite, parce qu'aucun de ces ouvrages ne fut publié dans un état d'achèvement complet; enfin, et surtout, parce qu'ils restèrent la plupart manuscrits. Le second fils de Colomb, don Fernando, qui se fit son biographe, ne termina son travail qu'en 1536, et le laissa manuscrit. Le vertueux Barthélemy Las Casas commença le sien fort tard et ne l'acheva que cinquante-trois ans après la mort de Colomb. Il le laissa manuscrit. L'opinion resta donc sous l'influence des préventions les plus injustes. La calomnie qui avait éprouvé chacun des jours du grand homme, depuis son triomphe, au retour de son premier voyage, implacable malgré le trépas, s'acharna contre son nom, s'assit sur sa tombe et diffama séculairement sa mémoire. »

(*Christophe Colomb, Histoire de sa Vie et de ses Voyages*, par le Comte Roselly de Lorgues, Introduction.)

TABLE DES MATIÈRES

Préface. ....
Première partie. — Exposé et Historique de la Cause..... 1
Seconde partie. — Le Serviteur de Dieu................. 85
Troisième partie. — Obstacles a l'Introduction de la Cause. 187

APPENDICES.

A. — Ligne de Démarcation.................. 285
B. — Publications et Œuvres d'art relatives à Colomb sous
     le Pontificat de Pie IX, de 1846 à 1873............. 301
C. — *Postulatum* pour l'Introduction de la Cause par voie
     exceptionnelle..................................... 309
D. — Miracles de Christophe Colomb pendant sa vie. —
     I. Miracle sur la terre........... 313
     II. Miracle sur la mer................. 323
     Miracles de Christophe Colomb après sa mort....... 344
E.   La Voie d'Exception......................... 359
F. — Origine du nom d' « Amérique »................. 369

www.ingramcontent.com/pod-product-compliance
Lightning Source LLC
Chambersburg PA
CBHW060051190426
43201CB00034B/673